冯祖贻 著

煊赫旧家声
张爱玲家族

新星出版社　NEW STAR PRESS

图书在版编目（CIP）数据

煊赫旧家声：张爱玲家族 / 冯祖贻著. —— 北京：新星出版社，2017.1
ISBN 978-7-5133-2311-6

Ⅰ. ①煊… Ⅱ. ①冯… Ⅲ. ①张爱玲（1920-1995）-家族-研究 Ⅳ. ① K820.9

中国版本图书馆 CIP 数据核字（2016）第 198336 号

传记文库

煊赫旧家声：张爱玲家族

冯祖贻 著

策　　划：彭明哲
责任编辑：杨英瑜
责任印制：李珊珊
装帧设计：一千遍工作室

出版发行：新星出版社
出 版 人：谢　刚
社　　址：北京市西城区车公庄大街丙3号楼　　100044
网　　址：www.newstarpress.com
电　　话：010-88310888
传　　真：010-65270449
法律顾问：北京市大成律师事务所

读者服务：010-88310811　　service@newstarpress.com
邮购地址：北京市西城区车公庄大街丙 3 号楼　　100044

印　　刷：北京汇瑞嘉合文化发展有限公司
开　　本：660mm×970mm　　1/16
印　　张：18.25
字　　数：250千字
版　　次：2017年1月第一版　2017年1月第一次印刷
书　　号：ISBN 978-7-5133-2311-6
定　　价：43.00元

版权专有，侵权必究；如有质量问题，请与印刷厂联系调换。

张爱玲祖母李菊耦与曾外祖母赵太夫人（李鸿章夫人）合影。时间为光绪九年（1883年），李菊耦十八岁。赵夫人着的是一品常礼服。李菊耦作为李鸿章的爱女端庄秀丽。

母亲黄素琼年轻时的照片（旁站立者为婢女），这是典型的民初装束：窄袖、窄裤管、窄花边及引人注目的元宝领。母亲年轻时是缠足的。

张爱玲与弟弟张子静,手中拿着目母亲从英国寄回来的玩偶。弟弟戴的帽子也是母亲从国外寄回来的。

张爱玲与姑姑在卡尔登公寓的阳台上合影。

昔日的卡尔登公寓，今天的长江饭店。张爱玲和姑姑一起在这个公寓里度过了很多美好的时光。

张爱玲祖父张佩纶肖像画。该画出于《清代学者像传》第二集，辑者为叶恭绰，他在序言中指出书中画像"取诸家传神象暨行乐图绘或遗集附刊及流传摄影，皆确然有所据"。

张佩纶是清流健将，他的日记为后代研究当时的历史留下了丰富的史料。图为张佩纶致李鸿章信函。

张爱玲的父亲张志沂,此为他参加亲戚的婚礼做证婚人。

张爱玲继母孙用蕃,她的出现彻底改变了张爱玲的命运。

南京老宅。张佩纶与李菊耦在此结婚。如今只剩一栋楼,人称小姐楼。

张家老宅,也是李菊耦的陪嫁,张爱玲和弟弟就出生在这里。

1995年,张子静(右)与孙用蕃的侄子孙世仁在张家康定东路旧居。从楼梯上去就是张爱玲父亲吸大烟的烟室。

昔日赫德路（今常德路）上的爱丁顿公寓。张爱玲在此成名、恋爱、结婚、离婚。

陈伟达饭店位于法租界霞飞路上，战时张爱玲和母亲住在这里。

张爱玲
Tsang Ai-ling

1937年张爱玲在圣玛利亚女中时的照片。

The Sun Parlor

My favourite spot in St. Mary's Hall is the Sun Parlor. It gives me the same impression as its name: a warm, bright room constantly filled with sunshine. It is a rectangular room. The walls are painted in white, but the lower half of them is hidden behind a cover of black wood. In the middle of the room there is a long black table, and around it are many chairs. These are prepared for the girls to have a chance for reading newspapers. In one corner of the room there is a wooden box placed on the shelf. This belongs to the Phoenix Board, and every girl has the privilege of putting her own themes in it. The box is locked, and we always dream of how we would open this mysterious box and see the things within. On the wall there hang many interesting pictures and records that attract girls' attention every time they pass the Sun Parlor. The room is very bright, because one side of it faces the big glass door that leads to the school gate, and one side of it is composed of three glass doors which face the school garden. Sunlight can reach the room in both directions. When we stand before the glass door, we can see the whole view of our lovely school garden. In winter afternoons, when the pale yellow sunlight lies lazily on the stone ground, we sit beside the steam heaters, with newspapers in our hands. We feel nice and warm and pleasant, and thoroughly enjoy the charm of the "Sun Parlor."

1939年《凤藻》刊发张爱玲的英语习作《The Sun Parlor》。

1932年张爱玲初一时（左八灰衣者），这年她在《凤藻》上发表了小说《不幸的她》。

1937年夏张爱玲从圣玛丽亚女中毕业，这是在学校的音乐课上，后排左三为张爱玲。

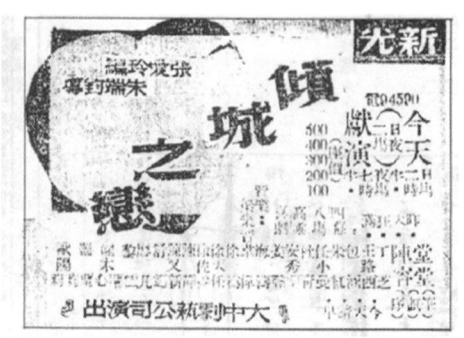

1944年12月17日,《申报》刊登《倾城之恋》广告,上写张爱玲编剧。右边为《杂志月刊》1943年9、10月号,张爱玲为小说《倾城之恋》画的插图,除了写作,张爱玲也是一个天才插画师。

桑弧导演,张爱玲编剧的《太太万岁》海报,广告语为谨以本片献给世上任何一位丈夫,这也是张爱玲在创作方面的尝试性突破。

张爱玲的第一任丈夫胡兰成。结婚时张爱玲23岁,胡兰成38岁。

电视剧《上海往事》剧照,刘若英饰张爱玲,赵文瑄饰胡兰成。

张爱玲与赖雅。结婚时张爱玲36岁,赖雅65岁。

张爱玲和赖雅。

注:本书第一、二、三、四页合影图片,版权归宋以朗、宋元琳所有。经皇冠文化集团授权。

前言

丰润张氏算得上百年来有影响的家族,这个家族祖孙两代出现了像张佩纶、张爱玲这样的著名人物。

张佩纶是清朝名臣,光绪年间"四谏"之一。中法战争马江之役打了败仗,充军察哈尔,获释后当了相府贵婿。张佩纶与李鸿章爱女李菊耦的婚姻一时被传为佳话,《孽海花》生动地记述了这件事。

张爱玲是张佩纶、李菊耦的孙女,她出生时已进入民国,前辈的光环早已褪色。她从小便显露过人才华,又早早逃出家门,年仅二十多岁便以一系列传奇故事震动文坛,是20世纪40年代上海最红的女作家,后一度沉寂。20世纪60年代至今,在一浪一浪的张爱玲热里,她赢得了比李鸿章、张佩纶更高的声誉。

张爱玲说得好,封建时代的文人"是靠统治阶级吃饭的","学成文武艺,卖与帝王家"。(《童言无忌》)丰润张氏、合肥李氏的先辈都是耕读人家,直到张佩纶的父亲张印塘、李鸿章的父亲李文安才通过科举步入仕途。张印塘病逝于镇压太平军的战场上，张氏家族一度中衰；随着张佩纶少年科举，官场一路顺风，家族又兴旺起来；马江之役失败，张佩纶第一个感触便是"家声遒中堕"，幸而李鸿章与张印塘的交谊帮了他，联姻又为张氏家族注入新鲜血液。可见封建世家的命运总是与时代、朝政、科举、世谊、婚姻联系在一起的。

剧烈动荡的近代社会也在考验着世家大族，一部分家族顺应潮流走上中体西用的路子，合肥李家办洋务、在通商口岸置产业、让子孙学西文即是一例，张家自然亦步亦趋。辛亥革命风暴席卷全国，许多王孙贵胄遭没顶之灾，张氏、李氏的后裔只是断了入仕之路，仍能在租界当寓公。这便是民国初年遗老遗少多集中在上海等几个城市的原因。

张佩纶与李菊耦的婚姻使相府门风影响了张氏后人，他们的爱子张志沂（号廷众）与李鸿章一样饭后"走趟子"，能将古文、时文、奏章倒背如流，但时代决定了他不能成为第二个李文忠公。而只能当一个遗少。生活在十里洋场的遗少们从不拒绝西式的物质享受，住洋房、坐汽车；也不放弃祖辈的特权，抽鸦片、娶姨太太和家长威严。两者的结合，只能使这个家族更加腐朽。

终于有人向他们挑战了，在五四新思潮影响下，张志沂的妻子黄素琼（又名逸梵）、妹妹张茂渊走出家门，出洋留学，成为时代新女性。她们带回了西方文明，于是围绕着张爱玲的培养和教育，出现家塾和学校、闺秀和淑女、中学和西学之争。本书以张爱玲为线索来回溯张氏家族史，很大程度上便考虑到集中在张爱玲身上的家族矛盾，实质上反映了两种文化的不同价值取向，是时代的矛盾。张爱玲后来写的小说既传统又现代，也正是这个转型期中西文化相互冲撞和相互包容的结果。

张爱玲步入文坛时，进入她眼帘的是她周围的世家大族无一例外地走向没落。旧式世家大族没落的原因，首先是他们无法适应变化了的世界，做官无门、经营乏术是普遍的苦恼，而在他们身后站着有政治后台的新豪门，他们只能从世代传承的领地退出，李鸿章嫡孙李国杰将招商局让给四大家族即是一例。其次是封建主义加资本主义的腐朽生活方式，刺激了他们的欲望，而他们只能卖土地、卖房产，从根本上动摇了世家大族的经济基础。张家是这样，李家是这样，任家（张爱玲六姑奶奶家）、黄家（张爱玲舅舅家）无不如此。第三是强烈的物质欲望造成家族成员的道德沦丧，维系世家大族的精神纽带彻底崩溃。第四是新思想的出现，家族中一代又一代人挣脱家族桎梏，走向新生。丰润张氏的几位女性——张爱玲的母亲、姑姑和张爱玲本人都先后离开家庭，成为旧家族的叛逆。

张爱玲知道，原属于她和她的家族的世界在破坏中，更大的破坏还会来，所以她义无反顾地走出了充满鸦片烟气味、没有希望的家。但她自幼年起受的教育和参差对照观察事物的方法，又使她在回首眺望时，产生了依恋和凄凉的身世之感。她写的小说，不管是上海故事或是香港传奇，都笼罩着苍凉的气氛。她同情在旧式家族中苦苦挣扎的男女，为那个时代写下了一曲曲扣人心弦的挽歌。

相府门风虽然影响了张家，但并不意味着丰润张氏没有独特的思想和性格的传承。从张佩纶到张爱玲，中国文化人的清高和孤傲都体现得十分明显，趋时和避世之间也掌握得恰到好处，这是与李鸿章一味热衷权势的最大的不同点。当然，祖孙两代人因时代不同、性别不同，表现也就有了差异。

张爱玲是张氏家族中最后的贵族。有人说，"就是最豪华的人，在张爱玲面前也会感到威胁，看出自己的寒伧"。又有人说，"只有张爱玲才可以同时承受灿烂夺目的喧闹和极度的孤寂"。张爱玲一生留下了许多谜，为破释这些谜，无数"张迷"们千方百计走近张爱玲。

本书就是从她豪华家族对她影响的分析中,打开一条能读懂张爱玲的新路。因此本书既是丰润张氏的百年家族史,也是从另一角度写的张爱玲传。

作　者

2016 年 5 月 9 日

目　录

一　绝代豪华……………………………………………… 1
　　祖母为李鸿章爱女………………………………… 1
　　祖父为清代名臣…………………………………… 20

二　旧家庭·新女性……………………………………… 43
　　遗老与遗少——张爱玲的父辈…………………… 43
　　新派的母亲和姑母………………………………… 58
　　压垮了的一代——弟弟…………………………… 69

三　两种不同的教育和生活……………………………… 78
　　旧式家塾与旧学根底……………………………… 78
　　新式学堂和新文学尝试…………………………… 85
　　摆脱牢笼…………………………………………… 95
　　冲击与浪花………………………………………… 100

四　乱世文章…………………………………………… 109
　　"出名要趁早"……………………………………… 109

旧式家庭的情与欲……………………………………… 118
　　　无望的前景…………………………………………… 126
　　　时代、家世、经历造就的一代才女………………… 135

五　家族影响下的婚姻观…………………………………… 146
　　　恋父情结……………………………………………… 146

六　服装与日常：旧家中开出的新花……………………… 163
　　　惊世骇俗的服装……………………………………… 163
　　　中西合璧的生活方式………………………………… 172
　　　家族背景与写作背景………………………………… 179
　　　一身傲骨……………………………………………… 189

七　适应与出走……………………………………………… 198
　　　适应的困难与出走…………………………………… 198
　　　急管哀弦……………………………………………… 205

八　张爱玲作品的再"出土"……………………………… 225
　　　发现了张爱玲………………………………………… 225
　　　台湾、香港的张爱玲热……………………………… 239
　　　大陆的张爱玲热……………………………………… 250

附录一　张爱玲家族世系简表……………………………… 262
附录二　张爱玲生平及著述年表…………………………… 265
附录三　主要参考书目……………………………………… 268

一　绝代豪华

> 我没赶上看见他们（祖父母），所以跟他们的关系只是属于彼此，一种沉默的无条件的支持，看似无用，无效，却是我最需要的……
>
> 我爱他们。
>
> ——张爱玲

祖母为李鸿章爱女

相府千金

张爱玲的血管中流着贵族血液，她的豪华家世可从她的祖母算起。她的祖母李菊耦是李鸿章的爱女，一位相府千金。

李鸿章是中国近代史上知名度极高的人物，晚清重大历史事件几乎都与李鸿章有关。从太平天国、捻军起义、中法战争、中日甲午战争到戊戌变法、义和团运动与八国联军侵华之役，他都有不同程度的参与，大多数情况下还是核心人物。在他手里与外国侵略者签订的条约就有：中英《烟台条约》、中法《中法新约》、中日《马关条约》《辛丑条约》等。李鸿章还是晚清兴办洋务的领头人，他主持创办了机器局、煤铁矿山、轮船招商局、唐胥铁路与津沽铁路、南北洋电报、织布局；并选派了学童赴美留学；在军事上，他训练新式军队，购置铁甲兵船，编练北洋海军，建炮台、船坞等等，以上事业在中国大多都属首创，因此梁启超称他是学习西方、筚路开山的祖师。但他一度拥有"投降派""卖国贼""洋务派首领"等多顶帽子，直到现在，国内史学界在评价李鸿章上仍存在不小差别。但这些都不属于本书论及范围，这里仅从家族传统的角度对其作一些介绍。

李鸿章原名章铜，字渐甫，又字少荃，晚年自号仪叟，生于清道光三年正月初五（1823年2月15日），安徽合肥东乡人。合肥在清代是庐州府治。李氏前代本姓许，后过继给李氏，连续七代都以耕读为生。李鸿章的父亲李文安曾开设家馆，当塾师，贴补家用。李文安的三个哥哥（文煜、文瑜、文球）也都当过塾师。李文煜还是弟弟们的老师。合肥李家在未发迹前，应是旧中国典型的乡村知识分子家庭。李鸿章上面有一个哥哥李瀚章（原名章锐，字筱荃），下面有四个弟弟，依次是鹤章（原名章铩，字季荃）、蕴章（原名章钧，字和甫，又字和荃）、凤章（原名章铨，字稚荃）、昭庆（原名章钊，字幼荃）和三个妹妹。

经过辛勤苦读，李文安终于在道光十四年（1834年）中了甲午江南乡榜第九十六名举人；四年后，道光十八年（1838年）又中了戊戌科进士，分发刑部以主事任用，后官至督捕司郎中、记名御史。李文安是合肥李氏由耕读走向出仕的第一人。

李鸿章兄弟中，只有李鸿章天资聪明，李文安将读书应试的希望寄托在他身上。李文安中进士后一年，李鸿章入了县学，时年十七岁。道光二十二年（1842年），李鸿章年二十，他写了一首《二十自述》，表露他急于成名的抱负与愿望：

蹉跎往事付东流，弹指光阴二十秋。青眼时邀名士赏，赤心聊为故人酬。胸中自命真千古，世外浮沉只一沤。久愧蓬莱仙岛客，簪花多在少年头。

次年,李鸿章在庐州府得到优贡,李文安写信催他入都参加第二年的顺天乡试,他又写了《入都诗》十首,其中不乏气薄云天的豪言壮语,如:"丈夫只手把吴钩,意气高于百尺楼。一万年来谁著史?三千里外欲封侯。定须捷足随途骥,哪有闲情逐野鸥?""倘无驷马高车日,誓不重回故里车。"

也真如李鸿章所愿,道光二十四年(1844年)的甲辰顺天恩科乡试,他脱颖而出,中了第八十四名举人,他以年家子侄身份列名曾国藩门墙,从此受到曾国藩多方照顾。但接着的乙巳恩科会试,李鸿章名落孙山,算是小挫。三年后,道光二十七年(1847年)丁未会试,春闱告捷,列为二甲第十三名进士,五月改翰林院庶吉士,这年李鸿章虚岁二十五,"簪花多在少年头"的目的达到了。三年后散馆,李鸿章正式成为翰林院编修。翰林院编修职位不高,只是正七品,但在明清两代却是清贵之选,贴近中枢,入阁拜相往往是翰林出身,假如不发生变故,经过辗转周折,李鸿章包括其师曾国藩都有可能走上这条路。但太平天国运动和同时的捻军起事,使他们走上了另一条封侯拜相的捷径。

1851年太平天国运动爆发,暴露了清政府整个国家机器的腐朽无能。太平军从广西出发,一路经湖南、湖北、安徽,势如破竹直下南京,并于1853年在南京定都,清朝半壁江山震动。清政府多方围堵,绿营兵非败即溃,只得起用汉族地主来组织团练对付起义军。

首先在湖南组织武装的是守籍在家的礼部侍郎曾国藩,他组织的军队后被称为湘军。同时安徽人吕贤基(时任刑部侍郎)也自告奋勇愿意回乡组织团练,清政府自然是从谏如流,任命吕为安徽团练大臣,吕同时奏请李鸿章"帮办团练事务"。吕贤基、李鸿章返回安徽后,军事上并不得手,吕贤基兵败自杀。咸丰八年(1858年)李鸿章投奔时在江西的曾国藩。李鸿章虽标榜师事曾国藩,但并非久居人下之人。1861年湘军攻下安庆,太平军在上游受挫，却在下游连连获胜，在忠王李秀成主持下，连克江浙名城，上海已如孤岛。上海士绅派人赴安庆要曾国藩分兵江苏，清政府为保全江浙饷源重地，也命曾国藩救援苏浙。但湘军兵力有限，曾国藩不得不命李鸿章招募淮勇赴苏，并保荐他担任江苏巡抚，李鸿章独领风骚的机会来了。

自此以后，一支听命于李鸿章个人的军事集团——淮系集团逐渐形成，依托江浙、上海财赋重地，淮军有比湘军更有利的发展条件。上海又是华洋荟萃之地，外交上的运用、折冲，又培养了李鸿章与洋人打交道的才干，李鸿章后来的起家实缘于此。

李鸿章依仗饷源充足的淮军和外国人组织的洋枪队，接连攻下苏州、嘉兴、常州，为曾国荃攻下南京扫清了外围。同治三年（1864年）南京陷落，太平天国运动失败，清政府为表彰曾氏兄弟和李鸿章的功劳，封曾国藩一等侯、曾国荃一等伯，李鸿章与曾国荃一样，也是一等伯（伯号肃毅）。接着李鸿章率淮军奉命镇压北方捻军起义，同治七年（1868年）捻军被镇压。李鸿章早在同治六年（1867年）时便已升任湖广总督，至此又授协办大学士，赏太子太保衔。这年八月李鸿章入京朝觐，慈禧太后特赐他紫禁城骑马。从官位言，大学士即是拜相，又有宫保头衔，加上被封伯爵，李鸿章一身荣耀已达汉人极限。同治九年（1870年），他又从曾国藩手中接任直隶总督并兼北洋通商大臣，将洋务、通商、海防各事都归并管理，至此李鸿章在这个位置上一干就是二十五年。

到天津上任后，他在运河北岸圈筑新城，另建公署，他的幼弟昭庆将其眷属护送到天津定居。按规定，直隶总督衙门设在省城保定，天津只是行馆，每年海口春融开冻后才移扎天津，冬令封河再回省城，但李鸿章因应付海防和对外交涉，多半在天津办公，很少去保定。

这时李鸿章的眷属有哪些？李的原配周氏于咸丰十一年（1861年）去世，同治二年（1863年）在苏州他续娶了安徽同乡赵昀（字芸谱，号岵存，又号遂翁）的女儿莲儿。这位赵夫人出身于书香世家，祖父是嘉庆状元，父、兄、侄一家四代都是进士，是安徽的名门望族。赵莲儿比李鸿章小十五岁，据张爱玲说，长得并不漂亮，但却以贤能著称，进入李家，上要侍奉婆母（李鸿章母亲娘家也姓李，光绪八年才去世），下要综理家事，使李鸿章无后顾之忧。赵夫人至光绪十八年（1892年）去世，享年五十五岁，陪伴李鸿章近三十年。赵夫人去世时，李鸿章有一封信给赵夫人的堂弟，说："回忆卅年奉侍慈闱，经理家政，礼法秩然，贤明之称，中外无间。兄籍无内顾之忧，何意垂暮，急遭此变，追怀往事，悲悼何穷！"这一年李鸿章已七十岁了。

在封建时代，维系夫妻关系最重要的是礼法，其次才是感情。李鸿章回忆亡妻对家庭的贡献，感情几乎不着一字，这可与张爱玲的描写互作印证。张爱玲说："李鸿章本人似乎没有什么私生活。太太不漂亮……他唯一的一个姨太太据说也丑。二子二女也都是太太生的。"（《对照记》）张爱玲的话大约是来自她姑姑或是李氏后人，想必有相当依据。

李鸿章早年因周氏夫人没有生儿子，便过继了幼弟昭庆的儿子李经方（字伯行）为子。与赵氏夫人结婚后，第二年(1864年)便生了经述(字仲彭)，再一年即同治四年（1865年）生了经璹（菊耦），也就是张爱玲的祖母，后又添了经远（早逝）及三子经迈（字季皋）以及小女儿经璸。幼子经进（早逝）则是侧室莫氏所生。

李菊耦既生于相门之家，父母年龄虽相差较大，因礼法所拘，彼此倒也相安无事。李鸿章感情生活中的一点缺陷，似乎在两个年轻美貌的女儿身上得到满足，以是李鸿章特别疼爱她们。在当小姐时，李菊耦的家庭生活相当温暖，兄弟们外出做官，家里剩下的只有菊耦姐妹。菊耦姐妹幼时与兄弟一起在家塾中读书，当时的馆师名叫孔昭馨，举人出身，为人谨慎，学问很好，菊耦深受其教益。菊耦姐妹又能从兄弟口中得知外间大事及种种学问（李鸿章幕中这种人最多），因此不仅知书达礼而且有一定见识，其中尤以菊耦是个尖子，当时著名文士李慈铭就知道她"敏丽能诗"。

据张佩纶《涧于日记》所记，李菊耦不仅能诗，还善弹琴、弈棋、煮茗，对书画有很高的鉴赏力，特别喜欢王羲之的《兰亭序》，曾收藏有不少兰亭帖。菊耦对历史典故也很熟悉，婚后一次张佩纶问及"烛影斧声"即宋太宗弑赵匡胤的千古疑案，菊耦不仅称实有其事，还举出了许多例证，张佩纶极为叹服，认为菊耦"竟如老吏断狱，识力甚辣"。又有一次谈到流行的一句俗话"嫁女儿要找比自己家强的，娶媳妇要找不如自己家的"，李菊耦也谈了自己的看法，赢得张佩纶的称赞。可见李菊耦是一位文化素养极高又有见识的女子。李鸿章明白女儿的能力，口风又紧，办事又细心，就常让她代看公文。大女儿结婚后，二女儿又接着姐姐的工作。

张爱玲的小说《创世纪》中，有一段匡府老太太紫微当姑娘时，陪伴父亲戚文靖公戚宝彝的光景：

> 紫微的母亲是续弦，死了之后他就没有再娶。亲近些的女人，美丽的，使他动感情的，就只有两个女儿罢？晚年只有紫微一个在身边，每天要她陪着吃午饭，晚上开心，教她读《诗经》，圈点《纲鉴》。他吃晚饭，总要喝酒的，女儿一边陪着，也要喝个半杯。大红细金花的"汤杯"，高高的，圆筒式，里面嵌着小酒盏。老爹爹读书,在堂屋里……坐在那里像一座山，品蓝摹本缎袍上面，反穿海虎皮马褂，阔大臃肿，肩膀都圆了。他把自己铺排在太师椅上，脚踏棉靴，八字式搁着。疏疏垂着白胡须，因为年老的缘故，脸架子显得迷糊了，反倒柔软起来，有女子的温柔。剃得光光的，没有一点毫发的红油脸上，应当可以闻得见熏熏的油气。他吐痰，咳嗽，把人呼来叱去惯了，嘴里不停地哼儿哈儿的。说话之间"什么娘的！"不离口，可是同女儿没什么可说的，和她只有讲书。
>
> 她也用心听着……他偶然也朝她看这么一眼，眼看他最小的一个

女儿长大了,一枝花似的,心里很高兴。他的一生是拥挤的……可是到底有七十多岁了,太疲倦的时候,就连接受感情也是吃力的,所以他对紫微也没有期望——她是不能爱,只能够被爱的,而且只能被爱到一个程度。然而他也很满足,是应当有这样一个如花似玉的女儿点缀晚景,有在那里就是了。

明眼人不难看出,戚文靖公戚宝彝的原型无疑就是李文忠公李鸿章。戚府老太太紫微也即是李鸿章的小女儿经璞。张爱玲在《对照记》中说:"我祖母也是二十三岁才定亲,照当时的标准都是迟婚。"迟婚的原因,张爱玲说是"因为父亲宠爱,留在身边代看公文等等,去了一个还剩一个"。菊耦出嫁后,经璞就陪伴李鸿章,正如《创世纪》中描绘的那样。《创世纪》中紫微与戚宝彝的生活片段,自然也是她姐姐曾经历过的,不过李菊耦出嫁时,赵夫人健在,李鸿章尚没有后来那么孤独。

在父亲的特别宠爱下,李菊耦的相府千金生活直到她二十三岁。

选婿佳话

光绪十四年(1888年)李菊耦嫁给张佩纶做继室夫人。李菊耦时年二十三,父亲是权倾一时的宫爵部堂(李鸿章住在天津时常用此简化了的头衔。宫,即指他为太子太保,即宫保;爵,指他拜封肃毅伯,即爵爷;部堂,指北洋总督例兼兵部尚书),本人又知书达礼,容貌秀丽;而张佩纶已年届四十,据京中同僚说他已蓄须,是"美须髯",即有一把大胡子,又结过两次婚,而且是一个流放归来的罪臣,怎么讲两人都不相配,然而李鸿章却偏偏挑选了他当自己的东床快婿,留下了一段为当时文人称羡的佳话。

身为相府千金,李菊耦姐妹不仅晚婚,而且对方年龄不是大就是小,除了父亲宠爱、须代父处理公文外,还有另一层原因,《创世纪》中便有主人公紫微的一段追忆：

> 姐妹两个容貌虽好，外面人都知道他们家出名的疙瘩，戚宝彝名高望重，做了亲戚，枉教人说高攀，子弟将来出道，反倒要避嫌疑，耽误了前程。万一说亲不成，那倒又不好了。因此上门做媒的并不甚多。姐姐出嫁已经二十几了，从前那算是非常的晚，嫁了做填房，虽然夫妻间很好，男人年纪大她许多，而且又是宦海潦倒的，所以紫微常常拿自己和她相比，觉得自己不见得不如她。

像样的人家要避嫌，差一点的又怕高攀不成反惹麻烦，相府千金的出嫁反倒比一般人家困难，这是常人设想不到的。

李菊耦姐妹的婚事自然被耽搁了下来。不过张爱玲还没有分析到更重要的一层原因，在封建时代，女儿婚配都要听命父母，这就涉及了李鸿章的选婿标准。尽管李鸿章没有留下有关择婿的文字，但从他挑选的两个女婿看，还是有他的一定之规的。首先重世谊，其次重本人才学，年龄般配不般配，都不在考虑之列。这就是张佩纶和那位十六岁的任姓少年入东床之选的原因。

张佩纶之父张印塘字雨樵，曾任安徽按察使。咸丰年间，李鸿章回乡办团练时曾得到张印塘支持，两人共同镇压太平军，可称世交。张佩纶中进士后，很快成为清流健将，敢说敢为，他那一支笔参劾过不少朝野官员，他的才干早为李鸿章熟知，李曾不惜屈尊降贵，倾心相交。光绪五年（1879年）张佩纶母亲毛太夫人去世，李鸿章就托人邀张入幕（按规定，父母故去，报了丁忧就不能出仕，但可入幕）。接着张的原配夫人朱芷芗也去世，张佩纶回乡营葬，路过天津时，面见李鸿章，虽辞谢了入幕邀请，却接受了李鸿章为营葬之需的千两白银。这使张佩纶很感激，在日记中曾记这件事："先世交情之耐久如是，孤儿真感德衔悲也。"从此张佩纶对李鸿章产生好感。

张佩纶于光绪十年（1884年）中法马江之战中，因战败被朝廷追究责任，发配至察哈尔军台效力。三年后放归，这年春天，李鸿章特邀张到天津小住，对张仍极欣赏，在一封给薛福成的信中提及："幼樵来津旬日，意气不衰，患难之余，更进深稳。年满四十，来日正长，渑池之奋，会当有日。"（《李文忠公尺牍》）看样子李鸿章是将张佩纶当作今日之蔺相如了。也是在这一次会见中，李鸿章知道张佩纶的继室边粹玉已在张发配期间去世，便暗示张佩纶秋后来求亲。

可见，张佩纶是以世家子侄身份，又加上他本人才干为李鸿章所赏识。李鸿章对自己的选择是极为满意的，他曾说："幼樵以北学大师做东方赘婿，北宋泰山孙先生故事，窃喜同符。""今以升堂之戴崇，遂为移郡之萧仲，老年得此，深惬素怀。"又说："幼樵天性真挚，曩微嫌其神锋太隽，近则愈进深沉，所造正未可量，得婿如此，颇惬素怀。"（《李文忠公尺牍》）左一个"深惬素怀"，右一个"颇惬素怀"，李鸿章既对张佩纶赞赏已久，今收为乘龙快婿，其兴奋之情是可想而知了。

堂堂中堂大人选婿，选择的又是名重一时的张佩纶，自然引起朝野注目。著名的文士李慈铭特地在日记中注明了一笔，并打听到婚礼极隆重，扶李菊耦入洞房的竟是周馥、胡燏棻的夫人，周与胡都是北洋衙门中的重要官员。相府千金的出阁，已是北洋大事了。（李慈铭：《越缦堂日记》十六）当然也有好打趣的翰林公，借此讥讽一番，如梁鼎芬为张佩纶一张画题诗竟写出"篑斋（张佩纶号）学书未学战，战败逍遥走洞房"之句，引起了同僚的一番笑声。（梁鼎芬：《茛楚斋续笔》卷一）

相府择婿既成了一则佳话，众口所传，流布必广，十几年后，著名小说家曾朴即将其情节收入《孽海花》中。《孽海花》是一部反映清末三十年间历史的政治小说，其特点是取材真实，人物历历可考。据考证，小说人物中有生活原型者达二百七十余人，其中关于李鸿章择婿的一节，威毅伯即是影射封肃毅伯的李鸿章，庄仑樵影射张佩纶。

小说第十四回中有关情节大致是这样：

> 庄仑樵因马江之败被革职充军，只有威毅伯常念道是个奇才，恰逢皇上大婚庆典，威毅伯便替他缴了台费，赎了回来，仑樵便住在威毅伯幕中，掌管机要文件，威毅伯极为信用。威毅伯有个女儿，"貌比威、施，才同班、左，贤如鲍、孟，巧夺灵、芸，威毅伯爱之如明珠，左右不离"。庄仑樵虽听有人讲过，但从没有见过。一日威毅伯感冒，要请仑樵去商量一件公事，踏进房门，早被威毅伯看见，便喊："贤弟进来，不妨事，这是小女呀——你来见见庄世兄。"姑娘红了脸，道了万福，转身如飞逃进里间。庄仑樵一面与威毅伯谈话，一面看见桌子上有一本锦面的书，上写"绿窗绣草"，下面题着"祖玄女史弄笔"，一翻就翻到两首有关中法战争的诗，起首便是"鸡笼南望泪潸潸，闻道元戎匹马还！"这个"元戎"除了他还能是谁？两首诗一气读完，末一句竟是"功罪千秋付史评"，对他竟是既有责备更有谅解，庄仑樵"不觉两股热泪骨碌碌地落下来"。威毅伯看见就笑道，不过是小女涂鸦之作，又说："小女有点子小聪明，就要高着眼孔，这结亲一事，老夫倒着实为难，托贤弟替老夫留意留意。"庄仑樵接着说："相女配夫，真是天下第一件难事！何况女公子样的才貌！门生倒要请教老师，要如何格式，才肯给呢？"威毅伯听后哈哈一笑竟说："只要和贤弟一样。老夫就心满意足了。"说完竟"很注意地看了他几眼"，庄仑樵心领神会，马上托人提亲，"威毅伯竟一口应承了"。

不过这个佳话也非一帆风顺。据《孽海花》所写，威毅伯虽一口答应，却通不过夫人这道关，威毅伯一向惧内，夫人知道后便指着他骂道："你这老糊涂虫，自己如花似玉的女儿，高不成，低不就，千拣万拣，这会儿倒要给一个四十来岁的囚犯，你糊涂，我可明白，休想！"威毅伯忙赔笑解释，说你别看轻仑樵，他的才干胜我十倍，我这位子将来就是他的。我女儿不也是个伯夫人吗？但夫人就是不答应，后来还是小姐出面，用"爹爹眼力必然不差"和"嫁鸡随鸡，嫁狗随狗"的道理说服了母亲。

曾朴在《孽海花》中的描写，大致轮廓是可以成立的。李鸿章欣赏张佩纶才干，认为绝不亚于自己，还有机会卷土重来，诸如此类的话，李都讲过。至于是在李鸿章房里张佩纶与李菊耦有过戏剧性的巧遇，是否有过使张佩纶产生知己之感而流下泪来的两首诗，就不得而知了。

李鸿章挑选张佩纶为婿，是断定以张佩纶的才干加上自己的推毂，张佩纶必将重新得到重用，"所造正未可量"，能做到像自己一样的大官。但他未估计到，翁婿关系的确立，反倒有了嫌疑，成为别人参劾他的口实。

张佩纶当了相府娇客后，留在李鸿章府中，甲午之战时被人参劾，只得回南方；辛丑议和，李鸿章又叫他来帮忙，最终朝廷也只给了他一个四五品京堂的名义，距离施展抱负的夙愿相去太远，张佩纶再次返回南京，终于郁郁而终。这一结局，是李鸿章始料不及的。

"宰相合肥天下瘦"——李菊耦的嫁妆

张爱玲曾说过，祖父是清官，而且是个穷京官，以财产论，确实如此。那么，张家从李菊耦、张佩纶成婚起，经过张爱玲父辈，一直到张爱玲姐弟少年，奢华生活的来源在哪里？张爱玲一语中的："就靠我祖母那一份嫁妆。"也就是说，张爱玲的父亲张志沂，当然还有伯父张志潜及两个儿子张子美、张子闲，姑母张茂渊，乃至张爱玲和她的弟弟张子静这一大家族都曾受惠于李家的余荫。合肥李氏的财产有多少？得从清末流传的一句俗谚"宰相合肥天下瘦"说起。

合肥李氏从李文安出仕起，就摆脱了耕读生活，但远非富裕。待到李鸿章和他哥哥李瀚章进入清政府督抚行列，李家面貌就彻底改观了。

封建时代，权与钱是双生子，富与贵又紧密相连。李氏兄弟中，李鸿章权位最高，也最富有。从统领淮军、任江苏巡抚起，李鸿章便一改寒门书生本色。淮军军饷的充足为当时各军之冠，按惯例，各营统带都有截旷、扣建之权，除留作聘用幕僚、来往迎送之资及各营营官中饱之外，还要上缴若干。淮军最盛时达百余营，这个截留，为数就不会少。据甲午时暂时接替李鸿章任北洋大臣的王文韶说，仅留在北洋账上的淮军钱银就有八百万两，这时淮军早已裁撤。这笔巨款也是后来袁世凯小站练兵的主要经费来源。(《三水梁燕孙先生年谱》上册)留在账上的尚有如此巨大的数字，李鸿章个人分润自不在少数。值得注意的是李鸿章平素有一种看法，认为淮军将领多为安徽子弟，随他出征，东奔西跑，战事过后，理应享受荣华富贵，这是淮军将领贪污成风、军纪败坏的根由。李鸿章对此一味回护，以至淮军宿将如刘铭传、周盛传、张树声、卫汝贵、周馥、唐殿奎、涂宗瀛等个个都腰缠万贯。作为淮军头子，李鸿章不是富翁才是怪事。

李鸿章又是创办近代企业的代表人物。除一批军工企业外，为弥补军工企业的亏空，又创办了为数不少的民用企业，最著名的有轮船招商局、开平矿务局、上海机器织布局、电报局、漠河金矿及天津铁路公司等等。这些企业大多由李鸿章凭借自己的权力，腾挪各种官款，再吸收商股兴办，属于所谓官督商办性质。所有企业的总办、督办、协办、会办，都由李鸿章挑选的亲信担任，李鸿章事实上是这些企业的太上皇。每办一个企业，循例这些亲信们都要向有关官员奉送干股，李鸿章应是最大受益者。至于李鸿章收受了多少干股，亲信们要保持地位又要额外奉上多少孝敬，是查不出来的。但有一件事是肯定的，李鸿章死后李氏家庭仍在轮船招商局、开平矿务局的董事会上占有重要职位。他的儿子李经述做过招商局总办，经述死后，1910年6月，上海举行了招商局第二届股东会，股东们选举盛宣怀为总理（总办后改的名称，盛是李的亲信，后来聚敛的财富更超过李），另二位协理中有一位便是李鸿章的长孙李国杰，这一届选举因清政府不承认而告吹，但足以说明李氏在招商局中势力之大，影响之深远。

在外交事务中，李鸿章也得到不少实惠。中日甲午战争期间，御史们相继弹劾李鸿章主和误国，便涉及了李鸿章在日本财产的问题。御史安维峻说，李鸿章把一千五百余万两交由某日商经营，盛宣怀代为经理，所以不愿与日失和。又有洪良品上疏说，李鸿章有数百万两银子交日商经营，所以主和。这些御史们的话有捕风捉影之嫌，所列数字也不一致，有还是没有，至今尚是疑问。但光绪二十二年（1896年）李鸿章绕地球一周，所访各国都隆重接待，他收过不少礼品是事实。有一记载说，俄国为要与李鸿章签订《中俄密约》，馈赠他达三十万卢布；连副使张荫桓也沾了光，受赠有二十五万卢布之巨。

至于办海军、修码头、购置军舰和火炮，外国厂商都会给回扣，以致能挤入采买人员之列的都要发笔横财，更何况是决定此事的李鸿章呢？

所以在清末督抚大员中，论出手之阔绰，首推李鸿章（后有盛宣怀、袁世凯更驾乎其上）。前文提到张佩纶因丧妻回乡路过天津，李鸿章送的丧葬费就是一千两，使张佩纶感激涕零，这尚是小数。一位官员记下另一件事：光绪二年，丁宝桢升任川督，入京陛见，路过天津，李鸿章知道丁宝桢比较清廉，以"到京后例有应酬"为名，特告丁，已代筹一万两，存于京城某银号，用时便取。丁宝桢抵京后，各项应酬一万两不够花，干脆一客不烦二主，再向李鸿章借银一万两，据说李鸿章给得很痛快，毫不吝啬，而这笔钱当然是不须归还的。赠银给丁宝桢的，除李鸿章外，还有他哥哥李瀚章也赠银三千两。这位官员最后感慨地说："勤恪（李瀚章谥号）、文忠二公之重友轻财，均不可及，特述之以为后世交友者劝。"（陈夔龙：《梦蕉亭笔记》）这还仅是一例。

天津位于南北交通要冲，李鸿章迎来送往这一笔开销是巨大的。为保持自己权位，对贪婪成性的慈禧、李莲英及王公大臣的各种孝敬、贺礼、节仪，收买京中御史和百官们的种种使费，也是一个庞大的数字，而这白花花的银子，都从哪里来呢？

无怪乎当时便有人说，清代中兴名臣中最富有的，以李鸿章为第一。李鸿章的财产究竟有多少？无确切数字，据容闳《西学东渐记》估计，约合白银四千万两，相当于当时全国年财政收入的近二分之一。"宰相合肥天下瘦"殆非虚言呀！

李鸿章如此，他的几个兄弟自然也不弱。兄长瀚章历任湖广、漕运、两广总督；老三鹤章官居道台，后来用钱得了个二品衔；最小的六弟昭庆虽死得早，因随李鸿章在淮军中效力，早早当了知府，死后赠太常卿。只有老四蕴章、老五凤章，一个眼睛有毛病，一个不愿出仕，只愿在乡为李家掌管家产。

封建时代，土地多寡是衡量财富的主要标准。李氏六兄弟，仅在家乡合肥，"每人平均有十万亩"，合计共六十万亩土地，"其在外县更无论矣"。李鸿章本人所置田产，每年可收租五万石。直到1936年，"李文忠享堂每年收租稻仍有三万余石"，统计者不禁感慨万分："则是一个骷髅地主仍有田地三万余亩矣！"（《中国近代农业史资料》第一辑）

除此之外，现银和其他不动产的数额也十分惊人。有人称，李氏兄弟六人，"一、二、四房，约皆数百万，而不得其详"，分家时"析为五，每房见银三十五万两，田产典铺在外。六房早卒，遗寡妻幼子，兄弟五人，合银二百万两与之，而五房极富，家中田园、典当、钱庄值数万元不算，就芜湖而论，为长江一大市镇，与汉口、九江、镇江相埒，其街长十里，市铺十之七八皆五房创造,贸易则十居四五。合六房之富，几可敌国"。（同上）这里记的自然是属于李家在安徽老家的公产部分，在外置的私产并不在内，而私产所置如上海、天津、青岛的洋房，各大公司的股票，外国银行的存款，更是不计其数。

李鸿章不仅官居一品，同时又是全国数一数二的富豪，爱女出嫁，嫁妆自是少不了的。李菊耦的陪嫁有多少，已无从查起，但从她后人透露出来的只言片语仍有蛛丝马迹可寻。

房产是她后人提到次数最多的。张佩纶与李菊耦结婚后，一段时间住在天津北洋衙门，中日甲午战争爆发后，才双双到南京定居。在南京他们买下了原先靖逆侯张勇的府第。这是一座豪宅，厅堂不算，被人称作绣花楼的楼房即有三幢，另有一个花园。对这个花园，张氏后人——李菊耦的女儿即张爱玲的姑姑，仍有一分依恋。她记得一听说桃花或是杏花开了，母亲李菊耦就扶着女佣的肩膀去看。这所房子后来被国民政府立法院长胡汉民看中，购作立法院办公使用，足见其宽敞的程度。购置这样的豪宅，置办费用无疑来自李菊耦的嫁妆。李鸿章还将上海、青岛，可能还有天津等地的部分房产分给了李菊耦。李菊耦去世时（张佩纶已在十三年前去世），自己亲生的一子一女张志沂、张茂渊均年少，财产只好由张佩纶前妻所生的次子张志潜（长子志沧早夭）掌管，直到张志沂二十多岁才分家。分家后，仅张志沂名下所得，据张子静回忆："至少1935年左右，他在虹口还有八幢洋房。"此外青岛一幢洋房是属张志沂与哥哥共有的。（张子静：《我的姐姐——张爱玲》）而这只是李菊耦从娘家带来陪嫁的一小部分。因为哥哥张志潜分得的比弟弟还多。

李菊耦的陪嫁中还有土地。张爱玲写《谈吃与画饼充饥》时便提及她姑姑很爱吃一种点心叫"黏黏转"，是用青麦粒做的，青麦粒是"从前田上人带来的"；张爱玲小时候，"田上人"还带来一种用开水加糖冲调吃的点心"大麦面子"，证明张家有田产、有佃户。张爱玲还明白地讲，他们家的"田地大概都在安徽，我只知道有的在无为州（现安徽省无为县）"，她记住这地名是因为"无为富于哲学意味与诗意"。不过后来"大麦面子就没有见过了"——大概田产全变卖了。

除了房产、土地外，李菊耦的嫁妆还有各种细软、古玩。直到张爱玲离开父亲的家，她手头尚有不少这类小玩意儿，有的甚至还是舶来品，显然都是嫁妆的一部分。

今日谈"李菊耦的嫁妆"这一题目，似乎离张爱玲太远，其实不然，如没有李菊耦这份丰厚的嫁妆，张爱玲的父亲就不会一辈子过挥霍的生活，由极盛而衰败的家世给予张爱玲那种凄凉，就不会由张爱玲的笔下自然流出，而绝世凄凉正是张爱玲小说最动人之处；如没有李菊耦这份嫁妆，张爱玲童年、少年就不可能生活在这样的环境中：新式花园洋房的春日迟迟，老式陈旧洋房的灰暗阴冷，墙上的洒金书画，桌上发光的细瓷碗……都一一在她的小说中复活，形成独特的意象，推动人物与故事的发展。人们常惊叹张爱玲描写细节的真实，而许多细节都来自她对自己所处环境的深入体察。

所以，老祖母李经璹（菊耦）的嫁妆，对张爱玲的影响无论是生活还是创作，都是极其深远的。

相府门风

张爱玲没赶上见到奶奶。她奶奶死于1916年，四年后，张爱玲才出生。

但张爱玲仍能感到奶奶的存在，作为相府千金，她不仅以丰厚的陪嫁，保证了张家三代人在充裕的物质条件下生活，而且她也把李氏门风以及李鸿章的观念、生活习性传给了后代。

李鸿章的父亲李文安曾为李家订下家规，郑重告诫子孙：

一、伦理宜笃也。父慈、子孝、兄良、弟恭、夫义、妇听、长惠、幼顺，人之大义。……唯在平时，父教其子，兄督其弟，夫正其妇，纲举目张而后家政修，而伦以笃……

二、礼节应循也。……士为四民之首，尤当恪守礼法，焉可荒经悖古？……

三、术业宜勤也。……游手赌博，败家坏俗，务宜痛惩……

四、食用宜俭也。……俭为美德，夫人知之，今愿量入为出……

衣以蔽体，不必鲜丽；食以充饥，无取甘美；丧祭冠婚，各安本分；房屋器具，务取朴实……常念先辈辛勤并为后人惜福，庶不致奢荡破家，为里党笑也。勉之！勉之！（李文安：《李光禄公遗集·杂著·重订家规》）

如按李文安所订家规，展现在人们面前的确是一幅人人称羡的封建时代世情画：父子、兄弟、夫妇、长幼都在各自应在的位置上，秩序井然；都按照统一的规范即礼来行事；人人勤勤恳恳地劳作，节俭朴素地过日子。"文章经国，家道永昌"既是李家的字辈，也包含李氏先祖对子孙的希望。以上家规，除了节俭朴素这一点，因为李鸿章官运亨通、家财万贯，而没有彻底执行外，其他的家规多有沿袭，这里尤其要提的是，李鸿章在对子女的教育上，开先河，习洋务，让子孙都有机会走在时代的前列。

作为洋务派首领，李鸿章兴办了一批军事企业和民用企业，当时李鸿章已切身体会到中国洋务人才的缺乏，因此不惜在培养近代人才上做了许多工作，如果说他派人去英国学海军，算是临时抱佛脚，那么，他接受容闳建议，选派幼童留美，让幼童住在美国人家里，一住就是十五年，算得上深谋远虑了。这件利国利民的举措，后来虽被守旧派攻击而中止，但归来的留学生中却出现了一批声名显赫的人才，众所周知的詹天佑便是当时出国的幼童之一。除派留学人员外，在他的建议下，上海、广州都效仿北京同文馆，成立广方言馆，专门培养外语人才。一些地方书院也在其影响下开设外语、格致课程。如他属下的保定莲池书院，在吴汝纶领导下，开设了东文（日文）学堂。

李鸿章既有这般见识，在自己子侄的教育上，自然也不落后。他提倡学习外文与洋务，他的家塾中，不惜重金聘请名师指导自己的子侄（包括孙辈）。如曾聘当时著名文士范当世来府教中文；在西文方面，他将传教士聘请到家，悉心指导子侄们学习外语及自然科学知识。吴汝纶就赞叹这一举动:"师相近延西教士教文孙等……大约京中止师相一家。"(《桐城吴先生汝纶尺牍》)在名师指点下,李鸿章的子侄中英文根底都很好。据李鸿章称长子经方:"幼曾兼习西国语言文字,嗣充驻英参赞,游历法德美各邦,旋充出使日本大臣,于各国风土人物,往来道里,均所熟谙。"次子经述向来学习洋务,也曾随李鸿章出访过欧美。三子经迈也任过驻外使节。对有培养前途的侄辈,李鸿章也有意识地推荐到驻外使领馆任职,如昭庆的幼子经叙,就经他推荐到驻美公使伍廷芳手下当随员。李鸿章的子侄能出国、当随员,这在几十年后被认为是美差,但在当时风气未开的情况下,正经人家子弟从不走替洋鬼子办事的路。"不能事人,焉能事鬼?"郭嵩焘当了一任驻英公使,便引起国内道学夫子们的群起攻击,便是一例。由此更说明李鸿章让子侄学外语、习洋务,确有打破传统观念的意味。李鸿章是聪明人,他意识到中国未来与外国打交道的地方会增多,懂外语、熟悉对外事务的人会更感缺乏,让子孙们学这个,不愁得不到任用,就这一点说,李鸿章也有为子孙谋的小算盘。

这样的传统是怎么传到子侄辈的呢?李菊耦又是如何课子的呢?

张爱玲从带她的老女佣——李菊耦手下最得力的一个女仆口中,了解了一些片断。

老女佣这样说:

> 老太太总是给三爷(张志沂行三)穿得花红柳绿的,满帮花的花鞋——那时候不兴这些了,穿不出去了。三爷走到二门上,偷偷地脱了鞋换上袖子里塞着的一双。我们在走马楼窗子里看见了,都笑,又不敢笑,怕老太太知道了问。
>
> 三爷背不出书,打呕!罚跪。(《对照记》)

根据老女佣提供的背景,张爱玲推算应是光复后搬到上海租界时的光景，因为那时流行走马楼，二层楼房中央挖出一个正方的小天井。

张爱玲对女佣提供的细节很是感慨，认为她祖母是孤儿寡妇，望子成龙，又推想祖母让父亲穿颜色娇嫩的过时衣履，"也是怕他穿着入时，会跟着亲戚的子弟学坏了，宁可他见不得人，羞缩踧踖，一副女儿家的腼腆相"。李菊耦的用意可谓良苦，没想到，她的儿子不仅一事无成，而且在他手里将家业败光！

李菊耦还将李府门风——李鸿章那套做学问的方法和生活习惯传给了爱子，于是张爱玲眼前又出现了一个再版的李文忠公！

> 我父亲一辈子绕室吟哦，背诵如流，滔滔不绝一气到底，末了拖长腔一唱三叹地作结。沉默着走了没一两丈远，又开始背另一篇。听不出是古文时文还是奏折，但是似乎没有重复的……
>
> 他吃完饭马上站起来踱步，老女佣称为"走趟子"，家传的助消化的好习惯，李鸿章在军中都照做不误的。他一面大踱一面朗诵，回房也仍旧继续"走趟子"，像笼中兽，永远沿着铁槛儿圈子巡行，背书背得川流不息，不舍昼夜——抽大烟的人睡得晚。（《对照记》）

李鸿章的生活较有规律。吴永曾跟随李鸿章一年，据他的观察，李鸿章一天是这样度过的：

> 公（指李鸿章）每日起居饮食均有常度。早间六七点钟起，稍进餐点，即检阅公事，或随意看通鉴数页，临王圣教一纸。午间饭量颇佳，饭后更进浓粥一碗、鸡汁一杯。少停，更服铁水（补血剂）一盅。即脱去长袍，短衣负手，出廊下散步，非严寒冰雪，不御长衣。予即于屋内伺之，看其沿廊下从彼端至此端，往复约数十次。一家人伺门外，大声报曰：够矣。即牵帘而入，暝坐，更进铁酒一盅。一侍者为

之扑捏两腿。良久，始徐徐启目曰：请君自便，予将就息矣，然且勿去。时幕中尚有于公式枚等数人，予乃就往座谈。约一二钟，侍者报中堂已起，予等乃复入堂，稍谈数语。晚餐已具，晚餐进食已少。饭罢后，予即乘间退出，公亦不复相留，稍稍看书作信，随即就寝。凡历数十百日，皆一无变更。

李鸿章的生活习性，对异姓子侄如吴永辈（曾纪泽之婿）产生了影响，对自己子侄的影响想必会更大些。

李鸿章家的相府门风不会只有上述数条，举出几则，无非是在张爱玲身上我们能发现它们的某些影子；部分对张爱玲影响不大，却在她的家族传统中出现过。

祖父为清代名臣

少年进士

张爱玲的祖父也非泛泛之辈，他是清代光绪年间赫赫有名的"四谏"之一张佩纶。光绪年间的头十年中，张佩纶一上奏章，就要参去几个红顶子，朝野官员听到他的名字都要敬畏几分。

张佩纶，字幼樵，又字绳庵，号蒉斋，直隶丰润县人，具体说是丰润县的七家坨人，按张爱玲的话说是"河北的一个荒村""比三家村只多四家"。张佩纶祖辈也是耕读世家，但都未出仕，曾祖张栋只是个秀才，祖父张灼连这个起码的身份都没有，他们都是因张佩纶和他父亲张印塘做了官才获得封赠的。张佩纶父亲张印塘，字雨樵，嘉庆二十四年（1819年）中举，道光十五年（1835年）经大挑分发浙江，因其才干受到巡抚刘韵珂赏识升任知府，历任杭州、嘉兴、温州三府。张佩纶就是在道光二十八年十月二十九日（1848年11月24日）生于嘉兴。张印塘后升调到安徽，任宁池太广兵备道。此时，正值太平军攻打安庆，张印塘因守卫庐州要隘集贤关有功，朝廷拟将他升任云南按察使，因当时的巡抚蒋文庆奏留，遂于咸丰三年（1853年）出任安徽按察司按察使，俗称臬台。这时的李鸿章随吕贤基回乡办团练，在与太平军的对抗中，与张印塘产生同僚之谊。张印塘于咸丰四年（1854年）病逝于任所。(吴汝纶:《安徽按察使丰润张君墓表》）张印塘死时，张佩纶才七岁。其时有一个哥哥佩经，两个弟弟佩绂、佩绪，还有两个姐姐，加上嫡母田氏（未生育）、生母毛氏、庶母李氏。时值战乱，张佩纶随母兄姐弟及叔父一家辗转浙江、江苏各地，最后定居苏州。

张佩纶幼时生活很艰难，他在一首诗里写道:"我生时就百忧丛集，到处都是枪炮声，没有任何人扶持，奉母亲越过大江小河，荒年时以茅草野果充饥，在荒园中找到一些杂豆就很高兴。"(《涧于集·诗》一）

张佩纶自幼好读书，因家贫，从小流徙各处，就格外刻苦。他对下层百姓的生活也比较了解，痛恨吏治腐败，养成了疾恶如仇的性格。

张佩纶的学问是属于经世致用一派。自鸦片战争以来，经世之学经龚自珍、林则徐、魏源的提倡，代有传人。这派学问一反乾隆、嘉庆以来的烦琐考据和空疏无用的学风，讲求学以致用，密切联系实际。面对晚清内忧外患的局面，张佩纶很早便"抱经世略，忧天下之将危"。"十三通文史，二十谒天子"，(《涧于集·诗》一）抱着远大的志向，张佩纶走上了科举之路。

同治九年（1870年）张佩纶赴京参加庚午顺天乡试，得中举人。次年（1871年）辛未会试中进士，授翰林院编修，这一年他才二十三岁，比李鸿章中进士还小两岁。《孽海花》描写他这时的形象是"方面大耳，很气概的少年"，与庄寿香（影射张之洞）"三寸丁的矮子，猢狲脸儿，乌油油一嘴胡须根，满头一寸来长的短头发……怪模怪样"恰是鲜明对比。

按旧制，翰林院例有大考，成绩优秀者可晋职。光绪元年（1875年）张佩纶因之擢为侍讲，第二年又兼日讲起居注官。清代规定，侍讲有奏事权,但许久以来,翰林们不过将侍讲作为晋升阶梯,很久没人做建言之事了。张佩纶却认为既担任此职务,就要充分利用这一机会,挽救国家的危难,于是开始了他"雷霆万钧,朝阳一鸣,振聋发聩"的谏臣生涯。

清流健将

让张佩纶声震朝野的是他当翰林院侍讲后,由于频频建言成了人人注目的清流健将。

何谓清流?

顾名思义,清流的对义为浊流。清流中人往往自标清高,不同凡俗。他们评议时政,弹劾大臣,指斥宦官,"上至朝政之阙,下及官方之邪,微及闾阎之困,无不朝闻事目,夕达封章"。(震均:《天咫偶闻》卷六)他们相互砥砺,标榜风节,形成一种势力,人们称之为清流党。

张佩纶等清流党人均在同治、光绪年间,即19世纪70年代脱颖而出,这有它的特定历史背景。

清政府自将太平军和捻军镇压下去后,自诩为"同光中兴",但实际上外有列强的包围,边疆危机连年不断;内则吏治腐败,各地农民起事不断,哪里有什么中兴景象?清流派对外反对列强蚕食,对内主张整饬纪纲,严惩腐败,他们的言论虽是为维护清王朝统治而发,但也表达了下层民众的呼声。

清流党的出现与清朝统治者各派系之间的纷争也有关系。在镇压太平天国和捻军的过程中,以曾国藩、李鸿章为代表的汉族势力作了巨大贡献,他们控制的湘系、淮系集团得以壮大,这是慈禧等满族贵族集团所不愿看到的。她千方百计想压制这股势力,找曾国藩、李鸿章及两系将领的毛病,他们中很多人已成为地方督抚,清流党人对骄横不法的地方督抚的揭露和抨击,正投合了她打击湘系、淮系势力,扭转外重内轻的局面,提高她本人威信的目的。

此时在最高统治者慈禧与恭亲王奕䜣之间，矛盾也在加深。这叔嫂二人于咸丰去世时，曾团结一致，发动政变，从肃顺手中夺取政权，但在权力分配上常闹意见。于是慈禧与奕䜣都结好清流派人物，想借清流派之力抬高自己、压制对方。

清流党的形成还与明清以来科举取士制度有关。科举考试中最关键的一关是会试，分为主考及各房考官，这一科取中的进士称房考官为房师，主考官为座师，都要一辈子执弟子礼，而主考官也以网罗各方名士为荣，从而形成了牢固的师生关系。同光之际的两位清流领袖李鸿藻和翁同龢为什么能左右朝政？就因为他们曾多次任过主考，门生遍天下。李鸿藻是直隶人，翁同龢是江苏人，所以清流党又有北派与南派的区分。同光之际是以北派清流为主的时代，当时人称李鸿藻为青牛（与清流同音）头，张之洞、张佩纶为青牛角，陈宝琛为青牛尾，宝廷为青牛鞭，王懿荣为青牛肚，其余牛皮、牛毛更数不胜数。究竟实指哪些人？其说不一，不管哪一说，张佩纶都居榜首。

清流党盛极一时，还有主观原因。凡被视为清流党的，都是统治集团中没有实权的中下层官吏，其共同特点是他们都是正途出身，大多在翰林院、都察院、国子监等衙门任职。他们地位不高，经济状况相对不佳，是所谓穷京官，他们所受的中国儒家传统教育中包含了许多可贵的思想，如"以天下为己任""先天下之忧而忧"，讲究骨气，所谓"骨鲠在喉，不吐不快"等等。只要周围形成一定气候，他们就会议论风生了，并且通过清议，他们也想改善自己的政治地位和生活条件。

基于以上原因，光绪元年（1875年）至光绪十年（1884年），成为张佩纶上奏言事的高峰期，其涉及面之广，立场之坚定，也为他后来的仕途不顺埋下了伏笔。

他弹劾贪官污吏，澄清吏治。弹劾的对象，上至尚书、枢臣，下至总督、巡抚，不胜枚举。

在对外交涉中，张佩纶态度强硬。任京官十年中，外国侵略者在四面八方窥伺中国：俄国对我国新疆地区怀有侵略野心；日本吞并琉球后，正在朝鲜挑起事端，企图吞我东北与台湾；法国发动侵越战争，目的是进一步侵占我西南。张佩纶再三向朝廷指出应自强，不能存苟安之心，如不自强，就像"投骨于地而待群犬之相牙，骨不尽不止"。在边疆危机严重之时，尚有人抱着"蛮夷相攻，无烦过问"或"临时施宜，彼不足忌"的态度，甚至说等法国得了越南后"力竭兵疲然后争之"，这是不懂得"弱肉强食""唇亡齿寒"的道理。他大声疾呼："安坐不能图存，主和不能弭兵""深筹熟计，终非出于一战"。在中法战争中张佩纶是著名的主战派。张佩纶的主张并非孤立，清政府内不仅清流派张之洞、李鸿藻等主战，一些湘系、淮系老将如左宗棠、彭玉麟等都积极主战。

但是值得注意的是，张佩纶在批评主和派时，不像其他清流党人那样，对李鸿章大加攻击。他很顾全李鸿章的面子，但在有些奏折中还是不点名地指责了李鸿章一味主和是"直苟且欺饰以误朝廷"。(《涧于集·奏议》二、三) 张佩纶尽管"以直声震天下"，参奏过不少大臣，但从未直接参奏过李鸿章，《孽海花》中说张佩纶曾参奏李鸿章"骄奢罔上"，是夸大了事实。

光绪九年（1883年）在李鸿藻的支持下，张佩纶进入总理各国事务衙门，直接参与对外事务。在对外交涉中，他能坚持国家利益，"遇不可从者，据理而争，不稍挠屈"。他的强硬态度曾引起驻京外国人的注意。时任总税务司的赫德在张被任命的第五天，写信给在中法间联系和谈的英国人金登干说："衙门里又有了新的麻烦……新来的张佩纶全力主战。"(《中国海关与中法战争》) 张佩纶的主战和对外态度强硬是出了名的。

马江之败

就在中法两国大规模战争一触即发之际，清王朝最高统治集团内部爆发了一场权力之争，慈禧罢黜了以恭亲王奕䜣为首的全部军机大臣，史称"甲申之变"（光绪十年为甲申年）。

"甲申之变"的原因是慈禧与奕䜣间的矛盾，发端却是越南前线山西、北宁的败绩。

在主战派支持下，应越南方面屡次恳求，清军分两支进入越南境内，一支由广西布政使徐延旭率领进驻北宁，另一支由云南布政使唐炯率领进驻山西。北宁和山西都是越南北部战略要地，占领这两地，既可控制河内，又屏蔽了中国云桂两省边防。徐和唐的保举人都是张佩纶。由于清政府最高当局慈禧、奕䜣在战与和上举棋不定，使这两支军队虽进入越南与法军对峙，但却受制于"不可衅自我开"，意即不许主动迎战的命令，以致刘永福的黑旗军孤军奋战时，清军却按兵不动，以避开衅罪名。唐炯甚至将山西防务交给黑旗军，自己回昆明去庆贺他升了云南巡抚，徐延旭也丢下军队回龙州避暑。法军乘此机会以绝对优势兵力与黑旗军激战五天后攻下山西，进攻北宁更轻松，徐军竟是不战而遁。山西、北宁的失守为慈禧攻击奕䜣提供了借口，因为唐、徐二人系张佩纶荐之于前，李鸿藻保之于后，奕䜣作为主持军机的五大臣之首更难辞其咎，顺藤摸瓜，最终将军机处连锅端，五位军机大臣奕䜣、宝鋆、李鸿藻、景廉、翁同龢全部被罢黜，而代之以完全听命于慈禧的礼王世铎和醇亲王奕譞一批人。这个名单一公布，朝中无不愕然，李慈铭便讥评是"易中驱以驽产，代芦服以柴胡"，(《越缦堂日记》)竟一代不如一代。紧接着，慈禧又对部院大臣进行调整。"甲申之变"标志着慈禧独揽朝政的开始。

"甲申之变"起初并没有触动张佩纶，仍保留了他在总理各国事务衙门的差使，但他的后台李鸿藻已倒，意味着他的前途已充满凶险。

新上台的军机大臣虽以世铎为首，实权则操纵在奕譞手中。奕譞是恭亲王异母弟（宫中称七爷），又是光绪生父，慈禧的妹夫。他一向惟慈禧之命是从，在未入枢机之前，也一度对法主战，但一入枢机便迅速调整自己的态度，与慈禧一起竭力主和了。李鸿章与法国人福禄诺在天津密开和议，便是在他的允许下进行的。福禄诺在谈判中首先提出罢免主战派曾纪泽驻法公使职务，作为试探，李将福的要求报北京。在廷议中，张佩纶以"法屡以和误我"为理由，主张备战，认为即使议和也必出一战，对廷议结果拒不签名。加上他对将恭亲王驱逐出军机处不满，在众目睽睽之下劝说奕譞，奕譞当面不好说什么，但左右的人如奕譞的亲信孙毓汶等，都认为张佩纶当面羞辱了醇亲王。张佩纶在北京已然是待不下去了。

果然，四月十四日慈禧以上谕形式命吴大澂会办北洋事宜，陈宝琛会办南洋事宜，张佩纶会办福建海疆事宜，名为重用，实际上是将他们驱出北京，表明慈禧、奕譞已决心与法国议和，免得这些主战派在京城找他们的麻烦。这道任命也是别有用心的，三人都是十足的书生，在慈禧看来，你们不是主战吗，那就请你们去前线，打得好是太后、军机处用人得当，如有失误，那就是要依法论处了，这是明眼人一看就明白的道理。张佩纶虽然照例上表谢恩，但离开北京时心情是很沉重的。在慈禧发表任命的后三天，李鸿章与福禄诺便在天津签订了《中法简明条约》，条约规定中国军队将撤回境内，承认法国对越南的保护权。

张佩纶南下赴任，途经天津，与张之洞、吴大澂一起应李鸿章之邀，乘船出海，检阅了旅顺炮台，参观了兵轮操练阵法，又途经烟台、威海等北洋基地，通过现场考察，总算对海防有了一定实际了解，闰五月十一日抵达福州莅任。

《中法简明条约》的签订并没有满足法国政府贪婪的野心。在中国军队尚未接到撤军命令前，闰五月初一法军突向驻守谅山北黎的清军发动攻击，并以此为借口，向清政府下最后通牒，除要求清军撤军外，讹诈赔款二点五亿法郎，声称如不满足要求，即将自行索取担保品——台湾和福州。清政府仍委曲求全，除不答应赔款外，一切照办，派两江总督曾国荃与法国公使在上海谈判。这时法国国会已通过对华军事行动案，法国海军殖民部长裴龙下令侵华海军统帅孤拔将军舰开往福州和基隆。张佩纶抵闽才十天，农历闰五月二十一即7月13日，法军舰队已出现在闽江口。

张佩纶一到福州，便投入紧张的备战工作，经过巡视考察，张佩纶对福建的防务是失望的，总的来说"炮台苦卑，船局苦蔽，枪炮苦杂，子药苦少"，最糟的是"十羊九牧，朝令暮更，尤其锢弊"。（《涧于集·书牍》三）造成这一情况的原因是主持全省工作的总督何璟、巡抚张兆栋根本不懂军事，也不讲求军事。何璟为人"迂缓而柔愞"，表面上一团和气，遇事持重，实际上刚愎自用，根本听不进别人意见，在紧要关头还争权掣肘，所有营官都由他个人指派，不受统领约束，给张佩纶制造了不少阻力。尽管如此，张佩纶克服困难，积极备战，兵力单薄就招募丁勇；炮台单薄，就在壶江嘴急修一座炮台。

但法国舰队来得太快，二十一日还只有一艘法国舰船进入闽江口，第二天就有两艘驶进江口。张佩纶知道驻守马尾港的中国舰队和两岸炮台设备陈旧，难于抵挡，便提出塞河的建议。因为闽江从江口至马尾，长达四十公里，两岸均是高山，航道曲折，其间有三重门户可守。通过塞河，就可阻挡法舰继续驶进闽江，这不失为一项积极的防御措施。但"督署检历奉寄谕，均须登岸后御之，众议不敢阻"。首先是何璟不同意，何璟的根据又来自中央，不得已张佩纶、穆图善致电北京，清政府仍以"和战未定"、塞河将引起"群疑众难"作答。李鸿章态度与清政府一样，甚至在马江之役前四天，还写信警告张佩纶："阻河动手，害及各国，切勿孟浪。"

塞河既不可能，张佩纶又提出先发，即先发制人，更遭到何璟及清政府反对，因为此时政府正寄望于美国从中调停，怕先发引起议和的困难，指示张佩纶："彼若不动，我亦不发。"（《涧于集·书牍》三）闰五月二十四日军机处又寄来谕旨，重申"倘有法军前来按兵不动，我亦静以待之"，还警告张佩纶，"所称先发，尤须慎重，勿谓轻率"，否定了张佩纶的意见。

张佩纶了解福建兵力单薄,与穆图善、何如璋多次要求总理衙门急调南、北洋水师和邻近浙江、广东兵船前来支援。北洋李鸿章、南洋曾国荃都按兵不动,只有新任两广总督张之洞派了两艘船来。曾国荃还荒谬地说:"法船坚我船十倍,一经出口,必被枪击,诚恐自送败局,反助法焰,贻法口实。"

塞河、先发都被否定,增援又没有希望。从7月14日到8月23日马江之役爆发的四十天间,天险闽江听任法舰游弋,窥伺清军动向,张佩纶一筹莫展,如坐针毡。其实马江之役的败局早就定了。张佩纶在给京城堂侄张人骏的两封信,就反映了他的苦闷和对战事前景的悲观。

　　黄拟塞河,而旨不允。使敌船排重险而入腹心,犹有彼不动我亦不发之命。以此制胜得乎!……祸机猝发,利纯非所逆睹。(《致安圃侄》,《涧于集·书牍》三)

　　株守已一月。请先发不可,请互援不可。机会屡失,朝令暮更。枢、译(枢,指军机处;译,指总理各国事务衙门)勇怯无常,曾、李置身事外,敌在肘腋犹且如此,国事可知!(同上)

更为荒唐的是清政府已知法舰在炮击基隆(闰六月十五日即8月5日),还在指望美国公使杨约翰出面调解。法军进攻基隆失利,将舰队主力调往福州,清政府才迟迟发出谕旨,令沿海、沿江各督抚备战,但仍不许清军先发。至六月二十七日才专门指示穆图善、张佩纶阻塞闽江口,可惜为时已晚,清军已失去控制闽江口的能力。清政府的无知和一厢情愿还从另一件事上反映出来,七月一日法国公使谢满禄在使馆下旗离京,已意味着开战在即,麻木不仁的清官僚却认为是"法下旗,我不理,法托人请和矣",(《越缦堂日记》)是法国即将让步的表现,真是一心想和,满脑子糨糊!

法国侵略者也正是利用了清政府官员的这种心理,七月初三下午二时已驶进闽江的法国舰队对福建水师发动突然袭击，马江之役开始。在短短一两个小时之内，福建水师全军覆没，马尾船厂被炸。此后五天，法军几乎摧毁了闽江口至马尾两岸所有炮台。七月初六，清政府才正式对法宣战。

根据上述事实，马江之败，固然守土的福建官员有责任，但最主要的责任应由清政府来负！

张佩纶也有他的责任，他不懂军事，更不懂他面对的是无论在武器、装备上都很先进的法国舰队。参加马江之役的法国舰队共十艘，多为使用先进技术的装甲舰，排水量大，巡洋舰多在两千吨以上，最大的特隆方号有四千一百二十七吨，所有舰艇都装备先进的后膛装线膛炮，口径都在一百四十至一百九十毫米以上，还装备有机关炮、枪和鱼雷；与之相比，中国舰船虽有十一艘，但只有两艘小炮艇为铁甲舰，其余均为木质，装备陈旧，排水量小，最大的扬武号才一千五百六十吨，武器装备质量差，炮多为落后的前膛装滑膛炮，没有机关炮或枪。两相比较，参加马江之役的中国海军装备技术比法国落后了三十年。张佩纶对此虽有些粗浅认识，但还是对自己估计过高。如一次张佩纶看到孤拔从马尾港调二艘兵轮去长门要塞，他竟大笑说："吓我不动去吓老穆（指穆图善）矣！"马江之战是近代海战，张佩纶还用一些古老战术，让士兵换上商人衣服，又派人在两岸多插旌旗虚张声势以疑敌，用火船攻敌舰等。他采取这些战术，是相信中国古老战术必能战胜近代战术，这是相当可悲的。

张佩纶在指挥部署上也有失误的地方。福建水师船小、炮少，本不应集中停泊，他却听信扬武号管带张成的意见，竟然将所有舰艇集中在一起，"与敌船首尾衔接相泊"，置于有强大杀伤力的现代化船舰的炮口之下，终造成全军覆没。

张佩纶在决战前后还轻信敌人的谎言，贻误了战机和时间。在狡猾的外国侵略者面前，张佩纶仿佛春秋时的宋襄公，迷恋起下战表之类的把戏来，天真地向法舰统帅孤拔保证中国绝不会失去君子国风度，"战即约期，不行诡道"。果然法军就在宣战书上做起文章，这份宣战书故意送到离前线几十公里外的福州何璟处，而不送给就在马尾的张佩纶。宣战书虽写了"本日开战"，又不提具体时间，老朽昏聩的何璟接到宣战书，又弄错了文义，待张佩纶接到宣战书，已是下午2点，炮声大作，福建水师连启动的时间都没有，只能挨打。

客观地讲，张佩纶虽缺乏军事经验，但提出的许多建议仍是有价值的。他并没有玩忽职守，也是想有所作为的，不过对清政府种种乖张失宜的谕旨，他只能被动执行，与在京时的锋芒毕露恰成鲜明对照。他对中央枢府的不满只能在给亲属、好友信中透露一二。时间正在磨蚀他的锐气。

马江之役中，他只有一件事违反了枢府意见，便是没有放弃船厂。按政府意见，应"毁厂，免资敌"，李鸿章也建议他弃厂，他没有照办，反而派兵守卫。法军本想登陆掠厂，但因遭到清军阻击，放弃登陆计划，改用炮轰，船厂受到重大损失，但未彻底毁坏，以后经短期修缮便恢复生产，张佩纶是有远见的。后来张佩纶遇到老朋友劳乃宣，劳在一本书中写了"法人毁我福建船厂"之语，张即请劳更正，说"船厂固至今岿然在也"。

马江之败后，清政府自然要找替罪羊，张佩纶毕竟是做过御史的，脑子快，立即自请处分，还将保厂的功劳讲了一通。何璟等原想将罪名推给张佩纶，不仅根据传闻说水师全军覆没，还说船厂已毁。清政府找出漏洞，首先将何璟、张兆栋、何如璋革职，张佩纶因力守船厂从宽发落，革去三品衔，交部议处，很快又被授予会办大臣兼署船政大臣，反倒加重了权力。这引起福建士人和福建籍京官的不满，他过去锋芒太露，得罪过不少人，特别是执政的上层。两方面的力量结合起来，告发他拥兵自卫、临阵脱逃，经后任浙闽总督左宗棠、福建巡抚杨昌睿调查，证明多是不实之词。京中执政又追论张推荐唐炯、徐延旭之罪，终于在年底（1885年1月）将张佩纶从重发往军台效力赎罪，遣戍到察哈尔，开始了他三年的罪臣生涯，这一年他三十七岁。

马江之败是张佩纶一生的大转折，从红极一时的名臣，沦为打了败仗的罪臣，特别是他在福建前线眼看败局已定，法军尚留在马尾江面就后退到彭田小村，确有"止为一身避危计"的打算，给他蒙上了临阵脱逃的阴影。既有把柄在人手里，清政府又决心牺牲他做平息福建军民激愤情绪的替罪羊，他更无法辩解了。于是咒骂的、讽刺的都出现了。北京士大夫就用他与何如璋的姓来开玩笑，做了一副对联"堂堂乎张也，是亦走也；怅怅其何之，我将去之"，这还算风雅的；有些地方还编成唱词小曲，将他说成在大雨中逃跑，赤着脚，头顶铜盆，一副狼狈相。

大约在与李菊耦结婚后，他才将满腔委屈向妻子倾诉。自然李菊耦也会传给他们的子女。于是张爱玲就听到她姑姑的几句话：

"奶奶说要恨法国人。"她淡淡地说。

又一次又道："奶奶说福建人最坏了，当时海军都是福建人，结了帮把罪名都推在爷爷身上。"（《对照记》）

张佩纶恨法国人是可以理解的。说福建人最坏，打击面太宽了，毕竟与朝廷枢臣勾结打击张佩纶的是少数。福建民众在马江之役中是做出巨大牺牲的，仅水师将士就死伤七百余人，其中绝大多数是福建人，他们的亲属痛恨举置无方的官吏是无可非议的，尽管并不知道内情。

从罪臣到娇客

张佩纶在光绪十年年底（1885年初）得到遣戍电文，匆忙作了交代，腊月二十七，福州已是一片过年景象，他上了路。路过杭州，他探望了病中的长姐。北上过天津，李鸿章留住了三天，又赠送银两。十一年二月初四抵达北京，因是罪臣不能回家，寓居愍忠寺，等待公文，三月底他才束装前往张家口。

三月底,京郊已是一片春花烂漫。他的堂侄张人骏约请几位同年好友在海淀某园为他饯行,张佩纶不由不感慨万分:过去当京官时,年年到此赏花饮酒,高车大马一路风尘,今天沉沦到此地步,真是"朝是青云暮逐臣"啊。他想起自己去福建,就像一个新兵渡海一样,没有经验,导致了倾覆,而今只有这所皇家废园还对我露出春天笑容。门外的马已在等我远去,还请朋友不要忘记我这个独行人。(《春暮就戍,叔宪、抑冲、公瑕、子涵、健庵送至淀园》,《涧于集·诗》三)他吟诗作谢,词意相当凄凉。

按惯例,被遣戍的官员因是罪臣,必须到当地衙门报到,接受地方官的差遣,地方官也要按时将他们的表现上报,以尽监督之责。不过地方官一般对戍员比较客气,尤其是做过朝廷大臣和地方督抚的,内中原因不难推测,因为清代戍员从戍地赦归(也叫"赐环")是常有的事,而一经"赐环",不仅能官复原职,甚至重掌朝纲也屡见不鲜。所谓"今为罪臣,明为上司",戍地官员自然不敢开罪。张佩纶掌过都察院大印,进过总理衙门,外放时官衔会办福建军务大臣有钦差性质,戍地官吏自是敬如上宾,察哈尔都统绍祺、都督永德、万全县知县张上和都多方给予照顾。万全县属宣化府管辖,宣化知府章洪钧(琴生)更与张佩纶结为知交,常请张佩纶去宣化小住。又亲到张家口探望,诗酒唱和,解除了张佩纶不少寂寞。

困难的是被遣戍后就没有了官俸,戍地生活费用自理,张佩纶京中还有家眷,家底又薄,经济上便感拮据。一次家中来信告知,他摄御史台时,李鸿章曾赠一匹青驹马,就戍时他将车马都变卖,独留下这匹良马,但家中已付不起马夫开支,连饲料也供不上了。他指示将马归还,这个消息当然使他感慨莫名。祸不单行,十二年(1886年)张佩纶的继室夫人边粹玉在京病故,前妻朱芷芗所遗两子志沧、志潜失去依傍,只能来戍地。张佩纶要分出心来照顾两儿,为他们延聘教师,一时聘不到,便自己课子。所幸京中好友不时寄银接济,李鸿章更多次赠银,使他得以在戍地度过三年。

中国知识分子向有在逆境中著书立说的传统，所谓"文王厄而演八卦，仲尼困而著春秋"说的就是这个传统。张佩纶也未能摆脱此习俗，通过著书也能排遣寂寞，外示旷达，免得有人窥探后去向京中报告什么。谪戍期间，张佩纶写了《管子注》二十四卷，《庄子古义》十卷。他研究先秦诸子，一是受到当时学风影响，清代乾、嘉以来，学问家都以辑佚、补写、注疏古籍为时尚，也以这方面的成果为最丰硕，此种风习一直延续到清末。二是《管子》一书向被称为经世之作，与他素来的治学路子有共通之处，所以他用力甚勤，"据善本，博考群籍为之诠注"，目的是"发明其学术，阐扬其治法为宗旨"。(《墓表》)至于研究《庄子》，则是为了排遣心中的郁闷之气，寻求心灵的安慰。

在三年戍地生活中，也有一些值得记述的事。初到戍所不久，有一位早被张之洞参奏到军台效力的官员，以为张佩纶与参奏事有关，又怀疑张佩纶向朝廷打了小报告，以致不能减罪，而衔恨张佩纶，张佩纶只觉得人心不可料而感到可气可笑；与这位官员相反，原福建船政大臣何如璋也被遣戍到察哈尔，在福建时，何、张二人本有矛盾，马江之败后更相互攻击，今天到了一处，"握手欢然见胸量""大雁当风无背向"(《子峨秋达戍所》，《涧于集·诗》三)，两人均产生了"同是天涯沦落人"的感触，反倒更亲密起来。何如璋的儿子寄来课卷，请张佩纶审阅，何叫儿子拜张为师。何如璋对《管子》一书也很感兴趣，两人共同切磋。一次都统派张佩纶赴察罕陀罗海，此地还在张家口之北，条件更差，张佩纶到了察罕，不料引起蒙古王公及路过的俄罗斯商人注意，"踵门者日数十人"，日本国的游历使黑田也要来造访，这引起了朝廷注意，都统急将张佩纶追返张家口。张佩纶用诗记述了这事经过："军府重防闲，何人走相告？夜半火符来，使吏咄贺吊。"他在察罕已安了床，置了灶，准备长期住下去，不料钱都白花了，这事有什么可贺的？从此，都统再不放张佩纶远出，张佩纶在张家口倒过上了平静日子。(《出次察罕陀罗海五月二十六日都统急刮追还记事》，《涧

于集·诗》三）

张家口地近京师，张佩纶与京中信使不断，他密切关注朝政变化。他在一封信里说："弟谪居不谈时事，亦不敢忘时事，京中消息时通所闻，尚不孤陋。"（《复奎乐山书》，《涧于集·书牍》四）他特别关心一向支持他的李鸿藻。光绪十一年（1885年）二月，被排斥出内阁的李鸿藻再次得到起用，十三年（1887年）重新担任礼部尚书、武英殿总裁，张在日记中认为这是正气稍伸的象征。但不久，李鸿藻又被醇亲王这派人排挤出京去视察河工，张认为是朝中小人进谗所为。他对李鸿藻的关心，也是对自己前途的关心。

光绪十四年（1888年）四月，张佩纶戍满，按例要交纳台费，按三年计需银一千多两，又有部费，加起来近两千两。李鸿章一力承担，张佩纶得以释归。

回到北京，张佩纶已是一介平民，今后向何处去？"伥伥无所之。"他曾询问李鸿藻，李鸿藻同意他去投靠李鸿章，李鸿章原打算聘他主持保定莲池书院，这从李鸿章给张裕钊（原莲池书院山长）的信中可以得知："适张幼樵学士还自塞上，北学之秀，曾主问，津人至今慕恋，将来如延置礼堂，定能划守旧规，不坠孔业也。"（《李文忠公尺牍》）没想到张佩纶却当了李鸿章的娇客。

张佩纶做李鸿章女婿一事，颇引起一些人的议论，称羡的固然有，讽刺挖苦的也大有人在，连他的一些好朋友也感到不可理解。"责诲频加"，他不得不一一写信，加以解释并倾诉心曲。他告诉朋友，他"虽在朱门，视如蓬户"，绝"不交人事"。（《复黄再同太史》，《涧于集·书牍》五）

张佩纶与李菊耦结婚后，一直住在北洋总督衙门。当时李鸿章权倾朝野，又主持北洋水师，是炙手可热的人物，张佩纶却绝口不论兵事，除了因为马江之败，已落了个书生不知兵的丑名声，又加上外间的种种指摘，使他不得不有意规避，更重要的是他与李鸿章之间，为人与政见并不完全一致，这有例可证。早在光绪五年（1879年）时，他曾与张之洞两人"论道光来人物"，就认为"李少荃学其大而举措未公"。(《涧于日记》)马江之役中，他曾求李鸿章派舰支援，李不答应，更证明了他原先的看法。关于水师建设，他本人在朝时曾主张应建北洋、江海（含长江）、浙闽与广东四支，但李鸿章却专注北洋水师建设，与他的设想大相径庭，经过马江之役，张佩纶深感只专注一支水师建设的危害。李鸿章最大的未公，还在于任用私人，北洋各军统帅基本是李鸿章的安徽同乡和淮军的老班底，对此张佩纶也不会没有看法。所以陈宝琛曾说张佩纶"海军议发自君，既成，殊失君意，"(《墓志铭》)是包含了很多内容的。所有这些便成为他不愿意说话的原因。

北洋幕府中，气氛也很不正常，所有办事人员都是李鸿章用熟了的亲信，事事都受掣肘，张佩纶更不愿发表意见了。光绪十五年（1888年）湖南名士王闿运到天津，受到李鸿章隆重接待，也会见了张佩纶，但令王闿运失望的是，交谈中，一次"张惟谈医，不及论事"，另一次是"谈肃党"——咸同间肃顺专权的事，只有一次谈到了他过去的老朋友张之洞的近况，与王闿运好讥评时事、臧否人物完全不同，王不得不得出了"道不同"的结论。(王闿运：《湘绮日记》)

张佩纶与李菊耦婚后感情很好，他们的住所起名为兰骈馆，有并蒂兰花之意。张佩纶在日记中屡屡出现这样的记述：

> 重阳日与内人煮酒持蟹，甚乐。
> 终日在兰骈馆与菊耦评书读画。
> 与菊耦手谈，甚乐。
> 以家酿与菊耦小酌，月影清圆，花香摇曳，酒亦微醺矣。
> 菊耦小有不适，煮药、煎茶、赌棋、读画，聊与遣兴。
> 合肥生日，贺客如云，余独与内人谈诗竟夕。

菊耦生日，夜煮茗，谈史，甚乐。

饮酒、下棋、煮茶、谈诗，几乎看不出两人年龄相差十七岁。

　　光绪十八年（1892年）正月初五是李鸿章的七十整寿，慈禧和光绪都分别亲赐了匾额、对联，被认为是少有的殊荣，称之为赐寿。这一日，北洋衙门中外宾客齐集，各方礼物堆积如山，唱戏、摆酒，热闹非凡。张佩纶唯一的办法便是躲避，这天的日记写道：

　　是日合肥七十赐寿，宾客如云。余以邻轨，不预戏筵，独坐一卷，静寂之至。

　　光绪二十年（1894年），朝鲜发生东学党之乱，朝鲜政府循惯例要求中国派兵帮助镇压，日本政府也假意劝中国出兵，以便为日本出兵占领朝鲜、挑起中日战争提供借口。清政府堕入术中，让李鸿章派兵进驻牙山，不料日本同时派兵进驻汉城。鉴于东学党之乱已平定，清政府为避免冲突，提出中日两国同时撤兵，日本不理，继续增兵。其意图已昭然若揭。此时中国方面是增兵还是撤兵？由此引发了一场争论。

　　李鸿章是主张隐忍持重的，寄希望于英、俄出面调停，慈禧担心主战会影响她过六十整寿，自然同意李鸿章的方针。朝中以翁同龢为首的后清流党人（即清流派中的南派，以南方人为主）如文廷式、张謇等是主战的，一再上书李鸿章出兵备战。李鸿章幕府中同样发生一场争议，张佩纶虽参加了讨论，但没有表态。

　　日本以兵胁朝鲜，欲使之为自主之国，不认中属。
　　合肥甚愠，与幕僚集议竟日。余废人也，所谋未必合时，殊为愤闷，姑无言预坐而已。（《涧于日记》）

集议估计曾举行过多次,据陈宝琛记载,张佩纶还是发表了自己的见解的。这一段记载是这样的:

战衅将启,文忠始就君谋。时援朝军驻牙山,论者多主济师,君谓:"师行千里,敌岂安坐待弊？师以平乱出,今乱平,先班师示弱以骄敌,再大举未晚也。"文忠韪君言。(《墓志铭》)

表面看,张佩纶的主张与李鸿章一致,即撤回牙山驻军,但与李鸿章主张有个最大不同之处,张佩纶还是主战的,撤军不过是为大举作准备,与李鸿章一味隐忍、主和不同。但由于表面上符合李鸿章的意图,得到李鸿章的首肯。

不过朝廷上主战压力太大,根本不容许有任何示弱的表现；李鸿章原寄望于英、俄调停,也因两国拒绝而此路不通,在万般无奈的情况下,朝廷同意用兵。张佩纶却十分忧虑,他了解李鸿章用人不公,靠淮系班底和私人关系培养起来的水、陆两师都缺乏将才,所谓"陆军无帅,海军诸将无才,殊可虑也"。后来战事发展完全证实了张佩纶的忧虑不是多余的。

六月十四日,朝廷正式发布主战诏旨。六月二十三日发生丰岛海战,中方失利,支援牙山的部队沉于海底。七月一日中日两国正式宣战。正在平壤之战全面展开之时,朝廷突发诏旨,将张佩纶逐出天津,勒令回籍。这份诏旨的来由是御史端良奏劾张佩纶以罪臣身份追随李鸿章左右,应对战事不利负有责任。

其实张佩纶被逐,原因早在十年前就种下了。他的一支笔得罪过不少朝臣,他们一直在寻找机会报复,其代表人物是醇亲王的亲信、已擢任军机大臣的孙毓汶。近因则是他在督署中发表的意见,使李左右的亲信非常嫉恨。陈宝琛说:"文忠左右率喜事自用或缘为奸,终患君,贿御史劾去之。

济宁方用事，遂有旨驱令回籍。"(《墓志铭》)其中的"济宁"指的就是孙毓汶，他是济宁人，而"文忠左右"指的是北洋衙门和海军中人，并涉及盛宣怀和李鸿章长子李经方，端良的疏稿便来自天津，他们担心张佩纶发其私弊便以五百金贿买端良。按旨义，张佩纶应回丰润原籍，但丰润老家张佩纶已无直系亲属；从朝廷考虑，丰润在直隶，离天津太近，也不适合。而张佩纶自幼在南方长大，江南山水很使他留恋，便决意去南方。

此时中日交战形势越发紧张，清兵在辽东节节败退，李鸿章命嫡子李经述挈家属南旋，张佩纶夫妇便一同与李经述一家于光绪二十一年（1895年）二月赴南京。

退居南京

太平天国起义被镇压之后，南京被许多湘系、淮系将领选作退职后侨寓之地。这里山川秀丽、物产丰富，更重要的是从曾国藩任两江总督后，经过湘系、淮系多年经营，已成为这两系的重要据点，两江总督例由他们中人担任便是明证，曾国藩、李鸿章、马新贻、曾国荃、刘坤一都接连担任这一职务。张爱玲对她的祖父母为什么选择南京作过推测："灭太平天国后，许多投置闲散的文武官员都在南京定居，包括我的未来外公家。大概劫后天京的房地产比较便宜。"虽举出她外公、长江水师提督黄翼升家做例——其实黄翼升是湖南人，也是湘系，又跟随李鸿章多年——但仍未说出问题的要害。准确点说，在张佩纶看来，住在南京会受到一定的保护，环境宽松，适合他全家居住。

被逐出北洋衙门，张佩纶更感到人心的险恶，世事的难测。他对起复已不再抱更多希望了，读书、写诗，更多的时间是陪李菊耦，正如张爱玲说的，"在南京盖了大花园偕隐，诗酒风流"。

张爱玲曾从她姑姑那里听到不少祖父母在南京的生活情况。

张佩纶和李菊耦经常作诗唱和，并编了一本唱和诗集。不过据张爱玲姑姑说："爷爷奶奶唱和的诗集都是爷爷做的,只有一首集句是她自己做的:四十明朝过,犹为世网萦。蹉跎暮容色,煊赫旧家声。"就这首诗言,既表明了尊贵的身份,又有一种黄昏来临的苍凉意味,气韵上很与张爱玲的小说相似。

张佩纶与李菊耦两人还合编了一本食谱。张爱玲姑姑只记得一样菜是鸡蛋吸出蛋白,注入鸡汤后再煮。张爱玲推测是将鸡蛋壳上钻了小孔,插入麦管之类,由仆人用口吸出再封牢。尽管张爱玲感到有点不卫生,但这道菜也算够别致的了。编食谱的人往往本人是美食家,由此足见张佩纶夫妇在南京不仅住得讲究,吃得也讲究。顺便提一句,南京这地方是出产美食家的地方,那位住在随园的诗人袁枚不也编了个《随园食单》吗?

张佩纶和李菊耦还合写了一本武侠小说,自费付印。据张爱玲回忆,书名大概叫《紫绡记》。张爱玲小时候,亲戚中一度流行《孽海花》热,迫使张爱玲父亲找出《紫绡记》来给他们看。张爱玲还记得,是一部版面特小而字大,老蓝布套也有两套数十回,书中女侠是一位文武双全的大家闺秀名叫紫绡。至于内容,张爱玲说:"叙述中常称'小姐'而不名。故事沉闷得连我都看不下去。"

张佩纶在南京的隐居生活从家庭角度论可称得上夫唱妇随,风流过人。可惜的是唱和诗、食谱和那本《紫绡记》的小说,今天已难以看到。

张佩纶并非完全不预外事。李鸿章、李经述便经常向他通报近况。李鸿章去日本签订《马关条约》时被刺伤,李经述、李鸿章都来电告知。不过接连而来的都不是好消息:自《马关条约》签订后,便是割台,主持此事的李鸿章、李经方父子被举国诟骂,他心里肯定不好受;接着又是李鸿章游历欧美,与俄国签订《中俄密约》;回国后李鸿章进入总署(总理各国事务衙门),清政府又被迫与德国签订了租借胶州湾条约,与俄国签订了租借旅顺口条约,以后英国强租威海卫、拓展九龙租借地,法国强租广州湾……主持其事的李鸿章更被人们斥为卖国贼,达到人曰可杀的地步。

张佩纶对李鸿章的举措不是没有看法，而是不可讲而已。国事如此，家事如此，张佩纶虽有主见，想有所作为，可是身处被逐的环境，又能做什么呢？他不由得产生了"天之有神州，又胡生此才"（《墓志铭》）的感慨，心情是沉重、郁闷的。李鸿章不明白他的心境，在一封给别人的信中还说："幼樵意兴沮丧，近更避人若浼，有沉思高蹈之思。"

张佩纶终于病了，他"忧伤君国，往往中夜起立或被酒泣下，寝以成疾"。（《墓志铭》）

形势在一天天坏下去，戊戌变法失败，政权重又回到慈禧手中，她利用义和团的血肉之躯来发泄她对外人的不满。义和团攻打使馆，酿成了"庚子事变"，八国联军入侵中国。这时李鸿章先被排挤出总署，后又改任两广总督。在联军攻下大沽口后，清政府又想起了他，急召李鸿章进京，不久重新任命他为直隶总督、北洋大臣，后又授予全权，准备再开和议。

这阶段朝政又值多事之秋，慈禧在一批顽固的满族贵族包围下，一度想废光绪，又公开向帝国主义各国宣战，命令各省发动勤王，给地方督抚们出了难题。其时两江总督刘坤一和两湖总督张之洞权势较重，既是朝廷征询意见的对象，又是地方督抚的领袖，如何表态，更费踌躇。在是否废光绪一事上，刘坤一终以"君臣之义已定，中外之口难防"之奏，打消了慈禧的念头。至于是否向帝国主义各国宣战，发动勤王？刘坤一联合张之洞搞了东南互保，称中央诏书为矫诏，拒不勤王，反与帝国主义各国缔结相互保护的协议。所有这些大举措，刘坤一事先都征求过在籍士绅、官员们的意见，张佩纶住在南京，刘坤一自然也征求过他的意见，他凭自己的智慧，多次为刘坤一决疑事。

李鸿章被授命为和谈全权大臣后，张佩纶催促李鸿章北上并积极为其出谋划策，但李鸿章仍滞留上海，推称有病，不去已沦陷的北京。直至慈禧已完全被帝国主义侵略气焰压倒，以光绪名义下罪己诏，承认了错误，李鸿章才在八月下旬启程赴京。

张佩纶在重大关头的表现，引起慈禧等的注意，"上在西安念及君，称其心术端正"，才有这年十二月二十三日的谕旨：赏张佩纶翰林院编修，随同李鸿章办理交涉事宜。李又有任用亲人习惯（李鸿章赴日签订《马关条约》时有李经方陪同，访欧美时又有李经方、李经述两人陪同）。所以李鸿章在发电劝说张佩纶迅速北上时有"内意似怜我老病，派来襄助"之语。

张佩纶已对仕途艰险有了更深的看法，对这道谕旨并不热心，因而回绝了李鸿章的电召，他的理由一是"翁婿例应回避"，二是有病，"自夏徂冬咳血未愈"，适应不了交涉万紧的工作，李鸿章却以"时艰交涉，有何回避可言"作答，责令前来。（《李文忠公全集·电稿》）

张佩纶迟至光绪二十七年（1901年）二月方到京。此时《辛丑条约》各款均大致议定，对外交涉最吃紧的地方倒是与俄国的交地交涉。原来俄国乘八国联军入京之时，以保护中东路为借口，派兵占领东北。在八国联军撤出中国时，俄已无理由强占东北，便以交地为由，提出了苛刻的条件，逼清政府签约。交涉中，大多数朝臣都反对签约，而李鸿章却倾向于同意签约，因而又激起全国共愤。在对俄交涉中，张佩纶是不同意李鸿章的主张的，陈宝琛说他"以俄约与文忠龃龉"，指明了这件事。

清政府为配合《辛丑条约》签订，改变自己的形象，开始下诏变法，特设一督办政务处，统办全国新政，督办大臣有奕劻、李鸿章、荣禄、王文韶等人，襄办的人选中就有张佩纶。张佩纶认为督办政务处的建立并不表明清政府有诚意变法，所谓"时论变法又不合素恉"，即变法内容与他心目中的变法根本不合，再加上督办政务处实际上是军机处的骈枝机构，实权操纵在王文韶这批原军机大臣手中。王的为人是张佩纶最了解的，光绪十年便被他参劾过，直至被罢黜，这次张佩纶又要在其手下讨生活，无疑将自讨没趣。尽管李鸿章和许多朋友都劝他就职，他还是向李鸿章请了假，待联军已撤，京师恢复秩序，便以养病为由，六月二日离京返宁。

七月二十五日，被称为中国近代最丧权辱国的《辛丑条约》签订，九月二十七日李鸿章病逝,王文韶代李出任全权大臣,直督换上了袁世凯。张佩纶因参与议和有功,慈禧特发懿旨,以四五品京堂起用,张佩纶因与王文韶"既有深隙,难与共事"而称病不出。(《涧于集·书牍》六)

光绪二十八年(1902年)两江总督刘坤一病故,张之洞暂署两江,来到南京。两位老朋友已近二十年没有见面了,张之洞几次要去看他,张佩纶"辄辞以病"。还是借年底辞岁之际,两人方见了面,"就谈身世,君累欷不已"。(《墓志铭》)回想起二十年前,二人意气风发,同为朝中清流健将,而如今张之洞已是名闻全国的封疆大吏,张佩纶则从马江之败后坎坷半生,屡遭磨难,如何不欷歔泪下呢?两人谈起已故的熟人,张佩纶有生不如死的感慨。这次见面后不久,张佩纶在光绪二十九年正月初七(1903年2月4日)病逝,享年五十五岁。

张爱玲在《对照记》中曾谈及她祖父的死,她认为与李鸿章去世有关,她说:"此后他更纵酒,也许是觉得对不起恩师父女。五十几岁就死于肝疾。"

六年后(宣统元年即1909年),张佩纶的堂侄张人骏从两广总督调任两江总督,来到南京。张人骏年龄与张佩纶相仿佛,从小一起长大,两家关系一直很亲密,张人骏自然会对张佩纶一家有所照拂,李菊耦带着张志沂与张茂渊兄妹在南京老宅仍可过着安富尊荣的生活。1911年辛亥革命爆发,张人骏自顾不暇,李菊耦只得带着子女先逃青岛,后迁上海,因逃得很匆忙,据张爱玲二伯父张志潜说,张佩纶许多手搞都未及携出,毁于兵火。(张志潜为《涧于集·文》所作后序)从此绝代豪华,金陵旧梦,连带他们家族的兴衰,只能在张氏后人中留下魂牵梦萦的回忆了。

二　旧家庭·新女性

> 我记得每天早上女佣把我抱到母亲床上去，是铜床。我爬在方格子青锦被上，跟着她不知所云地背诵唐诗。她才醒过来总是不甚快乐的，和我玩了许久才高兴起来。我开始认字块，就是伏在床边上，每天下午认两个字之后，可以吃两块绿豆糕。
>
> ——张爱玲

遗老与遗少——张爱玲的父辈

特殊时代的产儿

也许亲身体验到清末社会的动荡不安，也许预感到末日的来临，清朝达官显贵们在革命到来之前，纷纷将自己的财产转移到租界和租借地去。那时逃往国外还不盛行，一来太远，二来生活不便；而租界里住的多是中国人，又归外国管治，中国发生天大动乱，那里仍是世外桃源。清末官僚富豪们最中意的地方是上海、天津的租界和青岛——德国人租借地，还有大连——1904年日俄战争后归了日本。

李鸿章大约是最早预感到末世即将到来的官僚之一，他早早在上海、天津租界中置办了大量房产，又在外国银行中存了现款，为子孙准备了日后享用的一切。当辛亥革命风暴来临时，他们的子孙包括李菊耦一家都纷纷逃往这些地方，躲进李鸿章为他们预备的逋逃薮，当起了上海寓公。逃往这些地方的自然不止李家、张家，还有与他们地位相仿佛的一批人。但革命风暴很快就过去了，袁世凯当上大总统后，起用了不少旧官吏，又让宣统在紫禁城中关门当皇帝，激起了其中不少人的希望——这些人就是1915年和1917年两次复辟的社会基础。

尽管袁世凯一再延揽，后来当了民国官员的遗老遗少也有，但仍有不少人根本不承认民国的存在，念念不忘大清的"深仁厚泽"，他们依然袭用宣统年号。笔者手头就有一个确证：张佩纶的二儿子张志潜在1919年为他父亲编刻一部奏稿时请了张佩纶的同年、世侄为奏稿写序，两篇序言不仅在格式上每逢遇到"孝钦皇太后"（慈禧）、"德宗"（光绪帝）、"列祖列宗"字样均抬头，而且年份用的竟是"宣统十年"，这一年按民国纪年应是民国八年了。

他们还一遵清俗，头上留着辫子，每逢朔望、元旦及宣统生日都要点上香，向北遥拜，拜后则痛哭一番，虔诚的还亲自上京，冀望一见圣容，获得若干封赠。

这些人显得与众不同，年长的在清朝当过官，人们通称遗老，年轻一点的便称遗少。这是中国在清朝灭亡后特殊年代的产物。

张爱玲年幼时，遗老们已垂垂老矣，她就亲眼见到一个，并留下了深刻印象，这就是堂房伯父张人骏。

张人骏，字健庵，又号容圃，从辈分讲是张佩纶堂侄，但两人年龄相差不大，他还比张佩纶早几年考中进士。张佩纶升任都察院副都御史时，张人骏调到都察院当御史（级别较低一类）。张佩纶集子中便留下一封奏折，是关于他任掌院时他堂侄在同一衙门任职，是否应当回避的问题。后来张佩纶宦途不利，张人骏却不断升迁，直做到两广总督，辛亥革命前调任两江总督。辛亥革命爆发，驻南京新军和江浙各地义军会攻南京时，张人骏是用箩筐从城墙上吊下来逃命的。张人骏后避居天津，张爱玲四岁时家住在天津，曾不时去看他。一次带路的仆人将张爱玲领到平民区一所住宅小房里——

> 一个高大的老人家永远坐在藤躺椅上，此外似乎没什么家具陈设。
> 我叫声："二大爷。"
> "认了多少字啦？"他总是问。再没第二句话。然后就是"背个诗给我听""再背个"。
> 还是我母亲在家的时候教我的几首唐诗，有些字不认识，就只背诵字音。他每次听到"商女不知亡国恨，隔江犹唱后庭花"就流泪。（《对照记》）

张人骏的流泪表明了遗老们的特殊感情，他们是将清亡当作国亡来看待的，清朝是他们的故国，联系着他和整个家族的高官厚禄、荣华富贵，一旦烟消云散，他们能不泪如雨下吗？于是一位老人的泪水总是萦绕在幼年张爱玲的脑际，以至张爱玲老的时候，还能清楚地记起这一场景。

张爱玲接触最多的还是与父亲年龄相当的一批遗少。除她的父亲张志沂外，还包括张爱玲的舅父黄定柱、祖母娘家李府的少爷李国杰四兄弟（均为李菊耦二哥李经述之子，大哥李经方因为是嗣过来的，与张家来往不多，李鸿章死后爵位是由李经述承袭的）。清亡时他们年岁不大，大多没有在清朝当过官（李国杰除外），又有丰厚的家产可供他们挥霍，和他们的长辈一样，"因为不承认民国，自从民国纪元起他们就没长过岁数"——张爱玲在小说《花凋》里所写的郑先生，便抓住了遗老、遗少们的共同心态。

长于翰苑名家的张志沂，幼年受过那个时代的最好教育。张佩纶死时张志沂才七岁，督管教育的重担自然落在李菊耦的身上。家中按习惯，请了老师来家教古书、做文章，也请了懂西学的人教外文，为的是他能继承外祖父李鸿章和父亲张佩纶的事业,所以张志沂的旧学根底和英文都不错。

张志沂能做到和李鸿章一样将古文、时文、奏折倒背如流,也学会了李鸿章饭后"走趟子"的好习惯,但时代变了,他已不可能再做李文忠公了。张爱玲提起父亲背书便"觉得心酸,因为毫无用处"。

学了一大堆与时代脱节的无用学问,在新时代找职业都困难,更不用说有作为了。所幸的是李菊耦留下了大笔遗产,足够他花的了。

洋房、汽车、姨太太和鸦片烟

张志沂二十岁结婚,娶的是南京水师提督黄翼升的孙女,门当户对,一双璧人。同年(1916年),带着对爱子的一片期望,李菊耦病故,享年五十一岁。

李菊耦未去世前,张爱玲的二伯父张志潜(张佩纶第一个妻子朱氏所生)有点怕她,李家毕竟后台硬,他不能不有所顾忌,家政大权都掌握在后母手里。李菊耦死后,弟弟妹妹年轻,这位比弟弟大二十多岁的张志潜就当了家。张佩纶生前大约知道这个儿子比后母小不了几岁,他死后家庭必然出现问题,所以给张志潜娶了一位安徽小姐,为的是搞好婆媳关系,而且早早打发张志潜到京中去做小官,隔得远一些。谁知辛亥革命爆发,张志潜丢了官,回了南方,又当了家,从此张志沂、张茂渊兄妹俩只得跟着兄嫂过,被管束得十分严苛,李菊耦留下的产业也被兄嫂侵占,直到张志沂结了婚,生下张爱玲和张子静两个孩子后,情况才有所好转。

为了早一点证明自己已能自立,张志沂不得不求助于在北洋政府任交通总长的堂兄张志潭。通过他的介绍,在津浦铁路局挂了个英文秘书闲差,这样兄妹三人才草草分了家。张志沂一家与妹妹志渊一起离开上海去天津任职,这一年是1922年,张爱玲两岁,她弟弟一岁。

张志沂、张茂渊急于摆脱哥嫂的管束,分家不免匆忙,后来才发现,家产已被张志潜侵占不少。1928年张志沂、张茂渊回上海,1930年便与二哥打起了财产官司，但最后张志沂兄妹一方虽有充分证据，却输了。张爱玲曾问姑姑内中原因，姑姑告诉她，张志潜向有关方面送钱，又补充说，我们——张志沂兄妹——也送，不过他们送的多。这只是一个方面，另一原因姑姑不愿说而是张爱玲自己搞清楚的，那便是张爱玲后母起了坏作用，她不愿得罪这位阔大伯，连带张志沂倒戈，不愿打下去了——这虽是后话，但出身书香世家的亲兄长侵吞弟妹财产，弄到不惜见诸法庭，这件事虽常见但也是够可悲的。

初到天津的日子张志沂是志得意满的，刚得到大宗遗产，又摆脱了兄嫂管束，津浦路局英文秘书的职务很体面，难得的是事不多，真是有钱有闲，所以一家子住了一座大洋房，周围有很大的花园，一大群仆人，张爱玲姐弟俩各有专职保姆，还有自备汽车，雇了司机，真是风光到了极点。关于天津的生活，张爱玲后来回忆起还一直有一种春日迟迟的感觉，温暖、懒散，略有些沉闷。

像许多纨绔子弟一样，张志沂很快便堕落了，吃喝嫖赌样样来，还吸上了鸦片烟。使张爱玲母亲更不能容忍的是他在外面养了姨太太——一个堂子里的姑娘，夫妻间不断争吵，母亲再也忍不下去了，以姑姑留学英国应有人监护为理由，出了国。妻子出国，张志沂干脆将姨太太接进家，家里从此又多了一批莺莺燕燕的客人——姨太太的小姐妹。

姨太太脾气暴戾，不仅虐待下人，一次还用痰盂砸伤了张志沂的头，闹得太不像话，经亲戚出面，将姨太太赶出家门。姨太太走了，张志沂写信给妻子，答应戒毒。1928年全家又从天津搬到上海。张爱玲曾说："我们搬到上海去等我母亲姑姑回国。"其实真正原因不在这里，张志沂是依靠张志潭的关系得到津浦路职位的，花天酒地的生活，不仅弄得他本人声名狼藉，也影响了张志潭的官誉，终将他的差使撤了。张志沂在天津混不下去了，才决定赶走姨太太，接回妻子，搬到上海。

张爱玲母亲回国是以张志沂戒鸦片为条件的，谁知鸦片戒不了，还要

47

女方承担家用。他有一个龌龊想法，认为妻子能够离他出国，是手头有钱（从娘家带来的私房钱），逼她用光了就走不成了。妻子看透了他的用意，一场争吵又开始了，终于两人离了婚，她又出了国，姑姑看不惯这样的家庭，也搬了出去，于是"我们这个家，回复到天津时期：花园、洋房、狗、一堆用人、一个吸鸦片的父亲，没有母亲"。（《我的姐姐——张爱玲》）

之后，张志沂还嫌鸦片不足以麻痹他的神经，干脆吸上了吗啡，专有一个仆人给他扎针，一次吸入过量，差点死去，刚好张爱玲放假回家，急派用人找姑姑，姑姑将他送往医院，戒了吗啡，但鸦片烟仍照抽不误。1934年他与曾任北洋政府总理孙宝琦的第七个女儿结婚，这位三十多岁的老小姐也有阿芙蓉癖，于是夫妻双双对榻而抽，加以讲排场，汽车要买最新式的，洋房要住大的，请人吃春酒要连请几天，酒后又是狂赌，并无一分进项，只有变卖家产。大洋房住不成换小洋房，再差一点住公寓，连公寓也住不起了，新中国成立前夕搬进一间十四平方米的小屋。他与后娶的太太都死在这间小屋里——这些都发生在张爱玲离家之后。

张爱玲父亲的一生是相当有代表性的。张爱玲的亲属中靠祖上遗产过日子、抽鸦片烟、讨小老婆的人多的是。她的舅舅黄定柱是另一例，黄家夫妻俩都抽鸦片烟。黄定柱在外面还另有一个家，生了两个孩子，甚至1951年还和家里的女佣生了一个女儿。张志沂的二哥张志潜私生活也好不了多少，将妻子的一个丫头弄出去做外室，生了个儿子，一直瞒着家人，后来一位亲戚写信问两侄好，夫人只有一子，哪有两侄？机关才被戳穿。李鸿章的孙子中也有一位花花公子李国熊，吃喝嫖赌无所不为，前后娶过几个姨太太，分家前就将自己那一份家当败光，后来又打亲哥哥李国煦（天生软骨病，已死）遗产的主意。张爱玲的小说《金锁记》就是以此事做背景来写的。

"酒精缸里泡着的孩尸"

张爱玲在小说《花凋》中称主人公郑川嫦的父亲郑先生是个遗少,"因为不承认民国,自从民国纪元起他就没长过岁数。虽然也知道醇酒、妇人和鸦片,心还是孩子的心",他是"酒精缸里泡着的孩尸"。

"酒精缸里泡着的孩尸",深刻地、形象地道出了遗少们的本质特征。辛亥革命爆发时,这批人大多未成年,民国已过去三十多年了,他们却还停留在清朝——他们的孩童时代。这句话大概讲得太刻薄,以张爱玲的舅舅黄定柱一家为原型的《花凋》送到黄定柱手头时,他对书中郑先生(原型就是他本人)"不承认民国",毫不感到羞耻;"没有长过岁数",也能接受;唯独对"酒精缸里泡着的孩尸"一句大发雷霆。

可悲的是,包括张爱玲父亲、舅舅在内的遗少们,确是"酒精缸里泡着的孩尸",永远长不大,定格在孩童时代,只配放在展览柜里当标本,供人参观,这并没有冤枉他们。

张爱玲的父亲堪称典型。他思想陈旧,对社会、家庭缺乏责任感,说他仍停留在清朝(特别在子女的教育上)还没成熟,并不过分。

他学了一肚子无用学问,不过中英文根基尚好,做点事是不成问题的,但他一辈子只就职两次,加起来也不到十年,在职务上他也没干好,将吃喝嫖赌、抽鸦片、娶姨太太当作正务。家庭生活上他也不会处理,对有新思想的妻子、妹妹极仇视,用不供生活费的办法逼妻子就范,好让他为所欲为。对子女,他仿佛很喜爱,张爱玲姐弟俩从小就各有专职保姆,可说是生活在锦绣堆中,但他本人又花了多少心血?张爱玲留下了不少与此有关的回忆,回答了这个问题。

《私语》里,张爱玲称第一个家在天津,两岁前在上海的日子已记不清了。就在张爱玲回忆她生命的第一页中,留给她回忆最多的不是父母,而是伺候她们姐弟的保姆。对母亲的回忆少可以理解,因为她不久就出了国;父亲回忆不多,说明他对子女关心太少。她回忆最多的这两个保姆,分别叫何干和张干，还有陪她荡秋千的疤丫头，男仆"毛物"一家，总之是一群仆人。她与弟弟是在一群仆人中长大的。她的回忆，屡屡细述了何干、张干因维护各自小主人产生的争吵，疤丫头如何从秋千上摔下来，会讲三国演义的"毛物"，一肚子"孟丽君女扮男装中状元"的"毛物新娘子"，还有"二毛物""三毛物"。对母亲的回忆虽少却充满温馨，她记得每天早晨女佣将她抱到母亲的铜床上，跟着母亲背唐诗，母亲化妆时美丽的身影，母亲出国前的痛哭。就是对姨太太的回忆也比父亲多些。关于父亲的回忆只剩下拉她去姨太太家而她挣扎不去，再有就是姨太太用痰盂砸了他的头，不仅模糊，而且也不光彩。

对子女的教育，更反映了他头脑顽固的一面。从天津时起，他就请先生来家教书，让张爱玲姐弟俩"一天读到晚，在傍晚的窗前摇摆着身子"，完全是私塾式的教育。搬家到上海，这套教育仍在继续。从国外回来的母亲不得不像小偷一样，将张爱玲偷偷带到一所新式小学报了名。弟弟就没有那样幸运了，仍跟着老先生读古书，做什么《汉高祖论》之类的文章，直到十三岁才被送去学校。离婚后的母亲原以为一个独子，做父亲的不会不关心他的教育，但父亲的关心竟是这样！

子女进了学校，他也很少过问。令张爱玲痛心的是每次都要在鸦片榻前向父亲要学费。按母亲要求，张爱玲跟一位白俄太太学钢琴，就因为父亲不肯付学费而停辍。他一边花天酒地、抽鸦片，却一边与后娶的太太大诉什么学校收费贵之类的苦经，实在想象不出他是有钱还是没钱。

张爱玲的父亲在维护封建家长式的专制和诗礼传家的门风上是不遗余力的。妻子、子女在他看来，不过是延续家族的工具，他自己没有上过新式学校，不是活得很好！他的父、祖辈更没有上过学校，不也一样当官！这种逻辑的推演必然是家塾传统不能丢，新学不见得比旧学好，他宁愿花钱请老先生来家教古书（可能花钱更多），也不愿子女接受新式教育。

张爱玲的父亲不仅缺乏责任感，更是个极端自私的人。在享乐上，他从不拒绝外来的奢侈品，他住洋房、坐汽车、吃大菜、抽洋烟——雪茄和鸦片，花钱如流水，却在子女教育上极吝啬。张爱玲曾说她父亲"保守性也是有选择性的，以维护他个人最切身利益为限"。(《对照记》)但就是这个"维护他个人最切身利益"的保守，断送了儿子的前途，也差点断送了张爱玲的性命。

张爱玲的舅父黄定柱自然也是"酒精缸里泡着的孩尸"。既然《花凋》中的郑家是以现实中的黄家做模特儿的，我们不妨看看小说中的郑家是什么样子，就能大致推断现实中的黄家。

孩子多，负担重，郑先生常弄得一屁股债，他夫人一肚的心事。可是郑先生究竟是个带点名士派头的人，看得开，有钱的时候在外面生孩子，没钱的时候在家里生孩子。没钱的时候居多，因此家里的儿女生之不已。

说不上郑家穷还是阔。呼奴使婢的一大家子人，住了一幢洋房。床只有两张，小姐们每晚抱了铺盖到客室里打地铺。客室里稀稀朗朗的几件家具也是借来的，只有一架无线电是自己置的，留声匣子里有最新的流行唱片。他们不断地吃零食，全家坐了汽车看电影去，孩子蛀了牙齿没钱补，在学校里买不起钢笔头。佣人们因积欠工资过多，不得不做下去。下人在厨房里开一桌饭，全弄堂的底下人都来分享。

为门第所限，郑家的女儿不能当女店员、女打字员，做"女结婚员"是她们唯一的出路。

显然，黄家（小说中的郑家）不如张家有钱，但同样夫妻俩抽鸦片烟、住洋房、全家吃零食、坐汽车、看电影，黄定柱还有外室，摆足了阔架子。

不过,全家床只有两张、孩子无钱补牙、买不起钢笔头,反映了经济拮据的一面。即使如此,女儿大了也不能就业,因为门第不允许,只能当"女结婚员"——挑选有钱有势的女婿做依靠。已到了这一步,小说中的郑先生还是一副玩世不恭的名士派头,所以张爱玲写道:"郑先生是连续四十年的一出闹剧,他夫人则是一出冗长单调的悲剧。她恨他不负责任,她恨他要生那么些孩子……"其实郑先生的不负责任何止是生孩子?子女的教育、医疗,郑先生何尝负了什么责任?他的三女儿郑川嫦病重,郑先生不肯花钱买药,他"虽然也知道醇酒、妇人和鸦片,心还是孩子的心",不过是浸泡在酒精缸中孩尸的心罢了。

永远在"沉下去"

张爱玲曾说,她"父亲的房间里永远是下午,在那里坐久了便觉得沉下去,沉下去"。(《私语》)这是张爱玲的心理感受,用的也是绝妙的意象手法,精辟地概括了她父亲这代人和整个家族随着时间推进,在走向消沉、没落。

最明显的是政治特权的消失。清末,李鸿章的权势可使他的子孙、亲属都能当官。他的三个儿子都未中进士,一样当大官:长子经方任过驻外公使,回国当了道台;次子经述是嫡出,承袭了李鸿章的爵位;三子经迈也官至侍郎。李鸿章死时,一封遗疏上去,嫡长孙国杰原任户部员外郎,就升了郎中,次孙国燕、三孙国煦都赏了员外郎,四孙国熊赏了举人。其时国煦、国熊都是少年,国煦还是个残废。张佩纶虽没有大用,以一个罪臣身份,先赏了翰林院编修,后又以四五品京堂起用,也未尝不与李鸿章有关。张的儿子张志潜是个举人,能到京中当官,与张家、李家这些过硬的后台也有关系。

辛亥革命后,清王朝倒台,张家、李家都没有出现树倒猢狲散的局面。张氏亲族中,北洋时代还出现过张志潭这样的政治明星,李家传人李国杰仍把持了轮船招商局的大权。

斗转星移，1928年国民政府统一全国后，情况就发生了变化，张志潭这样的明星销声匿迹，国民政府中新崛起的豪门开始注视着被李家控制的招商局。先是1930年宋子文以国民政府名义派亲信赵铁桥进入招商局任副手，李家不敢不纳。赵铁桥名义上在李国杰之下，但他一进局便公布整顿招商局暂行条例，逼李交权。李国杰自然不愿将这块肥肉吐出，李、赵之间出现了复杂的明争暗斗。赵铁桥以国民政府为后台，李国杰处于劣势。为保住李氏家族的地盘，李国杰不惜重金收买安徽人王亚樵组织的斧头党，1931年将赵铁桥暗杀。赵铁桥死了，但没有改变国民政府吞并招商局的初衷，名义上仍让李国杰出任董事长兼总经理，暗中却调查出招商局的亏空达两千七百万美元。李国杰得知，秘密与美商签约，出售属下的码头、栈房，想用巨额回扣填补漏洞，不幸的是秘密交易曝光，李国杰被上海市政府扣押查办。1932年11月，国民政府宣布将招商局收归国有，李家在民国后保留的最后一块地盘，从此丧失。

李国杰花了重金买通才获准因病假释，后宣告无罪，但李家大势已去。李国杰还想卷土重来，1937年开始与日本人勾结，拼命挤进维新政府，1939年2月12日被军统特务刺杀身亡。（《我的姐姐——张爱玲》）

李国杰算是李氏家族国字辈中佼佼者，是民国后保持地位最高最久的人。但"无可奈何花落去"，历史终将这个显赫的家族逐出了舞台，代之而起的又是一批新豪门。

随着政治权力的丧失，这些旧家族在经济上走了下坡路。张爱玲的小说中不少地方描绘了旧式世家经济窘迫、难以为继的情景。张爱玲在这些地方——哪怕是细节，都刻画得栩栩如生，因为张爱玲有切身体验。

张爱玲成长的时期，是旧中国社会最不安定的年代。辛亥革命后，军阀连年混战，大小军阀不是我吞并你便是你吞并我，动辄几个师、几十个师的激战，战区是赤地千里，其他地区是苛税重敛、饿殍满地、农民逃亡、土地荒芜。1928年国民政府虽基本统一了中国，但接着又是新军阀混战，规模更大。国共分裂后，共产党开辟了农村革命根据地，蒋介石又组织了大规模围剿……张爱玲虽对革命和战争不感兴趣，但她的小说却不能脱离这个大背景。

土地是封建世家安身立命的基础，他们尽管躲进租界，有田有地还是他们足以傲人的地方，是他们有根底的象征。但在兵荒马乱中，土地没有了收益，反成了负担，为了维持奢华生活，他们不得不将它变卖。小说《金锁记》中三爷姜季泽和二嫂七巧间的对话便说明了问题所在。

> 季泽道："……倒是咱们乡下你那些田，早早脱手的好。自从改成了民国，接二连三的打仗，何尝一年闲过？把地面上糟蹋得不成样子，中间还被收租的、师爷、地头蛇一层一层勒着，莫说这两年不是水就是旱，就是遇着了丰年，也没多少进账轮到我们头上。"七巧寻思着，道："我也盘算过来了，一直挨着没有办……"季泽道："你那田要卖趁现在就得卖了。听说直鲁又要开仗了。"

土地是世家豪族的根，现在根也要被拔起了。

变卖土地还不能满足他们奢华的用度，接着就是卖房产。张爱玲的父亲卖房子是一栋栋地卖，本人也从大房住到了小房。小说《金锁记》中也谈到了三爷季泽卖房子，先是把自住的豪宅押出去，换了钱，钱花完了，反正赎不回来了，干脆连产权也卖了，又可得笔钱。房地产商买了将它翻造成弄堂房子，一家一家租出去。

卖了房子，又卖古董字画、皮衣皮货。小说《留情》中写米先生、淳于敦凤到世家杨家做客，杨府老太太便找出几件字画请米先生看，请他估价，说"约了个书画商明天来，先让米先生过目一下，这我就放心了"。另一部小说《创世纪》中写匡老太太过生日那天，恰好原定的皮货商来看皮货，弄得匡老太太下不了台，客人们"因为卖东西不是什么光鲜的事，都装作不甚注意"。在卖皮货时，那位匡老太爷还要装阔，说什么"本来我们这儿也不是那些生意人家，只认得钱的——真是，谁卖过东西"。

旧式世家大族的衰败除了政治特权丧失、战乱频仍、本身奢华过度外，还有个重要原因是坐吃山空、不事生产。不只是遗老遗少这辈光会吸鸦片、嫖女人，下一代也不见得比上一代强，像张爱玲的弟弟那样安分守己算是好的。小说《金锁记》中，七巧的儿子长白就被三叔季泽带坏了，吃喝嫖赌样样来。《创世纪》中匡老太太儿子匡仰彝游手好闲，一辈子没做过事，老太太卖皮货的钱也要伸手要几千元去零花。为顾全门风，旧式世家又不允许小辈的女孩出去做事，熙熙攘攘的几代人、一大家子，光靠祖辈遗产过日子，还要硬撑面子，金山也会吃空！

旧式世家经济上走下坡路时，时代又推出了新的豪门巨族。与有强硬政治后台的新豪门相比，没落的旧式世家更不是敌手。李国杰的败亡，就败亡在国民党四大家族手里。

政治权力丧失，经济实力下降，压垮旧式家族的最后一根稻草便是道德观念的沦丧。

儒家的伦理是维系封建世家的重要纽带。在尊卑有别、长幼有序的面纱下，尽管掩盖着封建道德吃人的一面，但至少在表面上，家族的个人还是要以此为准绳，共同来维护家族的存在。

但是，"生逢末世运偏消"，20世纪上半叶，资本主义的触角已伸向整个中国，上海更是其大本营。资本这个巨人，在它触角所及地区，对中国封建主义从经济基础到上层建筑各方面进行了无情的扫荡，封建道德观念自在其中。于是封建伦理温情脉脉的面纱被戳穿了，家族的纽带被冲击得千疮百孔，张爱玲周围的世家旧族无一不面临着世风日下、日益衰败的命运。

《金锁记》中写的姜家就是典型。按小说所写,姜家是礼法森严的世族。老太太是全家主宰,三个儿媳必须晨昏定省,站在老太太面前,大气儿也不敢出一口。儿子们也都是孝子,大爷、三爷(二爷有病)在母亲面前毕恭毕敬,言听计从,从不说个"不"字。但这一切都是表面的,老太太不准儿子纳妾,他们便在外面租小公馆,三爷更乐得不回家,妻子还要为丈夫的荒唐行径打掩护。老太太在世,三爷便与二嫂调情,老太太、二哥去世后,三爷又想谋夺哥哥的一份遗产。小说中的姜家的原型就是张爱玲的外祖李家。在这里,什么"父慈、子孝、兄良、弟恭……"的家规被资本激起的无尽贪欲撕得粉碎。

张爱玲的弟弟张子静曾亲眼见到小说中三爷的原型李国熊。这时李国熊已败落到在上海待不下去的程度。一次他从北京回上海,住在张家,张子静看到他仍是一副遗少的习气,裤带上系着雕刻精美的小葫芦,中间养着金铃子和蛐蛐儿。最精彩的是他与儿子李家龙合演的一出好戏。

李家龙这位李鸿章的曾孙,家财早被父亲败光,但仍很会挥霍,他的生财之道便是向亲戚借钱,张家也被他光顾过,但借了钱他"从来不见还","父子两人荒唐行径。相距不过是百步与五十步"。就是这一对荒唐父子,在张家见面后,李家龙"垂手站在他父亲眼前,毕恭毕敬,不敢落座"。李国熊也一本正经问起家事,"从媳妇一直问到孙子",儿子也一一如实作答,但好戏还在后头:

> 只见李国熊摆起严肃的脸孔,开始教导李家龙在家应该怎样尽责任,在外面对待亲友、长辈和同事,应该怎样诚信笃实……他的儿子神色庄重,诺诺连声。(《我的姐姐——张爱玲》)

张子静再也没有想到这位曾欺嫂霸产的三爷教训起儿子来也是有板有眼,句句生动的。不过张子静也看出来,"'三爷教子'这出戏,是演给我父亲看的"，表明他们家家教谨严，父慈子孝。

当义正词严的家教已沦为演戏的台词，而根本不是律己的箴规，父慈子孝等等的虚伪和无能也就暴露无遗，维系封建家族的纽带也就消失得无影无踪，家族最后的一道精神防线彻底崩溃了。

封建家族的崩溃还体现在另一个方面，那就是这个家族中的先进分子，在接触了新思想后，冲破了窒息他们的牢笼。张爱玲母亲的离婚、姑姑的搬出、张爱玲的出走，作为家长的张志沂却无能为力，反映了封建伦理在资本主义文明面前的苍白与软弱。她们用自己的行动，对封建家庭进行了批判。

不过，家庭的阴影和负担实在太沉重了，以致张爱玲冲出家庭重围、回眸眺望的时候，她又产生了几分痛惜和依恋。她知道已破坏的不会再生，更大的破坏还将到来，但又感到破坏来得太仓促，她还没来得及，惘惘的威胁已在等待着她。(《〈传奇〉再版序》)她痛恨她父亲这一代，曾用批评和讥讽的笔调将他们一一录出示众，她还说，如果"把世界强分作两半，光明与黑暗，善与恶，神与魔，属于我父亲的一边必然是不好的"。但又怜惜他们，怜惜她与他们曾共同生活过的那个世界，所以她在说"沉下去"之前，又说了这样一段话：

> 我喜欢鸦片的云雾，雾一样的阳光，屋里乱摊着小报（直到现在，大叠的小报仍然给我一种回家的感觉）。看着小报，和我父亲谈谈亲戚间的笑话——我知道他是寂寞的，在寂寞的时候他喜欢我。(《私语》)

如此矛盾，但又如此合情合理，都统一在张爱玲的身上，这就是她的作品总是笼罩着一片苍凉气氛的家族根源，也是她小说中对没落的一代人既恨又爱，参差对照的由来。

新派的母亲和姑母

军门小姐

张爱玲母亲的家世也非同寻常。她是名震一时的江南水师提督、曾被封男爵的黄翼升的孙女。

黄翼升字昌岐，出身于湖南长沙农家，嘉庆二十三年（公元1818年）生，道光十五年（1835年）投身军界，从小军官做起，到曾国藩率湘军进入安徽时，他因有军功已做总兵，率淮扬水师归属曾国藩指挥。同治元年（1862年）为保卫上海，规复苏南粮饷重地，曾国藩命李鸿章组织淮军进驻江南，同时也命黄翼升带水师五千归李鸿章节制，是李鸿章的副手。后黄翼升的水师在清兵与太平军争夺常熟、江阴、苏州等地战斗中都出色地完成任务。同治三年（1864年），曾国藩提出统一长江中下游五省（江苏、安徽、江西、湖北、湖南）水师的建议，在设立长江水师时，经曾、李推荐，黄翼升出任了长江水师提督。同治四年（1865年）李鸿章奉命镇压捻军，在对东捻的战斗中，黄翼升的水师驻守运河一线，阻拦了东捻的向西突围，又为清政府立下了功劳，功封男爵爵位。因此黄翼升虽非湘系嫡系部队，但却与湘系有密切关系；又做过李鸿章部下，与淮系有紧密联系，是位得到曾、李同时赏识、重用的将领。

黄翼升死时已七十六岁（公元1894年），他早早在南京盖了房子做定居之地。他只有一个儿子黄宗炎（另二子早夭），早年中举，黄翼升却为他捐了道台，承袭爵位后，便赴广西出任盐法道。这位将门之子，婚后一直未有子嗣，赴任前，家中便从长沙家乡买了一个农村女子给他做妾，有身孕后，将其留在南京。黄宗炎去广西赴任，不到一年便染瘴气而亡故，仅活了三十岁。黄宗炎死后，全家人都关注着姨太太的临产，1896年生下了一女一男的双胞胎。女孩子便是张爱玲的母亲黄素琼又名黄逸梵，男孩就是舅舅黄定柱。关于母亲和舅舅的诞生，张爱玲的弟弟张子静有一段生动记述：

> 外祖父黄宗炎死后，姨太太在南京临盆。没有生育的大外祖母十分紧张——如果生个女的，黄家的香火岂不就断了？
>
> 我母亲落地之后，大外祖母一听是个女的，绝望得立时昏倒在地。佣仆一阵惊乱之中，却听产婆在屋里说："不要慌，里头还有一个！"
>
> 这一个就是我舅舅黄定柱……

黄素琼和黄定柱的生母后来感染上了肺病，二十多岁就去世了。姐弟俩是由嫡母——张子静称大外祖母——抚养大的。嫡母死于1922年，那时黄家已在上海。张爱玲保存的相片中就有她亲生外祖母的照片——一位年轻、面带忧郁、不幸早死的湖南女子。

黄素琼家虽是将门，但门第同样高贵，又与合肥李氏有旧，黄素琼本人面貌秀丽，张爱玲后来不止一次地提到她母亲皮肤极白，面部轮廓清晰，像外国人，李菊耦在世时便为她的儿子张志沂定下了这门亲事。1916年，两人都二十岁时结了婚。以当时的标准，一位是御史家的少爷，一位是军门家的小姐，称得上是门当户对的美满姻缘。

黄素琼和张志沂婚后一段时期内，感情还不成问题，因为老太太去世后，哥嫂主持家政，年轻夫妻（当然还包括了小姑张茂渊）都在想方设法自立——脱离哥嫂的控制。1922年张志沂在天津找到了一份差使，使自立成为现实，便与哥嫂分了家，张志沂、黄素琼夫妻携儿女和妹妹一起离开了上海到天津。黄素琼过了三年富足的少奶奶生活。

从表面看，这个家庭物质生活是极为富裕的，也是幸福的。黄素琼到天津那年才二十六岁，爱漂亮是富家少奶奶天性，她做了不少衣服，以至张志沂嘀咕："一个人又不是衣裳架子！"在张爱玲的回忆中，母亲是美丽的，那站在镜子跟前，在绿短袄上别翡翠别针的身影，使小时的张爱玲羡慕极了。

后来，黄素琼察觉张志沂在外娶了姨太太，又花天酒地，家里的生活便渐渐起了变化。她在1924年与张爱玲的姑姑一起出了国，那一年她二十八岁，张爱玲四岁，张子静三岁。

姑嫂出洋

张爱玲的弟弟张子静曾说，假如他们的母亲是个旧式女子，对丈夫抽鸦片烟、娶姨太太只能忍受，因为家里没有她发言的地位。但他们的母亲虽出身传统的世家，思想却并不保守。

母亲黄素琼、姑姑张茂渊思想为什么不保守？这就不能不提到1919年爆发的五四运动，是五四新文化运动和思想解放潮流，在旧式世家里掀起了层层波浪。在五四新浪潮中，妇女解放一直是高昂的主题。《新青年》刊登了易卜生的名剧《傀儡之家》(即《娜拉》)，引发了"娜拉出走后怎么办"问题的讨论。北京大学打破旧规，在1920年首次招收了女生，开创了男女同校之风。许多先进的女性冲破家庭牢笼走向社会……所有这些活生生的事实不能不给黄素琼、张茂渊极大触动。从某种意义上说，黄素琼姑嫂的出洋，不单是留学，更是对旧家族那种腐朽生活的抗议。

据张爱玲的追忆，是她姑姑先提出留学，而母亲则以留学需有人监护，以监护人的身份一同出国的。不论什么理由，以什么名义，这姑嫂两人出国在当时都算大胆的举动，张茂渊作为大家闺秀出国已不多见，但是黄素琼是富家少奶奶，又有了孩子，不能不引起人们注目。当时亲友中，思想开明的赞扬她们是进步女性，更多的思想保守的人，便批评她们不安分。

出身旧式世家的小姐，又是官宦人家少奶奶的黄素琼，她出国是要冲破重重障碍的，除此之外，她还是两个年幼孩子的母亲，更增加了她痛下决心的难度。张爱玲还记得母亲临走前的痛苦，用人几次来催说已经到时候该上船了，"她像是没听见"，张爱玲劝她，"她不理我，只是哭"。那天她穿着绿衣绿裙,上面钉有发光小片,于是在张爱玲幼年脑海中留下了这样的印象:"她睡在那里像船舱的玻璃上反映的海,绿色的小薄片。然而有海洋的无穷尽的颠簸悲恸。"(《私语》)

黄素琼出国的费用,是自己的陪嫁;张茂渊则是她分得的那份遗产,出国时她们便带了几箱古董。张志沂尽管不支持,未资助分文,但也不便阻止,事情是由他生活堕落引起的,而且他还有一个私心,即黄素琼走后,就没有人劝阻他了,更方便了他的花天酒地。果真自己妻子、妹妹走后,他便将姨太太接进了家。

黄素琼、张茂渊姑嫂俩去了英国,学习语言和艺术,大约并未考上某所学校,而是选修某些课程。于是在英国留学界中,便出现了两位女性,一位是张太太——黄素琼,一位是张小姐——张茂渊。后来成为张爱玲姑父的李开第当时也在英国留学,除李开第外还有以后成为国民政府外交官的刘锴,他们曾在一起聚会,留下了不少合影照片。70年代杨荣华在张爱玲家中看过这些已经发黄、历经了半世纪风霜的照片后不禁感叹:"个个时髦又漂亮,很难想象走在那个时代尖端的她(他)们有着怎样传奇的身世。"(杨荣华:《我帮张爱玲搬家》)

黄素琼身在异国,心中牵挂着天津的两个孩子张爱玲和张子静,经常从国外寄玩具、用品给他们。在张爱玲的老照片中便留下了一张姐弟合影,幼小的他们抱着母亲从英国寄来的洋娃娃和绒毛小狗,弟弟头上还戴着一顶西洋式的帽子。

妻子出国后,张志沂的生活也并不称心如意,接回家的姨太太是妓女出身,脾气暴躁。在直奉战争爆发的那年,北方社会动荡,他想起了远在国外的妻子,特寄了一张照片,并附上一首诗。这张照片,黄素琼一直带在身边,她死后,作为遗物,归了张爱玲,但不慎遗失,幸运的是张爱玲还依稀记得这样几句:

才听津门（"金甲鸣"？是我瞎猜，"鸣"字大概也不押韵）

又闻塞上鼓鼙声

书生（自愧只坐拥书城？）

两字平安报与卿（《对照记》）

终于张志沂催黄素琼回国了，他赶走了姨太太，又答应戒毒，1928年张志沂带着张爱玲姐弟俩从天津搬回上海，迎接妻子与妹妹的归来。

母亲、姑姑归来后的日子是张爱玲幼年最快乐的时光。母亲与姑姑带来了西式文明，张爱玲说："我们搬到一所花园洋房里。有狗、有花、有童话书，家里陡然添了许多蕴藉华美的亲戚朋友。"一次母亲和一位胖伯母并坐在钢琴凳上模仿一出电影中的恋爱表演，幼年的张爱玲在地上看着大笑，在狼皮褥子上滚来滚去。（《私语》）

张爱玲还喜欢看姑姑每天练钢琴。姑姑伸出很小的手，手腕上紧匝着绒线衫的窄袖，大红绒线里绞着银丝，琴上的玻璃瓶里鲜花常开，听着琴，张爱玲似乎身子到了另一个世界。母亲有时跟着琴声练唱，"啦啦啦啦"地吊嗓子，尽管一唱出来就低半个音，但张爱玲还是感到很美，说"她的衣服是秋天的落叶的淡赭，肩上垂着淡赭的花球，永远有飘堕的姿势"。（《谈音乐》）

经过西洋文明洗礼的黄素琼认为家塾无法培养健全的孩子，两个孩子都已到了进入学校的年龄，但当与张志沂谈判时，张志沂却坚决反对。无奈，黄素琼只得像小偷一样将张爱玲悄悄带出去，在附近小学报了名。由于张志沂的竭力阻止，张爱玲的弟弟子静只能留在家中继续跟老先生读古书。

除进学校外，黄素琼还让张爱玲学钢琴、学英文，张爱玲这时充满了优裕的感伤。一次看见书中夹了一朵花，当黄素琼谈起它的历史，张爱玲竟掉下泪来。张爱玲回忆道："大约生平只有这一个时候是具有洋式淑女风度的。"（《私语》）

离婚与定居国外

张志沂并没有完全兑现对妻子的许诺，仍在吸鸦片烟；在子女的教育上，与妻子产生了更多的矛盾；他还故意不支付家用，打算逼妻子将私蓄花光，然后就能听他安排了。黄素琼看透了张志沂的用心，于是家庭中争吵不断，每逢争吵发生，吓慌了的仆人就将张爱玲与弟弟带出去。张爱玲回忆道，仆人们"叫我们乖一点，少管闲事。我和弟弟去阳台上静静地骑着三轮的小脚踏车，两人都不作声，晚春的阳台上，挂着绿竹帘子，满地密条的阳光"。(《私语》)据张子静说，当时他很害怕，他相信姐姐一定也很害怕。

终于，黄素琼请了律师，与张志沂协议离婚。张志沂本不想离，在办手续时，曾绕室徘徊，几次拿起笔要签字，总长叹一声又将笔放回桌上。律师见状问黄素琼是否改变主意，黄的回答是："我的心意已经像一块木头。"张志沂听了这话，才终于签了字。

黄素琼离婚后就搬到一所公寓去住，张茂渊看不惯哥哥放荡堕落的生活，也搬出去与嫂嫂同住。黄素琼在经历四年留学生活后，回来不到两年，终与张志沂离异。

黄素琼离婚后不久便第二次赴法国学习油画和雕塑，与当时留法学美术的徐悲鸿、蒋碧薇夫妇和常书鸿都相熟。直到1937年抗战爆发前夕她才回国，原因是张爱玲这一年高中毕业，按照离婚协议，张爱玲的教育问题黄素琼有权过问。

据张子静讲，黄素琼这次回国，同行的有她的一位美国男友，名叫维斯托夫，是生意人，年约四十，长得很帅。黄素琼与美国男友在太平洋战争爆发前同去了新加坡，在那里收集马来西亚的鳄鱼皮，加工制造手袋、腰带等皮件。1943年新加坡沦陷，男友死于战火，黄素琼从新加坡逃难到印度，一度做过尼赫鲁两个姐姐的秘书。

1946年二战结束后，黄素琼第二次归国，经过战争的磨难，她下船时是一副憔悴的模样。张茂渊看见了不禁脱口而出："唉唷，好惨！瘦得唷……"已成为名作家的张爱玲眼眶都红了。在上海黄素琼与张茂渊、张爱玲住在一起，张子静不时去看她，她做了他喜欢吃的菜，注意他的饭量，关心他的近况。一次黄定柱过生日，张子静没有按老规矩行跪拜之礼，黄素琼乘没人注意时便责备他不懂礼貌。张子静认为"我母亲虽然长年住在国外，习惯了西方生活，却没有忘记中国旧社会的礼仪"。1948年张子静曾劝黄素琼回上海定居，黄淡淡地说："上海环境太肮脏，我住不惯，还是国外环境比较干净，不打算回来定居。"（《我的姐姐——张爱玲》）

也是在这一年，她终于又去了英国。1951年她曾写信告诉张茂渊与张爱玲，她在工厂做女工，制皮包。连张茂渊接信后都不知说什么好，悄悄笑道："这要是在国内，还说是爱国，破除阶级意识——"其实她很想学会裁制皮革，自己做手袋销售，不过这一计划，似乎没有成功。她在英国的主要经济来源还是变卖她从中国带出去的几只衣箱中的古董。

1957年，已移居美国的张爱玲得到伦敦来的消息，得知母亲病重，必须手术。当时张爱玲已与赖雅结婚，经济相当拮据，但还是写了信，并附去了一百美元的支票。不久黄素琼去世，她留下的最后一只箱子给了张爱玲，成了张爱玲与赖雅的宝藏，他们得以将古董逐个变卖，贴补他们收入的不足。（《张爱玲在美国——婚姻与晚年》）

张爱玲对母亲一直怀着感激之情，知道"母亲是为我牺牲了很多"。她钦佩母亲的勇敢，说母亲小时候家庭守旧，缠过足，但她却"踏着这双三寸金莲横跨两个时代，她在瑞士阿尔卑斯山滑雪至少比我姑姑滑得好"。又说"她是个学校迷"，但从小没有上过学校，她总是"梦想与羡慕别人"，"后来在欧洲进美术学校，太自由散漫不算。1948年她去马来西亚侨校教过半年书，都很过瘾"。对她晚年去工厂当女工，学做手袋也很欣赏，认为母亲的想法在今日已很流行，许多青年人自制手工产品可到商店兜售，而她母亲"不幸早了二三十年"。张爱玲还引用她母亲的话说"湖南人最勇敢"。的确，在黄素琼身上，反映了湖南女子不畏艰难、敢作敢为的豪爽、泼辣的性格。

姑姑的家

张爱玲姑姑的家，一开始是母亲、姑姑共有的家。

母亲与父亲离婚后，姑姑也因讨厌哥哥张志沂的为人，宁肯搬出来与嫂嫂同住。她们俩共同租下了一套公寓，这套公寓位于赫德路（今叫常德路）和静安寺路口处，当时叫爱丁顿公寓（现在叫常德公寓），六楼靠右手的那一套。

母亲尽管第二次出了国，但张爱玲仍将这地方当作自己的家：

> 母亲走了，但是姑姑的家里面留有母亲的空气，纤灵的七巧板桌子，轻柔的颜色，有些我所不大明白的可爱的人来来去去。我所知道的最好的一切，不论是精神上还是物质上的，都在这里了。
>
> 另一方面有我父亲的家，那里什么我都看不起……（《私语》）

后来，1937年母亲回国，张爱玲从父亲的家里逃出来，投奔的就是这个家。1942年张爱玲从香港返回上海，靠卖文为生，住的也是这个家。姑姑张茂渊后来告诉她，她母亲出国时就托付了张茂渊，而张茂渊也作过许诺，承担了照顾张爱玲的重任。因此姑姑对张爱玲来说是仅次于母亲的亲人。从1942年到1952年这十年的时间，张爱玲一直与姑姑住在一起，尽管公寓从爱丁顿换到卡尔登（今叫长江公寓，位于国际饭店身后的黄河路），但两人之间的感情犹如母女和朋友。

张茂渊也是一位新女性，姑嫂出洋的发起者是她。在兄嫂矛盾中一直站在嫂嫂一边的也是她。嫂嫂离婚后，她又搬出家庭，与嫂嫂共住一处。她起先因为分得不少遗产，生活很阔绰，买了一辆新式汽车，专门雇了一个白俄司机、一个法国大菜师傅，但投资股票失败，她便当了职业女性，在怡和洋行当职员，一度还当过广播电台播音员。她的自立作风，很大程度上影响了张爱玲。

张茂渊还保护过张爱玲。在那次张爱玲被打伤、禁闭的事件发生后，张茂渊亲自来说情，竟被不通情理的张志沂从鸦片烟铺上抄起烟杆劈头打去，张茂渊眼镜被打碎，面部也被打伤，缝了六针。气得她发誓："以后再也不踏进你家的门！"她说话是算数的，从此兄妹俩再也没来往。1953年，张志沂去世，张子静认为从礼貌上应当告诉姑姑一声，打电话通知她，她冷漠地说一声"晓得了"，就把电话挂断了。

张志沂与张茂渊兄妹之间的矛盾是由来已久的，张志沂总怀疑他与黄素琼关系的恶化是由张茂渊挑拨的，很气愤她干预了他的家事，使他作为一家之长的处境很难堪，终于在张爱玲的事情上发作，不念兄妹情义而动手打伤了亲妹妹。

张爱玲的成长，张茂渊是很关心的，但她懂得成功要靠自己，从未做过揠苗助长的事，只是在关键时刻做些应做的事。

1942年，张爱玲开始写小说，《沉香屑》的"两炉香"，写好后，得到沪上名家周瘦鹃的赏识，决定刊于《紫罗兰》复刊号上。为答谢周，张爱玲邀请周到她家赴小型茶会。周到她家后，见到张茂渊。在周瘦鹃眼里，这是一个气度高雅的中年女士，茶会是西式的，茶是牛酪红茶，点心则是甜咸皆备的西点，茶杯茶盘都极精致。众所周知，张爱玲是一向不善料理家务的，茶会的准备无疑出于姑姑之手，而茶会的主人也是这位高雅的女士，张爱玲本不善应酬，张茂渊却陪着周瘦鹃谈论周最喜欢的园艺。张爱玲又尝试编剧本，首部便是据她本人的小说《倾城之恋》改编的，当时上海文坛已承认了张爱玲在小说、散文上的成就，但戏剧是否写得好，人们尚持怀疑态度。在这关键时刻，张茂渊亲笔写了一篇精彩的剧评，为张爱玲在戏剧上的发展开辟道路。

张爱玲小说创作的许多故事来源，也是姑姑提供的。据与张家关系亲密的李开第说："在写作上，姑姑蛮鼓励她的，其实她的很多小说也是姑姑说给她听的。别人听故事，会忘掉，但张爱玲会化出来，而且和真人真事完全不搭界，否则就是模仿了嘛。像《十八春》，故事我最熟了。"估计《十八春》的故事，在张茂渊、李开第的圈子中，曾是一个很热门的话题。

也许受西方风气的影响，当张爱玲经济上能独立时，两人虽住一起，却"分房用房，两人锱铢必较"（胡兰成语）。一次张爱玲打碎一块桌面上的大玻璃，照赔六百元，那两天张爱玲手头紧，"还是急急地把木匠找了来"。又有一次张爱玲为到阳台上收衣裳，推玻璃门不小心，玻璃碎了，还伤了张爱玲膝盖，姑姑看了，"知道不致命，就关切地问起玻璃"，张爱玲"又去配了一块"。对于这张爱玲解释是因为姑姑的家"对于我一直是个精致完全的体系，无论如何不能让它稍有毁损"。也许是锱铢必较，也许是姑姑的一份真挚的爱，张爱玲虽生在40年代的乱世却有一种安稳，"乱世的人，得过且过，没有真正的家。然而我对于我姑姑的家却有一种天长地久的感觉"。（《私语》）这种感觉的得来是很不容易的。

张爱玲是爱姑姑的，也将姑姑作为自己观察、研究的对象，为之，她写了《姑姑语录》，用速写手法几笔便勾勒出了姑姑精彩的话，反映了姑姑极敏锐而又极冲淡的性格。

姑姑很有见识。"她觉得一般人都把职业妇女分开作为一种特别的类型，其实不必。职业上的成败，全看一个人的为人态度，与家庭生活没有什么不同。""在家里有本领的，如同王熙凤，出来了一定是个了不起的经理人才。"

姑姑说话又很风趣，常有一种幽默感。她有段时间去电台当播音员，诵读社论，每天半小时。她说："我每天说半个钟头没意思的话，可以拿好几万的薪水；我一天到晚说着有意思的话，却拿不到一个钱。"

姑姑的话又凝练得像首诗。一个冬天，非常寒冷，姑姑急急要往床上钻时，她说："视睡如归。"张爱玲认为简直就是一首小诗："冬之夜，视睡如归。"还有一次，姑姑自己生了病，久久没有复原，她却自嘲地说："又是这样的恹恹的天气，又这样的虚弱，一个人整个地像一首词了。"

面对这些充满智慧又有浓厚哲理、文学气味的语言，张爱玲赞叹道："我姑姑说话有一种清平的机智见识，我告诉她有点像周作人他们的。"当然姑姑并不懂得这些。

张茂渊对她的家族、亲戚中发生的事看得比张爱玲多，也比张爱玲透，所以她一直抱独身主义，自己工作养活自己。1966年"文革"发生，那位留英时的老同学李开第（同时又做过张爱玲上香港大学时的监护人），因"帮助外国人经济侵略"遭到六亲断绝，没人照看，其时他夫人早已去世，只有张茂渊还来照顾他。1979年李开第平反，他与张茂渊都已是七十八岁的老人，虽是风烛之年，所幸身体均好，为互相照顾起见，两人才决定结合。

也是在1979年，张茂渊通过香港的宋淇与在美的张爱玲取得联系，屈指算来，通信中断已有27个年头了。张爱玲知道姑姑与李开第的结合，很是高兴。虽然张爱玲本人已与世隔绝多年，但她仍关心姑姑，信中问候"姑姑可好"，还说"让我能做点事，也稍微安心点"。（陈子善：《张爱玲未发表的家书》）不过张茂渊毕竟年事已高，1991年在她刚过了九十岁生日后的第十一天便去世了。

张爱玲对姑姑有着深切的怀念之情。在《对照记》中，她特选了一张姑姑40年代的照片，介绍给读者。照片中一位面容丰满、仪态高雅的女士端坐着（好像是由集体像剪裁的），张爱玲特地作了这样的说明：

> 我姑姑，1940年末叶。我1952年离开大陆时她还是这样。在我

记忆中也永远是这样。

张爱玲心中的姑姑是永远不会衰老的。

压垮了的一代——弟弟

漂亮的弟弟

1944年，已在上海大红大紫的张爱玲写了一篇《童言无忌》的散文，共五个标题，最后一个标题便是《弟弟》。张爱玲这样介绍她的弟弟：

> 我弟弟生得很美而我一点都不。从小我们家里谁都惋惜着，因为那样的小嘴，大眼睛与长睫毛，生在男孩子的脸上，简直是白糟蹋了。长辈就爱问他："你把眼睫毛借给我好不好？明天就还你。"然而他总是一口回绝。有一次，大家说起某人的太太真漂亮，他问道："有我好看吗？"大家常常取笑他的虚荣心。
>
> 他妒忌我画的图，趁没人的时候拿来撕了或是涂上两道黑杠子。我能够想象他心理上感受的压迫，我比他大一岁，比他会说话，比他身体好，我能吃的东西他不能吃，我能做的他不能做。

《童年无忌》中，张爱玲还写了两人一起做游戏的情景，称"一同玩的时候,总是我出主意"。玩的自然是英雄好汉的故事。开幕时永远是黄昏，金家庄两员骁将月红和杏红，一个使宝剑，一个使铜锤，加上许多虚拟的伙伴，饱餐一顿后便翻山去攻打蛮人，偶尔也会杀两只老虎……弟弟有时会不听调派，于是便争吵起来。张爱玲有时也让弟弟编个故事：一个旅行的人被老虎追赶，而人跑呀跑……没等听完故事，张爱玲就笑倒了，在弟弟腮上吻一下，把弟弟当小玩意儿。

《私语》中还提到弟弟因为老生病,所以必须扣着吃,弄得他非常馋,看见人嘴动便叫张开嘴让他看看嘴里可有什么。一次病在床上还要吃松子糖,大人没法子,只好在糖里加上黄连,他大哭,将拳头伸进小嘴里,又在拳头上搽上黄连汁,他吮着拳头,哭得更惨了……

以上都是张爱玲童年生活的回忆,这里的弟弟就是比她小一岁的张子静,小名小魁。童年时候,弟弟虽有多病、嘴馋、爱虚荣、会妒忌、有时不听命令等小毛病,但总的来说还是个乖巧的弟弟,他漂亮,大多数情况下听姐姐指挥,尊重姐姐的意见,是张爱玲最忠实的玩伴。

只有一次,张爱玲感受到弟弟的存在,使她很早地想到男女平等的问题,但这并不是弟弟的过错。童年时张爱玲和弟弟都各有一个保姆,带张爱玲的叫何干、带弟弟的叫张干。张干裹着小脚,伶俐要强,处处占先,而何干为的是带女孩,自觉心虚,处处让着张干,引起了张爱玲的不平,常常与张干争吵。张干气极了,就说"你这个脾气只好住独家村,希望你将来嫁得远远的——弟弟也不要你回来!"张干还能从手指抓筷子的远近预卜命运,说"抓得近,嫁得远",张爱玲立即将手指移到筷子上端,张干就说"抓得远,当然嫁得远",小爱玲气得说不出话来。这件小事张爱玲记得很清楚,因为从那时起,张爱玲便萌发了"我要锐意图强,务必胜过弟弟"的决心。

在天津的家中,张爱玲和弟弟一起跟一位老先生在家塾中读书,背诵他们根本不懂的古文,天生聪明的张爱玲常为自己背不出书而苦恼,弟弟可能会更苦恼。最快乐的是母亲从英国寄衣服和玩具回来,保姆们给他们穿上新衣服,玩具则一人一个。

母亲和姑姑从欧洲归来,是张爱玲最幸福的日子,也是弟弟最幸福的日子,他们全家搬到一处名叫宝隆花园的欧式洋房内。洋房共四层,有宽大的客厅,刚搬进去时,张爱玲和弟弟兴奋地在楼梯间跑上跑下。客人来了,姐弟俩看母亲、姑姑和客人们弹钢琴、唱歌。张子静很清楚地记得当时的情景："那时候母亲三十二岁，穿着从欧洲带回来的洋装，看起来多么美丽啊！姐姐偶尔倒过头来看看我，对我俏皮地笑一笑，眨眨眼睛，意思似乎是说：'你看多好，妈妈回来了！'"（《我的姐姐——张爱玲》）

快乐的日子并未延续多久，家庭产生了更大的裂痕。前面已提过，母亲回来是以父亲答应赶走姨太太、戒绝鸦片烟为前提的，父亲虽赶走了姨太太，却不曾戒鸦片。更严重的问题，是母亲从欧洲赶回还考虑到姐弟俩都已到入学年龄，母亲坚持要送姐弟去学校就读，她是不赞成家塾的，认为不利于儿童成长，但父亲就是固执地不答应，为此发生不少争吵，张爱玲是被母亲偷偷送到附近黄氏小学当了插班生，而弟弟就没有那么幸运了。之后就是父母的离婚，根据离婚协议，张爱玲姐弟都归父亲一方监护和抚养，但母亲坚持张爱玲日后的教育需征求母亲的意见，费用由父亲负担，这个协议保护了张爱玲，使张爱玲能从小学直到中学毕业。即使父亲娶了后母，也因一直在校住读，尚能维持表面平定。而多病的弟弟在家中面对的是枯燥无味的塾师、不负责任的父亲，后来还加上欺凌他的后母。

一切都无所谓

张爱玲上学校对少年的张子静是个打击。他回忆那时的情景是：

> 姐姐已进入黄氏小学，住在学校里。每逢假日，家里的司机会去接她回家。父亲仍然不让我去上学。我在家里更为孤单了。以前私塾先生上课，姐姐会问东问西，现在只剩下我自己面对私塾先生，气氛很沉闷，我常打瞌睡。不然就假装生病，干脆不上课。（《我的姐姐——张爱玲》）

这段回忆如实反映了一个少年的无奈，最亲密的伙伴走了，而她又是读书、游戏的主心骨，落下他孤零零一人，读的又是没有兴趣的古文，怎么能打起精神来!

直到1934年,张爱玲已在圣玛利亚女中上高一,父亲才准许弟弟到学校去上学,插班进了协进小学读五年级,这时他已十三岁。

更严重的打击还在等待着张爱玲姐弟:父亲要娶后母了,后母也抽鸦片。为了显示阔气,全家又搬到一所民初老洋房里去,这是一所有二十多间房的大屋,原是李鸿章送给祖母的陪嫁,也是张爱玲姐弟出生的地方。张爱玲形容这房子"整个的空气有点模糊,有太阳的地方使人瞌睡,阴暗的地方有古墓的清凉……在阴阳交界的边缘,看得见阳光……在那阳光里,只有昏睡"。就在这充满鸦片烟气味的家中,张爱玲亲眼看到弟弟与年老的何干备受后母的折磨,张爱玲为避免看到这些,住在学校里,很少回家。(《私语》)

直到有一天,终于发生了一件无法回避的事,使张爱玲产生了剜心似的悲痛,这件事自然与弟弟有关。《童言无忌》中这样描写:

> 有了后母之后,我住读的时候多,难得回家,也不知道我弟弟过的是何等样的生活。有一次放假,看见他,吃了一惊。他变得高而瘦,穿一件不甚干净的蓝布罩衫,租了许多连环图画来看。我自己那时候正在读穆时英的《南北极》与巴金的《灭亡》,认为他的口味大有纠正的必要,然而他只晃一晃就不见了。大家纷纷告诉他的劣迹,逃学、忤逆、没志气。我比谁都气愤,附和着众人,如此激烈地诋毁他,他们反而倒过来劝我了。
>
> 后来,在饭桌上,为了一点小事,我父亲打了他一个嘴巴子。我大大地一震,把饭碗挡住了脸,眼泪往下直淌。我后母笑了起来道:"咦,你哭什么?又不是说你!你瞧,他没哭,你倒哭了!"我丢下碗冲到隔壁的浴室里去,闩上门,无声地抽咽着。我立在镜子前面,看我自己掣动的脸,看着眼泪滔滔流下来,像电影里的特写。我咬着

牙说:"我要报仇。有一天我要报仇。"

如果说张爱玲在上述回忆中看到的是弟弟表面上的变化——从外形到种种劣迹,也找到了变化的根由——父亲的教育无方与后母从精神到肉体的虐待,产生了对弟弟的同情和对父亲、后母的痛恨,那么下面的回忆则有更深层次的悲哀了。

  浴室的玻璃窗临着阳台,啪的一声,一只皮球蹦到玻璃上,又弹回去了,我弟弟在阳台上踢球。他已经忘了那回事了。这一类的事,他是惯了的。我没有再哭,只感到一阵阵寒冷的悲哀。

在如此的家庭和教育下,弟弟已变成这种样子——由于反复的羞辱、打骂,他已变得对一切无所谓,对一切无动于衷,那位可爱的、甚至怕姐姐超过自己而产生妒忌心的弟弟到哪里去了?张爱玲只能不寒而栗。

1938年,张爱玲不甘于忍受父亲和后母的虐待,逃出这个家,投奔回国的母亲——也是姑姑的家,接着弟弟也来了——

  我逃到母亲家,那年夏天我弟弟也跟着来了,带了一双报纸包着的篮球鞋,说他不回去了。我母亲解释给他听,她的经济力量只能负担一个人的教养费,因而无法收留他。他哭了,我在旁边也哭了。后来他到底回去了,带着那双篮球鞋。(《私语》)

母亲为什么没有收留弟弟?最主要的原因已如张爱玲所述,是经济能力有限。离婚协议规定张爱玲和弟弟由父亲抚养并负责支付教育费用,现在张爱玲逃了出来,父亲和后母已在半讥笑、半庆幸地说母亲自己背了个包袱,自然再无法接纳弟弟了。但离婚协议为什么仅规定母亲对张爱玲日后教育须征求她的意见，而弟弟却无须？同一母亲对一双子女为何有不同对待？估计张子静成人后也存在这个疑问。他在回忆中只能转述表哥——黄定柱之子黄德贻的话说，"我母亲不喜欢男孩子，喜欢女孩子"。这也在情理之中，黄素琼自幼没有机会接受正规教育，她出国就是为争取接受教育的机会，她更懂得官宦之家女子受正规教育的困难，反之她认为以张家这样的书香门第，张子静又是独子，父亲不可能不给儿子接受正规教育的机遇，女孩子就不一定。但她怎么也没有想到张志沂不仅头脑顽固，而且也极端自私自利，为了满足自己过腐朽生活，对儿子的教育和未来，是不闻不问的。

弟弟带着一双篮球鞋回到父亲的家，其痛苦是可以想象得出的。张子静暮年回忆这一场景时，在平淡的言语中仍掩饰不了他黯淡的心情，他说，当他听了母亲委婉的解释，母亲"劝我要回父亲的家，好好地读书，母亲说完这些话，姐姐和我都哭了，回到父亲家，我又哭了好多次——从此我和姐姐再也不能一起生活了"。（《我的姐姐——张爱玲》）

如果说张爱玲和张子静姐弟俩从此走上不同的人生道路，那么这次会见是一道明显的分水岭。

走向社会底层

张子静回到父亲家后，日子是怎么过的，已不甚清楚。根据张子静本人的说明，他十五岁才小学毕业，接着上了光华中学，中学毕业后进了圣约翰大学经济系，费用自然是父亲出的。这是否证明张志沂已关心起儿子来呢？未必。从张子静和张爱玲对父亲的描述，张志沂此人还有一个最大特点：爱面子。既然已到三四十年代，在中国经济、文化中心的上海，家塾制度未免太不合潮流了吧？亲戚朋友的子女上大学、出国留洋已成为一种新身份的象征，而且镀金后，不少人又爬上权力的高峰。这对张志沂是很有吸引力的。支持张子静上中学、大学对张志沂来说，未尝不是一项新的投资。

张子静虽上了当时上海最洋气的名牌大学,但自幼身体就弱,少年时又无人关心,以致不能坚持学习而辍学在家。处于孤岛时期的上海,大环境不好,家中小环境又差,其心情苦闷是可想而知的。1943年几个光华中学的老同学为排遣苦闷,相约合办了一个名叫《飙》的杂志,"希望《飙》带来一阵暴风雨,洗刷了人们的苦闷心灵"。愿望未尝不是好的。

《飙》的印刷费用由几个青年学生自己承担。在约稿时,同学想起了张爱玲,因为张爱玲已是上海名作家了,当时便推张子静去。张爱玲却以为不出名的刊物写稿会败坏自己的名誉为由拒绝了。在同学的怂恿下,张子静写了篇短文《我的姐姐——张爱玲》,发表在第一期上,张子静称,这是他过去五十年中唯一发表的文章(1995年说的话)。这篇文章以弟弟的身份,观察张爱玲性格特点,很能捕捉外界所不知道的细节,是研究那时张爱玲的可贵资料。《飙》出了两期就由于印刷费、纸张费高昂,以及学生们无法筹措到资金去换取发行执照而宣告停刊,张子静的狂飙美梦就此打住。

以后的日子是更冗长的苦闷。张子静说,那时他没有工作,没有爱人,"既无大的欢乐也没有悲哀,仿佛只是日复一日麻木生活""有的只是烟雾迷蒙的家,一大堆仆人侍候着我那吸大烟的父亲,以及我那也吸大烟的后母"。他的心情茫然而苦闷,甚至看到张爱玲写的《童言无忌》,提到少年时的他,张爱玲是如此悲痛,张子静读了后都没有悲哀,他的神经已经麻木,而当时他才二十三岁。

是什么原因造成了他的麻木不仁?除了日伪统治时期的上海这个社会环境,虚假的纸醉金迷、歌舞升平外,那就是父亲的家了。他离不了这个家,因为他经济上无法自立;也痛恨这个家,他知道"在我们那个没落了的、颓靡的家里,是看不见一点儿希望的"。他知道姐姐张爱玲之所以成功就是逃离了这个家,有了属于自己的世界,也就有了名望和希望。不过他提起这一点又十分悲哀，他承认他永远也成不了姐姐。

张子静在父亲既不负责任又滥施淫威的管制下，在后母的虐待中，不仅身体垮了，精神也垮了。他只是在踽踽地小心踱步，走过一天天的日子。他眼看着父亲将偌大的家产败光，住处从大房子搬到小房子，却无力阻止。

1946年抗战胜利后，经表姐黄家宜和表姐夫蒋仁宇的介绍，张子静到中国银行扬州分行工作，总算摆脱了父亲和后母，经济上也有了稳定收入，但经不起外间诱惑，沾染了不良习气：赌博。结果是沉迷其间，身体日差，积蓄的钱也在赌局中化为泡影。张子静的赌博恶习是在新中国成立后才戒掉的。

上海解放时他留在人民银行工作，先在市郊分行任文书收发，又调到大场办事处当文书，后嫌工资太低，工作繁重，自动辞职。那时父亲与后母已搬到苏州路十四平方米的小屋里，他回家都没有住处，借住在同学家。

1952年，张子静通过失业知识分子登记和考试，派到浦东近郊小学当教师，先后在严家桥、施家桥、曹家宅、耀华路小学任教。1962年调到黄楼小学，1971年这个学校改制为中学，张子静改任英语教师，1985年正式退休。

张子静终生未娶。他自幼身体不好，父亲不管他，后母虐待他，导致他性格内向，不善言语。成年后，父亲的经济力量已每况愈下，虽没有到娶不起儿媳妇的地步，但为了他与后母能抽上鸦片烟，也不愿提起这事，接着就是张子静自己的赌博，余钱都丢到赌场去了，哪有能力谈及婚娶？新中国成立后，又背着出身不好的包袱，各种政治运动不断，就这样一步步耽搁了下来。

直到1995年张爱玲去世，张子静以退休教师身份孤居上海，平日看看书，帮同楼的孩子们补习英文，或到过去同学、亲戚家坐坐。当他在马路走过的时候，谁会想到这位老人是李鸿章的曾外孙、张佩纶的孙子、大作家张爱玲作品中亲切地称"长得很美"的弟弟呢？

张子静1953年在这间十四平方米的小屋里送走了父亲，1986年又送走了后母，他们都可算是没落的贵族。从张爱玲、张子静这一代起，他们已开始了自食其力的生活。张爱玲活得轰轰烈烈，张子静却平淡无奇，这个家族最终随着历史洪流滚滚而去……

当张子静退休后搬进这间小屋，他想了些什么？

> 几十年的岁月，一路行来，只见富贵繁华渐去渐远，终至一无所有，我父亲和后母，当年怎么会想到，他们的晚境是如此的局促而凄凉！
>
> 但是，想不到的事情终而发生了，终而结束了，也终而过去了。
>
> 这是他们的结局。
>
> 有一天，这也将是我的结局。（《我的姐姐——张爱玲》）

历史是无情的，它像海岸边的排天大浪，卷走了一层又一层泥沙，但历史也是有情的，淘尽了泥沙后留下了闪光的真金。张氏家族的后代中，张爱玲就是这闪光的金子。

三 两种不同的教育和生活

> 那书里的字句便像街上的行人只和她打招呼……爱玲的聪明真像水晶心肝玻璃人。
>
> ——胡兰成

旧式家塾与旧学根底

家塾——中国士大夫成长的摇篮

读过《红楼梦》的人，都知道贾府有一所家塾，小说中称家学。第九回中介绍这所家学："原系当日始祖所立，恐族中子弟有力不能延师者，即入此中读书；凡族中为官者，皆有帮助银两，以为学中膏火之费；举年高有德之人为塾师。"由于族中人上学是免交学费的，又称义学（但要另给塾师贽见礼）。这所家塾是合族公立的，贾家全族子弟及亲戚都可附读。贾宝玉上家学，是因为业师回家，在家荒废，贾政为了让他借机"温习旧书，待明年业师上来，再各自在家读书"，荣国府中还有一所家塾，请的老师是专门负责贾宝玉读书的。

从《红楼梦》所述，我们便大略知道封建时代官宦世家和豪门望族请老师在家课读子弟的情景。

合肥李氏和丰润张氏在清末都算得上是诗礼传家的名门，自然重视对子弟的培养，家塾的设置更是不可少的。据《涧于日记》记载，张佩纶在李府就与李鸿章所聘请的塾师范当世有交往，范当世是通州名士，与张謇齐名，李鸿章请他来是专教幼子及孙子辈的。李鸿章聘请的老师是名士，张佩纶也极慎重塾师的人选，人品要好，学问要好，又要会循循善诱。在他写的日记里，就屡屡出现为两个儿子志沧、志潜择师的事，有一位塾师就因"教法太疏"而被张佩纶"婉辞却之"，自然要送一笔酬劳。有时实在找不到合适的，张佩纶就自己课子，代行塾师职务。

封建世家办家学或家塾，是一种占有教育资源的办法。塾师大多为饱学之士，通过塾师将封建道德、文化传授给下一代，以保持家族在政治、文化上的传承和优势，在封建时代，谁占有这种优势，谁也就有了地位。封建时代师一直仅次于天、地、君、亲，有至高无上的地位。

通过家塾熏陶、教诲，家族中一代代人走进朝堂，将家塾称为封建士大夫的摇篮殊不为过。

家塾又是延续本家族特殊文化传统及学习经验的地方。家塾中，有时父兄亲自执教，如李鸿章父亲李文安幼时家贫，其兄便成为李文安的塾师，再如张佩纶在戍地亲自为儿子课读。更多的情况是有丰富学识的父兄随时为子弟指点迷津，所聘塾师也按东翁的指示照章办理。张志潜回忆，小时候塾师教他读古文，一日张佩纶到家塾，就在古文读本上作了批示，认为做古文应由唐宋上溯至《史记》《汉书》并及先秦诸子，归结为经籍训诂，才能深造有得，光止于唐宋八家是不对的。塾师便按照张佩纶的批示对课程作了调整。在学诗上，张佩纶的意见是要先学杜甫的诗，并手抄杜诗数册，让志潜日夜诵读。前辈的手泽，使家族文化传统（含经验）物化了，张志潜不仅终身遵循，珍惜秘藏，还将它们传给了弟弟张志沂（见《涧于集》中《书牍》及《诗》张志潜所作后序）。由此可见，家塾又是培育和延续家族文化传统的场所。

张志沂从小就在家塾中受到严格管理和训练，除塾师外还有父亲、兄长。父亲去世后，母亲更加严厉，据老用人说张志沂背不出书就罚跪，还要挨打，母亲的管理增加了一份"孤儿寡妇，望子成龙"的心态。这种管理对张志沂一生起了什么作用，这里姑且不论，但当他的子女张爱玲、张子静已到发蒙年龄时，他自然也在家中设立了家塾。

张爱玲回忆，她在天津（约三四岁）便与弟弟跟家塾老师读古书了，尽管古书难读，其中的字还不认得，她还是读得很认真，一天读到晚，傍晚时还在窗前摇摆着身子。当读到"太王事獯鬻"，把它改为"太王嗜熏鱼"才记住了。她常为背不出书而烦恼，甚至大年三十晚上还在背书，以至年初一，不能早早起来迎新年，那是因为保姆怕她熬夜辛苦了，让她多睡一会儿。小爱玲醒来，看到鞭炮已放过，觉得繁华热闹都已经过去，没有她的份了，躺在床上大哭，不肯起来，被拉起来后，穿上新鞋仍觉得委屈——因为即便穿了新鞋也赶不上了，这一切都因为她读书太晚的缘故。

幼小的张爱玲已会背诵不少唐诗，其中有塾师教的，也有母亲教的。母亲每天早晨必定叫女仆将爱玲抱到她床上，母亲念一句，她背一句，诗里讲些什么，她还不甚清楚，只是跟着字音念。到了堂房伯父张人骏家，张人骏叫她背唐诗，她已能朗朗上口，她背过杜牧的《秦淮夜泊》，张人骏又叫她背一首、再背一首。

张爱玲八岁到上海，上海的家仍请了塾师。她上小学后，塾师除教弟弟外，张爱玲课余回家，也曾跟塾师学做过古诗。大约家中本有才女的传统，旧时代才女的标准至少是会写诗，所以父亲在这方面很鼓励她。成年后，张爱玲还记得做过的三首七绝，第二首有两句是被先生浓圈密点过的："声如羯鼓催花发，带雨莲开第一枝。"描写雷雨后荷花蓓蕾绽放时的情景，声调铿锵，不仅切题而且有声有色，很有点唐人韵味，连她自己也觉得做得很好了。第三首是咏花木兰的，做得就不太像样，也就没有兴趣再学下去了。不过弟弟还得跟着塾师学做什么《汉高祖论》之类的古文，实在枯燥无味，弟弟常常以逃学来对抗。

已到20世纪20年代，张志沂还在家中设塾，按照家族传统和自己走过的路来教育下一代，固然反映了张志沂头脑顽固，但也反映家塾制度影响的深远。

中国文化的浸淫

旧式家塾尽管脱离时代太远，但却给张爱玲打下了坚实的中国传统文化基础。

按惯例，私塾（含家塾）在孩子发蒙以后便要开始读"四书"和《诗经》，除讲、读、背上述儒家经典外，塾师要教孩子学对对子，为以后学作诗打下基础，再后就要读古文、学写文章了。

背诵是中国私塾传统的教学方法，对学习古文、诗词来说，也不失为一种好办法。李鸿章当了大臣后，还喜欢背书。李菊耦将李鸿章的习惯带到张家，教育张志沂也是背书、饭后"走趟子"，一路背到卧室。张爱玲小时也背书，为背不出书而烦恼，尽管许多字还不认识，也不知其大意，但许多《诗经》中的名句和整首唐诗，就是这样记下来了。以致她成为小说家时，仍能脱口而出地吟咏和引用，应当说，家塾中背书传统，无形中为她的文章增添了不少光彩。

比如，她最喜爱《诗经》中的名句——"死生契阔，与子相悦。执子之手，与子偕老。"她将这句用在《倾城之恋》范柳原和白流苏那段奇特的恋爱中。范柳原是个颓败人物，他只要爱而不要结婚，在香港沦陷前夜，柳原发现自己对流苏已产生了感情，矛盾中，给流苏打了电话，谈的便是这首诗。柳原说"那是最悲哀的一首诗，生与死与离别，都是大事，不是由我们所支配的"，可是人们偏要说，一生一世都别离开，这不是笑话么？柳原的话，其实是张爱玲对这首诗的又一解释，用在柳原身上相当贴切，暴露了他那看透人生、游戏人生的处世哲学。

张爱玲爱读《诗经》《古诗十九首》和唐诗,并有独到的见解。她的第一个恋人胡兰成,古典文学亦有一定根底,两人谈《诗经》时,胡原想卖弄,却不料"那书里的字句便像街上的行人只和她打招呼"。胡念到"倬彼云汉,昭回于天",爱玲即说"真是大旱年岁";念《古诗十九首》,念到"燕赵有佳人……",她即认为那是妓女;读到《夜歌》,"欢从何处来,端然有忧色",她叹息地说:"她真是爱他。"胡兰成"才知平常看的东西以为懂得了,其实竟未懂得"。胡兰成不得不佩服得五体投地:"爱玲的聪明真像水晶心肝玻璃人儿。"张爱玲极爱唐诗,她小时背过诗,也学做过诗,有些句子做得还不错,得到塾师称赞。与胡兰成谈唐诗时就提到李商隐的两句:"星沉海底当窗见,雨过河原隔座看。"胡兰成并未留意,直到日本战败,才想起张爱玲提起这两句的深刻含义。(胡兰成:《今生今世》)

张爱玲古典文学修养的养成离不开家族成员的影响。她的祖父古文、骈文都做得很好。伯父张志潜提到张佩纶当翰林时,一次为光绪代拟《祈雨关壮缪庙文》,全文全引《左传》中祷雨旧事(因传说关羽最爱读《春秋》),写得"典重沉挚""祷毕翌日大雨偏三省,都下争传诵之"。还有一次须紧急上书,同僚们都没有创稿,张佩纶却"文不加点,顷刻而就",同僚们都很佩服。(《涧于集·文后序》)张佩纶的诗也做得好,是属于流行的江西诗派,有点艰深,张爱玲还是能读得懂的,到暮年她还记得两句:"秋色无南北,人心自浅深。"张爱玲祖母李菊耦的诗才虽不及祖父,但能写诗却是肯定的。父亲虽不成器,但懂诗、会背古文,她学做古诗还受到鼓励,对张爱玲在文学上的爱好他还是支持的;母亲则在她咿呀学语时已教她背了不少唐诗。应当说,张爱玲是在中国文化的浸淫下长大的,她的家是一个有着较深厚中国文化背景的家。

今天,我们读张爱玲的小说或散文,常会惊叹作品有一种意境美,一种色彩美,文字的选择和使用极见功力,能使人想起唐诗和宋词。人们常说文章是出自胸臆发乎笔端的,张爱玲笔端下流出的,岂不正是中国文化滔滔不绝的一股活水吗?

一丝儿缝隙

中国文化中还有被封建正统所排斥的小说、戏剧和民间唱本，它们给张爱玲的影响尤其巨大。

清代中晚期以后，有一个现象很引起文学史家们的注意，像《红楼梦》一类的古典小说，被封建朝廷屡屡下令禁止，但却不胫而走，不只走向市井，也走向缙绅之家，几乎到家置一部的地步。贵族家庭的青年男女对《红楼梦》等小说的迷恋，与市井小民相比，毫不逊色。

在张家，此类章回小说也收藏不少，张爱玲便一本本拖出来读，她记得八岁时便读了《西游记》，她父亲带她回上海，她记得船过什么绿水洋、黑水洋时，书上还是高山与红热的尘沙。以后她读《说唐》，总认为那是个"兴兴轰轰橙红色的时代"，她试写的第一部历史小说一开头便说"话说隋末唐初的时候"。《红楼梦》是她最钟爱的，模仿《红楼梦》她写了部《摩登红楼梦》，一共六回。她又读《聊斋》，连带将《阅微草堂笔记》也读了。此外她还读过《儿女英雄传》《金瓶梅》《歇浦潮》《海上花》，《醒世姻缘传》是看了《胡适文存》知道有这部书，特地向父亲讨了四元钱去买了来读的。

上述小说，在封建正统人眼中都是些不登大雅之堂的杂书，一般诗礼人家是不让子弟们读的；张家不仅收藏，而且张爱玲的父亲对张爱玲姐弟读这些书并未干涉，这个现象不难从家族背景中找到合理的解释。

张爱玲祖父张佩纶是清末的能臣，但非流俗之辈，《涧于日记》记录了他读的书，除经史子集外，也有说部。特别是他被遣戍回来后，一直赋闲在家，意志消沉，与李菊耦诗酒偕隐，除写唱和诗外，两人还合写过一部武侠小说《紫绡记》，自己已旁骛外道，对自己幼子也必然有所放松。从张志沂能为《摩登红楼梦》拟出颇为像样的六个回目看，他对旧小说是熟悉的，诗词歌赋上也相当来得。再有就是张家的才女传统，李菊耦是才女，作为其爱子的张志沂，必然为张爱玲从小显露出的文学才华而欣喜，他为《摩登红楼梦》拟目，又多次在亲戚面前赞扬张爱玲，将张爱玲编的报纸副刊给别人看，恐怕都出自这个心理。在张志沂的放任甚至鼓励下，张爱玲充分利用了封建家族这个缝隙，贪婪地读了一切她可能读到的旧小说，其中既有古典名著，也有明清黑幕小说、民国鸳鸯蝴蝶派小说，她汲取了其中精华，熔铸到她以后的创作中去。

在张家，甚至家塾也成了张爱玲读小说的场所。张爱玲读《海上花列传》的时候，书中妓女讲的全是苏州话，有的地方看不懂，她就缠着老师用苏州口音朗读妓女对白。老师不敢开罪这位小东家，也知道东翁在这方面管束不严，于是逼着喉咙读起来，引得张爱玲和弟弟大笑不止。张爱玲对《海上花列传》的迷恋就是从此开始的。

张志沂自己还爱读小报，这一点也影响了张爱玲。那时上海小报几乎是鸳鸯蝴蝶派的天下。鸳鸯蝴蝶派的小说，写男女之间成双成对为情而怨而死，题材狭窄、与时代渺不相关是其短处，但也有故事情节曲折、文字浓艳的佳作，张爱玲从中也汲取了有益的部分。

30年代中国文坛上还出现了像张恨水这般的通俗小说名家。张恨水的小说，故事动人，人物生动，讲究剪裁，是张爱玲最爱读的。她成名后，一次座谈会上谈及她最爱读的书，关于中国方面，她就列举了唐诗、张恨水小说和小报，可见张恨水在她心目中的地位。

除古典小说、通俗小说之外，张爱玲还喜欢中国民间的戏剧，对中国京剧的脸谱、服装和程式化的武打、唱腔十分喜爱；也爱地方戏如绍兴戏（越剧）、申曲（沪剧），甚至弹词。如果中国文学传统有雅俗之分，那么她是兼收并蓄的。

新式学堂和新文学尝试

从黄氏小学到圣玛利亚女中

1930年，十岁的张爱玲进黄氏小学读书，插班入四年级。她原名煐，母亲给她报名时，觉得这个字既难读又难写，踌躇了一下，干脆将她的英文名（Eileen Chang）的译音"爱玲"作为名字。

上新式学堂是母亲的安排，同时母亲还安排张爱玲去一个俄国女人那里学钢琴。张爱玲对音乐有很高的领悟力，她能想象出八个音符的不同个性，像穿戴着鲜艳衣帽在携手舞蹈；她还能从纷纷的琴声中听出摇落、寥落的感觉，仿佛是黎明，下着雨，空空的雨点打在洋灰棚上……又像在几十层大厦中，急急地上后楼梯，一路走上去、走上去……在众多钢琴家中，她不喜欢贝多芬和肖邦的作品，而偏爱巴赫。听巴赫的音乐，在她面前展现的是小木屋，墙上挂钟的摇摆，从木碗中喝牛奶，女人牵着裙子请安，绿草原上的牛羊与白云……音乐带她走向另一个世界。

母亲还订了许多新文学刊物和休闲刊物，有《小说月报》《西风》《良友画报》。一次母亲在《小说月报》上读到老舍写的《二马》，在抽水马桶上读出声来，忍不住笑。《二马》尽管不是老舍最好的作品，但张爱玲一直很喜欢。母亲还爱读西方作家毛姆的作品，这个爱好张爱玲也继承了下来。

张爱玲对色彩极为敏感。母亲告诉她英国和法国的情况，在她脑海里就闪现了这样的色彩：法兰西是微雨的青色，像浴室的瓷砖；英格兰则是蓝天下的小红房子。上学后，一到寒假就忙着剪纸绘图，自制圣诞卡和贺年片，把最满意的作品寄给已离婚又重返欧洲的母亲。小爱玲一度对自己将来做画家或是钢琴家而烦恼，后来看了一个电影，写画家贫困潦倒的事，她才决定做个钢琴家，在华美的宫殿般的礼堂中演出。

充满幻想的小学生活结束后，张爱玲升入上海圣玛利亚女中。圣玛利亚中学与桃坞中学、圣约翰大学附中同属美国圣公会系统，是一所培养高等华人的学校。在该校高中毕业，如升学，选择国内的便可进圣约翰大学，优秀的则可保送国外名牌大学。这所学校与一般学校不同之处是将课程分为英文、中文两部。英文部课程包括英语、数学、物理、西洋史、地理，以及《圣经》等科目，采用的全是英文课本，并由英、美籍人担任；中文部课程只有国文及本国历史、地理三科，担任的老师，初中以下是师范毕业、年龄在三十以上的中国小姐，初中以上则多半是前清科举出身的老学究。圣中重视英文课程，毕业生个个英语流利，而国文极差，连个中文假条也写不好。

圣中是全住宿制学校，每逢星期六下午家中派汽车将张爱玲接回。这时他父亲已娶了后母，为避免见到后母的尴尬，她一回家便钻进房里看书，星期一一大早便乘车回校。她在学校是少有的用功学生，成绩都是A和甲。但她仿佛一切都不甚经意，一位老师发现：她总是坐在教室最后一排，不听老师讲，手里的铅笔则不停地在纸上画，好像在用心记笔记的样子，事实上却在画教师的速写像。一般老师因她成绩太好，也不和她计较。

在圣玛利亚女中读书时，张爱玲是这样的形象：她长得很高，却瘦骨嶙峋，不烫发，而当时的圣中学生不烫发者只占不到五分之一，而且多半是虔诚的基督徒和预科生——相当小学高年级程度。张爱玲的衣饰更不入时——那时风行窄袖旗袍，而她则是宽袖的，平时表情板滞，十分沉默，不说话，不交朋友，不爱活动，精神上萎靡不振。

给圣中老师和同学印象最深刻的是她的懒散。她是出名的欠交课卷的学生，老师问她，她总是说"我忘啦"，说时两手一摊，一副可怜相。她的不加修饰是出了名的，她的寝室是最乱的一间。圣中学生卧室里都有一个放鞋子的柜，不穿的鞋子必须放置柜中，不准放在床下。舍监在检查寝室时，发现不放在柜中的鞋，必定取出在走廊中示众，而爱玲的那双平底旧皮鞋是常常被展览的，每到这时，她必定说"啊哟，我忘了"。所以圣中学生一提起张爱玲，就会打趣地说："喔！爱玲，'我忘啦'！"

张爱玲这一时期沉默、懒散，甚至萎靡不振，自然是因为家庭的变动造成的。父亲自娶后母后，更不关心爱玲姐弟，每学期的学费，父亲给得都不痛快，因为这一点，张爱玲早就停止了学钢琴。后母来家后，以爱玲身材与她年轻时差不多为由，带来一箱旧衣，爱玲没完没了地穿，这与圣中学生贵族化的衣着打扮形成强烈的对比。加以张爱玲自小就由保姆带大，从来没有料理过杂务，于是便显得笨拙、懒散。然而她并不掩饰这一点，坦然处之，我行我素。她知道在这方面她永远比不上那些烫了发、衣着入时的同学，她只有在学习上还有写作上显露自己的才华和锋芒。

习作

张爱玲在1943年以"两炉香"（《沉香屑——第一炉香》《沉香屑——第二炉香》）一炮而红，但她的文学道路却在这之前很久就开始了。圣玛利亚女中时期可以说是她创作的重要酝酿时期。中学六年在文学上的尝试，为她早来的辉煌作了最好的铺垫。

如果将时间再向前推移，张爱玲创作上的发蒙应在七岁，那时她还在天津。

张爱玲二十岁时为《西风》杂志征文写的《我的天才梦》告诉人们，她七岁时写的一篇小说是个家庭悲剧，遇到笔画复杂的字，还常去问厨子怎么写。故事的情节是一个小康人家姓云，新娶的媳妇叫月娥，小姑叫凤娥，哥哥一天出去经商，小姑便想谋害嫂嫂。七岁的张爱玲实在想不出怎么谋害的方法，这篇小说就没再写下去。

受旧小说《说唐》的影响，张爱玲又写起章回小说来，开头的第一句便是"话说隋末唐初时候"。正在她全神贯注写历史小说时，她的一个堂房侄子，年已二十多岁，家中称他为"辫大侄侄"，走过来看了第一句，便叫好："喝！写起《隋唐演义》来了。"小爱玲很得意，可始终只在旧账簿上写了一页，再也写不下去了。

小学时，张爱玲第一次写成了一篇有结局的小说。小说女主角素贞与表姐芳婷同时爱上了一个男子，最终素贞投水自杀，这是典型的三角恋爱故事。张爱玲将小说用铅笔写在一本笔记簿上，同学间在蚊帐中传来传去，字迹都模糊了，一位姓殷的同学看见负心男子叫殷梅生，便说，他怎么也姓殷，提笔改成王梅生。爱玲尊重自己原作，自然又改过来，这么改来改去，纸都擦穿了。

上述小说，在学校里应属于地下创作之列，正式的要算作文。那时有一种滥用形容词的新台阁体，其中名句像"那醉人的春风，把我化成了石像在你的门前"。《理想中的理想村》便是属于这一类的，张爱玲成名后重读这篇少作，便感到不能忍耐的新文艺滥调，这篇文章写了理想村中的跳舞厅、游泳池，还有银白的月亮、路边的野蔷薇、清泉和池塘，全篇用的辞藻都是华美的，还用了当时流行的"哟"字来表达洋溢的感情。

受自小爱读的古典小说《红楼梦》的影响，张爱玲还写过一个长篇的纯鸳鸯蝴蝶派的章回小说叫《摩登红楼梦》，她父亲还为小说代拟了六个回目："沧桑变幻宝黛住层楼，鸡犬升天贾琏膺景命""弭讼端覆雨翻云，赛时装嗔莺叱燕""收放心浪子别闺阁，假虔诚情郎参教典""萍梗天涯有情成眷属，凄凉泉路同命作鸳鸯""音问浮沉良朋空洒泪，波光骀荡情侣共嬉春""陷阱设康衢娇娃蹈险，骊歌惊别梦游子伤怀"。

这部《摩登红楼梦》手稿今日已无法得见，所幸张爱玲在《存稿》一文里还保留了大致情节和描写：

一开始写宝玉收到傅秋芳寄来的一张照片："宝玉笑道：'袭人你倒放出眼光来批评一下子，是她漂亮呢还是——还是林妹妹漂亮？'袭人向他重重瞅了一下道：'哼！我去告诉林姑娘去！拿她同外头不相干的人打比喻——别忘记了，昨天太太嘱咐过，今儿晚上老爷乘专车从南京到上海，叫你去应一应卯儿呢？可千万别忘了，又惹老爷生气。'"

写贾琏得官："黑压压上上下下挤满了一屋子人，连赵姨娘周姨娘也从小公馆赶了来了……凤姐儿满脸是笑，一把抓住宝玉道：'宝兄弟，去向琏二哥道个喜吧！老爷栽培他，给了他一个铁道局局长干了！'宝玉……挤了进去，又见贾母歪在杨贵妃榻上，鸳鸯蹲在小凳上就着烟灯烧鸦片，琥珀斜倚在榻上给贾母捶腿……贾琏这时候真是心花一朵朵都开足了，这一乐直乐得把平日的洋气派洋礼节都忘得干干净净，退后一步，垂下手来，恭恭敬敬给贾政请了个安，大声道：'谢二叔的栽培。'"

凤姐儿在房中置酒相庆：'自己坐了主席……贾琏道：'这两年不知闹了多少饥荒，如今可好了……'凤姐瞅了他一眼道：'钱留在手里头要咬手的，快去多讨两个小老婆罢！'贾琏哈哈大笑道：'奶奶放心，有了你和平儿这两个美人胎子，我还讨什么小老婆呢？'凤姐冷笑道：'二爷过奖了！你自有你的心心念念睡在梦里都不忘记的心上人放在沁园林小公馆里，还装什么假惺惺呢？大家心里都是透亮的了！'"

贾珍带信来说尤二姐请下律师要控告贾琏诱奸遗弃，因为他"新得了个前程，官声要紧"，打算大大诈他一笔款子。贾琏无法筹款，"想来想去唯有向贾珍那里去通融通融，横竖这事起先他也有一份在内……"。

底下接着写主席夫人贾元春主持的新生活时装表演；秦钟、智能儿私奔；贾府里打发出去的芳官、藕官加入歌舞团；复写贾珍父子及宝玉所追求；巧姐儿被绑架；宝玉闹着要和黛玉一同出洋，家庭里通不过，便负气出走，贾母、王夫人终于屈服……临行时，宝、黛又拌了嘴，闹决裂了，一时不及挽回，宝玉只得单身出国去了。

上述故事情节和语言，不难看出张爱玲是熟读了《红楼梦》的,对《红楼梦》主要人物的性格和相互关系把握得极为准确，语言也酷肖原著。张爱玲将故事背景改换成当代的上海，什么"寄照片""乘专车""小公馆""铁道局长""烧鸦片""请律师""主席夫人"等新名词纷纷出现并从红楼人物口中冒出，使当代人读了既新鲜又有趣，并有一种对现实的调侃意味。张爱玲小时就如此熟悉《红楼梦》，无怪她晚年研究《红楼梦》，能写出一详、二详……直到五详《红楼梦》，她的研究，连红学专家也为之惊叹。

张爱玲一生的成就主要在现代小说的创作而不是对旧小说的模仿。研究张爱玲圣中时期在新小说上的尝试，就显得十分必要了。

根据陈子善教授的发掘，张爱玲在圣中发表的第一篇小说是《不幸的她》。这个短篇发表在圣中校刊《凤藻》总第12期上，时间是1932年，原编者注明张爱玲是初中一年级的学生，其时张爱玲才十二岁。

《不幸的她》写一位年轻、孤傲而热爱自由的"她"为追求独立自主的婚姻和生活而四处漂泊。"她"对童年的怀念，对纯真友谊的依恋，都写得如诉如泣。这篇只有一千五百字的小说时间跨度长达十年，多次运用电影闪回的手法，场景的调度、语言的表达都显现了作者过人的才华，值得注意的是，作者对女性命运的关注已开始显露。（陈子善：《天才的起步》）

张爱玲升入高中后，圣中聘请了一位新的国文老师汪宏声。这位汪老师上任后竭力扭转圣中师生不重视国文的陋习，并对国文教学进行了改革。其中的作文课，改变过去老师出题（如"说立志""说知耻"）、学生照答的准八股式，而拿学生熟悉的周围生活来命题，有时干脆让学生自由命题。汪先生的改革，如将笼中的鸟儿放飞，初期成绩自然很不理想，但在众多的作文中，汪先生却发现了一本行云流水、辞藻瑰丽的作文，这本作文的主人就是张爱玲。

汪先生为鼓励学生创作，发动、组织学生办了刊物《国光》，汪先生自然属意张爱玲当编辑，但她只答应写稿。至今在已发黄的《国光》上，便留下两篇张爱玲的小说：《牛》和《霸王别姬》。

《牛》是以农村为背景的小说，农民禄兴卖了牛，春天无牛耕种，便向邻居家借牛，这头牛不受禄兴管束，禄兴略加鞭策，那牛竟用角刺死了他，这是个悲剧。张爱玲后来说，"《牛》可能代表一般'爱好文艺'的都市青年描写农村的作品""其志可嘉，但是我看了总觉不耐烦"。（《存稿》）作为农村小说，《牛》写得很肤浅，不过整篇小说悲剧气氛的营造，张爱玲特有的意象运用都有值得称道的地方。

《霸王别姬》是一部历史小说,写的是众所周知的项羽与虞姬的悲剧故事。虞姬自刎的片段写得相当感人。

> 他甩掉她的手,拖着沉重的脚步,歪歪斜斜走回帐篷里。她跟了进来,看见他伛偻着腰坐在榻上,双手捧着头。蜡烛只点剩拇指长的一截。残晓的清光已经透进了帷幔。
> "给我点酒。"他抬起眼来说。
> 当他捏着满泛了琥珀流光的酒盏在手里的时候,他把手撑在膝盖上,微笑看着她。
> "虞姬,我们完了……看情形,我们是注定了要做被包围的困兽了,可是我们不要做被猎的,我们要做猎人。明天……啊,不,今天——今天是我最后一次的行猎了。我要冲出一条血路,从汉军的军盔上踏过去!……"

但虞姬不肯跟他去,怕分了他的心,接下去——

> 虞姬微笑,她很迅速地把小刀抽出了鞘,只一刺,就深深地刺进了她的胸膛。
> 项羽冲过去托住她的腰,她的手还紧抓着那镶金的刀柄。项羽俯下他的含泪的火一般光明的大眼睛紧紧瞅着她。她张开她的眼,然后,仿佛受不住这样强烈的阳光似的,她又合上它们。项羽把耳朵凑到她的颤动的唇边,他听见她在说一句他听不懂的话:
> "我比较欢喜这样的收梢。"
> 等她的身体渐渐冷了之后,项王把她胸脯上的刀拔了出来,在他的军衣上揩抹掉血渍。然后,咬着牙,用一种沙哑的野猪般的吼声似

的声音，他喊叫：

"军曹，军曹，吹起号角来，吩咐备马，我们要冲下山去！"

两位主角——项羽和虞姬每一句话都有丰富的潜台词，他们的动作都极精确，场面是瑰丽的，也是凄凉的，凄凉中又透露出美来。后来张爱玲重温旧作时说："当时认为动人的句子现在只觉得肉麻与憎恶……很少中国气味，近于现在流行的古装话剧。"又说最后那个场景太像好莱坞电影的作风了。(《存稿》)这未免太过苛刻，《霸王别姬》中的对话的确像流行的古装话剧，不过这正是当时文坛上很流行的一种创作形式，不只是张爱玲，许多大家们也如是写。何况张爱玲后来创作中也有意识地吸取了电影表现手法，《霸王别姬》提供了她如何吸取电影手法的早期范本。

张爱玲写《牛》《霸王别姬》时，不过是十五六岁的少女，稚嫩是不可避免的，但从这些习作来看，创作上的才华已经显现，她以后作品中的某些风格已经显露。在圣玛利亚女中时，张爱玲除写小说外还在校刊上发表散文、书评，多种文体的锻炼，为她以后以文学为终身事业打下了坚实的基础。

最恨与《天才梦》

张爱玲曾说过："中学时代的先生我最喜欢的一个是汪宏声先生，教授法新颖，人又是非常好的。"这个汪先生在自己的弟子成名后写过一篇《记张爱玲》，列举了张爱玲在中学时代的种种轶事，如"我忘啦"等等，最后谈到张爱玲在毕业年刊的调查栏里，关于"最恨"一项，她竟这样写："一个有天才的女子忽然结了婚。"张爱玲写这句话时不过是年仅十六七岁的少女，她为什么这样写？

这要对圣玛利亚女中再作些补述。汪先生曾介绍这所中学重英文轻国文，有很严的纪律，是所贵族化的教会学校。培养的学生，除少数能出国或入圣约翰深造外，大多成为交际花和阔家的少奶奶，所以圣中说是所交际花和少奶奶的养成所更为恰当。

对圣中大多数学生言，学英文、练钢琴，养成爱整洁、守纪律的习惯，成为标准的淑女，是为将来嫁人作准备的。据汪先生讲，圣中学生连中文请假条都写不好，但自他在圣中进行国文改革后，确也出现了为数不多热爱写作、确有才华的学生，除张爱玲外，还有一位张爱玲的同班同学张如瑾。张如瑾是《国光》的编辑，曾写过长篇小说《若馨》，很得到汪宏声的称赞，曾推荐出版，因战事爆发未果。张爱玲也很喜欢《若馨》，曾在《国光》上写过《〈若馨〉评》。据张爱玲的弟弟张子静提供，张如瑾与张爱玲的关系也很好，如瑾家在镇江，寒暑假都要回镇江，但假期中总要到上海一两次找张爱玲聊天，一聊就是几个小时。可惜的是这位极有希望成为文坛新人的张如瑾后来嫁了人，也没有再写作。张爱玲写下"最恨"一项时，张如瑾还没有走到这一步，但从圣中的过去已推知她的同学迟早会有这么一天。她的最恨，是对现实女性命运的一种抗议，也是她决心今后不附属于任何男子、独立地做人的宣言。

张爱玲写下"最恨"一项，也隐约透露出她对旧家庭女子不幸婚姻的思考。

她的祖母李菊耦是个有天才的女子，嫁了张佩纶，婚后生活不能说不美满，但也有缺憾，丈夫年龄过大，仕途又极坎坷，都曾给李菊耦本人及家庭带来阴影。她的六姑奶奶李经璞，也是知书达礼的才女，婚姻更不般配，丈夫比她小六岁，一辈子嫌她老，且性格乖僻，全家重担全压在她身上。她母亲的遭遇更是她亲眼所见。而祖母、母亲这两辈人的婚姻对于她们本人来说都是忽然来到的，父母之命，媒妁之言，葬送了她们一生。有鉴于此。她姑姑暮年才结婚。现实是更生动的教材，所以她会在"最恨"一栏中填下那惊世骇俗的话。

张爱玲是最了解自己的，她知道自己的天分，她抱定"除了发展我的天才外别无生存的目标"。她还说过在学校里"我得到自由发展，我的自信心日益坚强"。(《天才梦》)她决心要走自己选定的路。完整地反映了她想法的便是她写于1939年底的《天才梦》。

写《天才梦》时，张爱玲已在香港大学读书。1939年，上海一本很走红的杂志《西风》悬赏征文，题目是《我的××》，限定字数，首奖为五百元，当时是笔不小的数字。张爱玲在香港读书，经济上相当拮据。她应征写文，一方面是想显示自己的文学才能，另一方面也有经济上的考虑，于是就以《我的天才梦》为题，写成后寄往上海。不久，收到杂志社来信，通知征文已得首奖，但正式名单公布时，首奖却是另一人撰写的《我的妻》，在正式获奖的十人中张爱玲没有份儿，张的征文被列为三个名誉奖的最后一名。原因何在？据张爱玲后来了解，"是有人有个朋友，用得着这笔奖金，既然应征就不好意思不帮他这个忙，虽早过了截稿期限，都已通知我得奖了"。(《忆〈西风〉》)的确那篇得头奖的《我的妻》，不仅写得平平，而且也超过了限定字数。《我的天才梦》虽被掉了包，但还是张爱玲第一篇在公开刊物上发表的作品，以是多年后，人们还认为它是张的处女作。

《天才梦》一开始就说："我是一个古怪的女孩，从小被目为天才。"起笔就很突兀，于是一路写下去，以极精练的文字概括了"我"七岁写小说的经过，"我"的自信，"我"在成长中的烦恼。谈到小时候的梦，充满了愉快的回忆，自然也少不了小小的自我嘲讽；成长后遇到的种种懊丧事，也不能掩饰充分享受生命的欢悦。结尾处她用了以后常用的张式警句："生命是一袭华美的袍，爬满了蚤子"，全篇戛然而止。《天才梦》在色彩的捕捉、意象运用的娴熟上都达到了很高的水平。

张爱玲的《天才梦》是篇夫子自道，对了解张爱玲从七岁到大学时的生活及思想都提供了宝贵资料。更难能可贵的是《天才梦》通篇的气韵、节奏、文字都相当的完美，已脱离了她中学时代保留的文艺腔，张式的警句已在文章中出现，一位天才已呼之欲出。

摆脱牢笼

后母

中国传统小说、戏剧中,后母往往是凶恶、残暴的象征。她施虐于前妻子女,使他们孤苦无依甚至被逐出家门。艺术是生活的集中再现,现实中确有类似的后母存在,张爱玲就是在自己家中,看到了无数传统艺术形象中的后母。

张志沂与黄素琼离婚后,有过短时期的鳏居生活。1934年房地产价格上涨,张志沂手头钱多了,通过做生意,认识了日商住友银行买办孙景阳,而且做了孙的助手。通过亲戚介绍,便娶了孙景阳的妹妹孙用蕃。孙家也是清末到北洋时期的名门望族,孙景阳的父亲孙宝琦,清末做过山东巡抚,北洋政府时期还出任过国务总理。孙宝琦有一妻二妾,二十四个子女(八个儿子和十六个女儿)。孙宝琦的子女都与豪门结亲,他的儿女亲家有庆亲王奕劻、袁世凯、盛宣怀、王文韶、冯国璋、钱能训等。孙用蕃是孙宝琦第七个庶出女儿,不知是因为高低不成还是已染上阿芙蓉癖,竟拖到三十六岁还未成亲。

张爱玲那年十四岁,读高一,她弟弟十三岁,都是敏感的年龄。当姑姑将这个消息告诉张爱玲时,她哭了,她知道太多关于后母的事,没有想到会应在她身上,听到消息的第一个感觉就是无论如何不能让这件事发生,如果那女人就在眼前,张爱玲会把她从阳台上推下去。

张爱玲无法阻止事情的发展。这年夏天,张志沂在上海礼查饭店(今上海大厦附近)订婚,半年后就在华安大楼(现金门酒家)举办婚礼,这一年张志沂三十八岁。

孙用蕃嫁到张家,为显示自己会持家,又要摆阔气,把家搬到一座老式洋房里去,这所洋房也属于李鸿章给李菊耦的嫁妆,很宽大,有二十多间房，张爱玲就出生在这座房子里，不过分家时归了伯父，尽管房租贵，孙用蕃还是怂恿张志沂搬了进去。孙用蕃立志搬家，还有一层原因，原来住处离爱玲舅舅家太近，怕受黄家影响。孙用蕃主持家政后又将老用人——特别是爱玲母亲用过的老用人解雇，以孙家带来的用人补上，所有这些显然出于私心，她要清除爱玲母亲留下的所有痕迹。

张爱玲那时住校，只在星期六回家，她对后母折磨弟弟及老用人很不满，但无法改变局面，所以表面上还能维持一段平静，与后母保持着礼节上的尊重，偶尔也有一些关于天气和日常生活的对话。

有一次张爱玲还写了一篇作文就叫《后母的心》，无意中被孙用蕃看到。张爱玲把一个后母的处境和心理刻画得很深刻、细腻，孙用蕃看了很感动，认为张爱玲简直就是设身处地为她而写的，在一些亲友面前还夸耀过张爱玲。不过张志沂和张爱玲的弟弟都清楚，爱玲不过是作文，并没有讨好她的意思。

家中最难熬的是张爱玲的弟弟张子静，张子静长得很像母亲，更成了孙用蕃心头的刺，张爱玲亲眼看到原先活泼可爱的弟弟消瘦下去，变得越来越没有生气。张子静回顾姐姐不在家的日子，说他很孤独，"有的只是永远烟雾迷蒙的家，一堆仆人侍候着我那吸大烟的父亲，以及我那也吸大烟的后母"。(《我的姐姐——张爱玲》)

张志沂和孙用蕃夫妻双双不事生产、抽大烟、讲究排场的直接后果，便是将祖遗房产一座座卖掉，自己最后搬到只有十四平方米的小屋里，靠青岛的房租过活（没有卖掉是因为那座房子属二伯张志潜与张志沂共有）。

留学风波

张爱玲与父亲、后母的决裂是因为留学而引起的。

1937年张爱玲高中毕业，母亲黄素琼特地从法国赶回，与张志沂交涉爱玲出国留学事宜。母亲是最爱张爱玲的，自己一生没有受过正规教育，她想在女儿身上补偿,再者同去国外,母女也可相伴。

正式谈判还未开始,家庭气氛就紧张起来。张志沂是不会同意张爱玲出国的,圣玛利亚女中的六年就够他负担的了,前妻回来又要出新花样,更激怒了他,他恨前妻,由此又迁怒到爱玲身上:多少年来跟着他,被他养活,他付钱教育她,临了心还向着黄素琼,使他怎么忍受得了?爱玲偏偏自己出面向父亲提出了留学要求,又不善表达,平日在父亲面前讨学费都感到羞耻,这次要去留学,要花更多的钱,以是讲得更期期艾艾。这件事已然引起了父亲和后母极大的不满,父亲说她受了别人挑唆。后母对爱玲母亲本就有一种本能的妒忌,爱玲一向敷衍她,她也挑不出错,这下可抓住把柄了,于是当场骂了出来:"你母亲离婚还要干涉我们家的事,既然放不下这里,为什么不回来?可惜迟了一步,回来只好做姨太太!"

那时,"八·一三"淞沪战争爆发,留学的事暂且搁下了。张爱玲的家虽在租界,但隔一条苏州河就是中国地界,中日双方交战激烈,炮声不断,夜间不能入睡。张爱玲到母亲处住了两个礼拜,回来遇到后母,后母就问:"怎么你走了也不在我跟前说一声?"张爱玲告诉她已向父亲说了,她便以为张爱玲眼中没有她,猛地打了张爱玲一个嘴巴,张爱玲没还手,但她却一路跑着上楼,尖叫:"她打我!她打我!"已对张爱玲心怀不满的父亲趿着拖鞋冲下楼来,揪住张爱玲,拳脚交加,称"今天非打死你不可"。张爱玲的头一会偏向这边,一会儿偏向那边,耳朵都震聋了,直到躺在地上了,她父亲才被人拉走。母亲早告诉她,"万一他打你,不要还手,不然,说出去总是你的错",所以张爱玲一直没有抵抗。看到自己遍体伤痕,张爱玲打算去巡捕房报告,走到门口,发现门已锁上。回到家来,父亲知道后更气炸了,把一个大花瓶向张爱玲头上掷来,张爱玲头一偏才没有被击中。坚强的张爱玲在这个过程中一直没有哭,她的保姆来安慰她,她才放声大哭起来。

第二天姑姑来说情,后母又从中挑拨,父亲竟抄起烟枪劈头就打,姑姑受了伤,从此之后再也没跨进这个家门。

张爱玲被监禁在楼下小屋里,父亲声称要用手枪打死她。保姆何干再三叮咛她:"千万不可以走出这扇门呀!出去了就回不来了。"但她在小屋里还是做了逃跑的计划。正在独自筹划中,张爱玲得了痢疾,差一点死去,父亲不请医生,也不用药,张爱玲在小屋里足足躺了半年。在病中,爱玲也在注意外面的动静,特别是大门口巡警的动静。等到爱玲能够扶墙行走了,她的准备也完成了。她先向女佣套口气,探听巡警换班时间,又用望远镜看好出门的路径,在一个冬天夜晚,家中疏于防范时,她溜了出去。这时已近新年,天气出奇的冷,街灯下是一片寒灰,爱玲却感到世界的可爱,以致她踏在地下的每一步都是一个响亮的吻。

因留学而引起的父亲痛打、禁闭,使爱玲切身感受到封建家庭亲情的冷漠,父亲对爱女竟然施以暴力,这简直是不可思议的事,她对父亲从此恩断情绝,这扇家门她再也没有进来过。

张爱玲被痛打、被禁闭,在她一生中留下抹不去的痛苦记忆。她日后的创作中,如《茉莉香片》中聂传庆被父亲打聋和被后母虐待的描述,《十八春》中曼桢被关起来遭污辱的情节,都有她自己这段遭遇的影子。

"赤裸裸地站在天底下"

张爱玲的留学风波直接导致了她与家庭的决裂,她毅然地跨出了家门,迈向了另外一个世界。

跨出这个家庭大门的,张爱玲不是第一个,她母亲、姑姑都跨出了家门,两代三个人,都是女性。这至少说明,张氏家族与许多封建家庭一样,女性受到的压迫和损害最深,她们用走出家庭、脱离家族羁绊的行动表现了她们的不满和抗议。在张氏家族中,恰恰是女性做到了这点,在维护人格的自尊上,她们远比男性勇敢。

母亲、姑姑和张爱玲本人离开家庭的方式是不相同的。母亲是协议离婚，可以带走属于她的财产；姑姑早就获得了李菊耦遗产的一部分，走时自然也带走了它；独有张爱玲是逃出家门的，孤身一人，几乎没有带走任何东西。张爱玲离家后，后母将她所有的一切都送了人，家里似乎根本没有存在过这个人。只有自幼带她的老保姆何干，悄悄将她小时候的几件玩具送了过来，内中有一把白象牙骨子淡绿色鸵鸟毛折扇，年代久了，一扇便掉毛，漫天飞舞，使人咳呛下泪。对家庭的纪念只剩下这个——连回忆也是苦涩呛人的，张爱玲从踏出家门那一霎起，就"赤裸裸地站在天底下"了。

使张爱玲产生赤裸裸的感觉还不止于此。

母亲执着地要爱玲考国外大学，不惜花重金（一小时五块钱）聘老师为她补习，又教她种种待人接物的礼节和独立生活的能力以适应留学需要。张爱玲总显得很笨拙，她自己承认：

> 我发现我不会削苹果。经过艰苦的努力我才学会补袜子。我怕上理发店，怕见客，怕给裁缝试衣裳。许多人尝试过教我织绒线，可是没有一个成功。在一间房里住了两年，问我电铃在哪儿我还茫然。我天天乘黄包车上医院去打针，接连三个月，仍然不认识那条路。总而言之，在现实的社会里，我等于是一个废物。

她又说：

> 我母亲给我两年的时间学习适应环境。她教我煮饭；用肥皂粉洗衣；练习行路的姿势；看人的眼色；点灯后记得拉上窗帘；照镜子研究面部神态；如果没有幽默天才，千万别说笑话。（《天才梦》）

但结果张爱玲承认"我的两年计划是一个失败的试验"。母亲的不满是显然的。

在爱玲离家之前,母亲曾警告过她:跟着父亲,父亲是有钱的,要跟着我就要准备吃苦。待到离开父亲,又警告她:是准备嫁人呢,还是读书,要读书,可以帮助你考大学,如果不准备读书,那读书的钱就可打扮自己。最终,张爱玲选择了跟随母亲,也选择了读书。1937年到1938年这两年间,母亲在观察张爱玲,张爱玲两年适应期的不成功,母亲自然很失望。张爱玲看出,母亲总在怀疑这样做是否值得,因为母亲讲过"我懊悔从前小心看护你的伤寒症""我宁愿看你死,不愿看你活着使你自己处处受痛苦"。张爱玲也在怀疑自己,于是"母亲的家不复是柔和的了"。

这一思想困扰着张爱玲,在母亲的公寓里,补习功课之余,她常在屋顶阳台转来转去,西班牙式的白墙在蓝天割出清晰的条与块,她仰头向着烈日,像被审判一样,说不清是自夸还是自卑,她又产生了"赤裸裸地站在天底下"的感觉。

依靠自己的天分和努力,也得到母亲的支持,张爱玲考取了伦敦大学,成绩压倒了众多的日本、马来西亚、香港考生,名列远东区第一名。因为战事,伦敦不能去,拿了伦敦大学录取通知书,改上了香港大学。

张爱玲又走出了家门——母亲和姑姑的家门,孤单地登上了去往香港的轮船,面前是茫茫大海,头顶是南国炎炎烈日,她又"赤裸裸地站在天底下"了。

冲击与浪花

中学与西学

19世纪下半叶,随着西方资本主义入侵中国,在中国大地上出现了与中国传统文化完全不同的异质文化,人们通常称之为西学。西学的范围很广,诸如声光电化以及西方语言、文学、宗教、思想都包括在内。

西方文明是与西方殖民主义东来同步的，这样必然在西方文化和东方文化之间产生矛盾和冲撞。中国传统文化中有许多珍贵品，它们是中国悠久历史的见证，也是中华民族对人类文明的重大贡献，但就整体而言，它们已越来越不能适应时代需要。顽固地坚持落后，并拒绝向西方学习的人，就是中国近代那些顽固派；而像林则徐、魏源等之所以为后人赞颂，则因他们既坚持了爱国主义立场，又看到了西方文明的长处，要"师夷长技以制夷"，他们称得上中国历史上首批睁开眼睛看世界的人。

19世纪60年代，又有一批清政府官员，他们通过与西方列强联合镇压太平天国运动，认识了西方的船坚炮利，转而想学习西方这方面的长处，以巩固清政府统治，这批人我们通常称为洋务派，其代表人物就有曾国藩、李鸿章。

李鸿章原是靠传统儒学猎取功名的官僚，对西学本没有什么认识。同治元年（1862年）受曾国藩委派组织淮军赴上海，思想便发生变化。他有一封致曾国藩的信，提及他曾到英、法兵舰上参观，"见其大炮之精纯，子药之细巧，器械之鲜明，队伍之雄整，实非中国所能及"。他打算向西方学习，"若驻上海久而不能资取洋人长技，咎悔多矣"。（《李文忠公全集·朋僚函稿》二）表面上看，李鸿章主张与林则徐、魏源相仿，都要学洋人长技，但目的是不一致的，林、魏是为了制夷即反对列强侵略，李鸿章则主要为了镇压太平军。在镇压太平军的过程中，李部便有一支用洋枪洋炮武装起来、甚至兵员也是洋人的洋枪队。其他各支淮军也开始配备洋枪洋炮，洋枪洋炮靠向外国购买，但外国要伪装中立，也担心被中国人学了去，所以在购买中多方面留难，李鸿章决定自己设局，同治二年便在上海、苏州一带设立了三个局，自己制造枪炮子弹。

同治三年（1864年），为进一步说服朝中大臣必须向西方学习，他给恭亲王写了一封信，以"天下事穷则变，变则通"的理由，申明中国必须向西方学习。信中他认为当时的弊病，在于士大夫"沉浸于章句小楷之积习",武将"粗蠢而不加细心",平日将西方枪炮利器斥为"奇器淫巧",不必学;战时又被外国利器吓倒,认为不能学。他以日本为例,说明像日本那样的小国都知道改弦更张,何况中国?这封信的最后,李鸿章提出:"鸿章以为中国欲自强,则莫如学习外国利器;欲学习外国利器,则莫如觅制器之器,师其法而不必尽用其人。欲觅制器之器与制器之人,则或专设一科取士。"(《李文忠公全集·朋僚函稿》二)这封信之所以有名,一是写得早,二是将他的思路表达得很清楚,由学利器(船坚炮利),进而觅制器之器(兵工厂)和制器之人(洋技师),再进一层要师其法(技术)和培养自己懂技术和会管理的人才。清政府的洋务运动基本上是顺着这个思路逐步推进的。

李鸿章在另一场合谈中国要变,要向西方学习时还指出:中国外部条件已发生根本变化,面临的是"数千年来未有之变局","数千年来未有之强敌",这与动辄以天朝大国自居、闭目塞聪的顽固大臣们相比,可算是头脑比较清醒的,不过他的认识也只限于向西方学习练兵、制器,中国的政治制度他是不愿意也不想变的,走的还是中体西用的路子。

张佩纶也办过洋务,进过总理衙门,与李鸿章不同的是,李对外一向主和,张则态度较强硬,不过在向西方学习上不会有差别,他去福建帮办军务时间虽很短,但走的还是调军舰、购洋枪、筑炮台的路子。张佩纶不属于洋务官僚,平素也不以洋务派为然,事到临头,所作所为也只能以洋务派为师(赴福建前特地到北洋李鸿章处参观),这应是个讽刺。张佩纶与李菊耦结婚后,李家的家风自然带来,他们的儿子张志沂外文很好,能读英文原版小说,足以证明李家的开放传统在张家也开了花。

在这种家族传统中,张爱玲这辈人,中外文都有一定根基。有关张爱玲和她的弟弟的中国文化传统,前文已经述及,这里再谈一些西文和西学的学习。

张爱玲中学就读的圣玛利亚中学就是重外文的,她弟弟张子静上过的圣约翰大学，也是重外文的。1938年，张爱玲就读香港大学，这是一所完全按英国学制办的大学，用的也是英国课本，所有学生（含华裔学生）都有英国名字。张爱玲利用这个机会刻苦学习外文，她自己称：在香港三年中，没有用中文写过东西，为了练习英文，连信也用英文写。读的书，也多是英文原版。

香港沦陷，她返回上海，一个时期她为上海英文版的《泰晤士报》写剧评、影评，还替德国人办的一份英文杂志《二十世纪》写文章，有《中国人的生活和时装》（中文《更衣记》的底本）、《中国人的宗教》《依然活着》（回译成中文更名为《洋人看京戏及其他》）等。上述文章有个共同特点，力图让外国人了解中国，为此她用极流利的英文、轻松而略带幽默的笔调，切入外国人关注的问题，娓娓道来，有明显的英国小品文特点。她用英文写的文章受到外国读者的欢迎，《二十世纪》主编克劳斯·梅奈特（Klaus Mehnert）特向读者郑重推荐，将她誉为极有前途的青年天才。

张爱玲的英文造诣得到曾留过学的姑姑的称赞，她姑姑也为爱玲的钻研精神所感动。姑姑曾说爱玲"无论是什么英文书，她能拿起来就看，即便是一本物理或化学"。张爱玲读物理或化学并非喜爱其内容，而是揣摩其中的文法。通过刻苦磨炼，张爱玲在英文修养上达到极高的成就，她姑姑甚至说，她的英文好过中文。在中国同代作家中，大约只有钱钟书、林语堂、萧乾、叶君健等有数的几个能相比拟。

能用英文写作，使她的作品能走两条路子：用英文发表，再回译成中文；或用中文写作，自译成英文。深厚的中国文化根底和对西方文化的理解，使她能自如地将两者相结合，从而赢得以中文和英文为母语的中外广大读者。

在张爱玲身上，中学和西学的矛盾不是没有，但更多地体现着吸收和融合。她的小说和散文写的都是地道的中国的人和事，作品主人公的思想和感情都是中国式的，但表现形式却是现代的，甚至是前卫的，形成既传统又现代的个人风格。张爱玲作品风格的形成，离不开中西文化交会的时代大背景，也离不开她的家族背景和个人经历的背景。

战乱与和平

从张爱玲这一代往前推三代，她曾祖张印塘、曾外祖李鸿章起，中国就处于乱世：外国入侵中国的侵略战争连绵不断，国内各阶级、各集团间的矛盾极为尖锐——有时就以战争解决问题。张爱玲的曾祖死于镇压太平天国运动的战争之中；祖父张佩纶从小因躲避战乱，在江南一带迁徙不定，他的命运转折又在亲临中法战争之役并有败绩之后；她的曾外祖李鸿章经历的战乱更多，先是镇压太平天国和捻军，后来便是中法战争、中日甲午战争、义和团运动、八国联军侵华之役。众多的战乱除造成家族成员的恐慌或仕途沉浮外，并没有动摇他们的根基，因为他们是清朝统治阶层中人，又与列强有各种联系，只要清王朝不倒，他们仍可富贵尊荣地生活下去。只有推翻清朝统治的辛亥革命才触动了他们的根基，张家逃出了南京，先避往青岛，后定居上海。由于"条约口岸"（这是外国史学界对上海等城市有租界条约。形成特殊环境的统称）关系，上海等地成了全国少有的不受战乱影响的地方。民国建立后，各地军阀混战不停，但上海等地租界中依然是歌舞升平。张爱玲在十八岁赴港前，除短时间住过天津外，大多数时间是在上海度过的，1942年从香港又回到上海，直至1952年才离开。在张爱玲记忆中，上海是永远和平安定的一角。

1937年，"八·一三"淞沪战争爆发，张爱玲父亲家近战地，听到苏州河北隆隆的炮声，打破了上海的宁静，对于张爱玲，只是影响了她的睡眠，不得不搬到母亲和姑姑的公寓里。回家后，闹了一场留学风波，她被父亲禁闭在小房间里，当她听到头上飞机嗡嗡地飞过，她曾希望，飞机投下炸弹，将她及这个家炸得粉碎。除此之外，战争没有在她记忆中留下什么痕迹。

1939年下半年，她赴香港读书，那时香港还没有卷入太平洋战争，由于中国国土大片沦陷，许多中国百姓逃往香港，短期的战时繁荣笼罩着全港，在太平洋战争一时打不起来的绥靖空气下，这里还是宁静的港湾。张爱玲除刻苦学习之外，也不忘记小小的乐趣，她喜爱香港亚热带的鲜明色彩，有英国风格的点心，日本布店中花花绿绿的花布……她认识了许多同学，使她孤独的性格有所变化，其中斯里兰卡籍的炎樱还成为她今后最重要的朋友。但平静的日子没有维持多久，1941年底太平洋战争爆发，日军向香港进攻，十八天的围城战开始了。

由于英方毫无准备，英国派出的港督很快向日军投降，日军攻下香港简直像一场军事游戏。但对张爱玲来说，她亲眼看到了炸弹从天上落下，看到了流血和死亡，这是她一生中唯一的战争经历。

这段经历对张爱玲来说，最宝贵之处，是她从周围的同学、外籍老师和普通市民身上，观察到了突如其来的战争怎样扭曲了人的灵魂。

战争一开始，张爱玲的同学表现是各不一样的：一位有钱的阔小姐发愁的是她该穿什么。她十分讲究，从水上跳舞会到隆重的晚餐，都有不同的行头，偏偏没有战争的行头，怎么不着急？一位来自马来半岛的女生，当临时看护时（港大女生大多参加了这项工作），还穿一件赤铜地绿寿字织锦缎棉袍，蹲在地上劈柴生火，尽管与战争很不协调，张爱玲认为这身装束增强了她空前的自信。一位来自内地的女生，自称身经百战，听到炮声竟然第一个歇斯底里大哭大闹起来，她还劝同学们要多吃，吃饱了就哭，一动不动，终于得了便秘症。爱玲的好友炎樱是个天不怕地不怕的人物，她冒死进城看电影，回宿舍后独自去洗澡，流弹打破浴室玻璃还在浴室里从容泼水唱歌……

一位英籍老师作为志愿兵入伍，他向同学们告别说"孩子们，我要去练武功"，似乎去参加一场高尔夫球赛，他没有被日军打死，却是被自己人打死的……

空袭中，躲在门洞里的市民不让外面的人进来，相互引发一场口舌之争,警报解除,大家又不顾命似的挤上电车,唯恐赶不上,牺牲一张电车票……

陷落的香港,学生们满街找寻冰淇淋和唇膏。全香港重新发现了吃的喜悦,从洋冠济楚的洋行职员、律师、帮办到普通百姓都上街做一种小黄饼出售,行人在摊子上吃滚油煎的萝卜饼,脚下尺来远躺着穷人青紫的尸首……

绝望中的人都在千方百计地抓住一点踏实的东西,战后香港报上登满了结婚广告,大学生生活中也去掉了一切浮支,只剩下饮食男女,宿舍中充满了男女学生温和而带伤感的调情……

张爱玲对战时人性的发掘和批判并没有放过自己,她就将自己在当临时看护时,不顾病人痛苦而径身去烧牛奶;病人临死,自己缩到厨房,吃同伴烘的小面包等情景都告诉读者。她说:"我们这些自私的人若无其事地活下去了。"

张爱玲在香港战时的体验,没有大红大紫,没有大起大落,有的是她冷静的观察,她对人的苍白、渺小、自私、空虚的一面体察入微,她甚至骂出"我们恬不知耻的愚蠢"之类话来,但这恬不知耻的一面,不也是人的一个侧面吗?

香港战时体验,使她看到人在战争中,当一切都靠不住时——回不了家,就是能回家,也许家也不存在了,房子毁掉,钱转眼成了废纸,自己朝不保夕——也并不都是空虚和绝望。她亲眼看到一个医生和未婚妻来防空处借汽车去领结婚证,"来了几次,一等等上几个钟头,默默地对坐,对看,熬不住满腔的微笑,招得我们全笑了"。在痛苦中,看到了生命在延续,这也是战时的一种无端的快乐。

当十八天围城结束,香港陷落,又恢复了表面的平静时,张爱玲说"和平反使人心乱,像喝醉酒似的""看见青天上的飞机,知道我们尽管仰着脸欣赏它而不至于有炸弹落在头上,单为这一点便觉得它很可爱""我们暂时可以活下去了，怎不叫人欢喜得发疯呢"。(《烬余录》)在张爱玲笔下的确看不到日军占领香港后居民遭受的苦难，我们理解张爱玲不可能对此表示什么，特别不能诉诸文字发表，但张爱玲的冷静还是叫人吃惊，对飞着的日本飞机也觉可爱，就很难让人接受。

张爱玲香港的战时体验，成了她创作的重要源泉，她的代表作之一《倾城之恋》的背景就是香港陷落。是香港的战乱，改变了小说中男主人公范柳原游戏人生的处世哲学，他终于与白流苏小姐结了婚，圆了白小姐的梦。小说的结尾这样写：

> 香港的陷落成全了她……也许就因为要成全她，一个大都市倾覆了。成千上万的人死去，成千上万的人痛苦着，跟着是惊天动地的大改革……

其中对范柳原的描写——因为战争而使他觉得非抓住点实际东西不可了，对他而言最现实的莫过于结婚——就来自张爱玲战时对香港人的观察。

战争残酷的一面，也深深打动了她，她更感到人的渺小。她的家族衰落后给她带来了苍凉的背景，在苍凉之上又加上了战乱这个更不可捉摸的因素，使她更感到时世的难测。她在看申曲(沪剧)时，最喜欢里面当朝宰相或兵部尚书所唱的几句套语："五更三点望晓星，文武百官下朝廷。东华龙门文官走，西华龙门武将行。文官执笔安天下，武官上马定乾坤……"她认为这表现了一种宇宙观——"多么天真纯洁的、光整的社会秩序"！这种宇宙观当然只能在戏曲中有，但仍是她的最喜欢并"思之令人泪落"的。她在企慕着这样一个安定的世界，然而现实不是这样，所以她不得不告诉读者：

> 将来的平安，来到的时候已经不是我们的了，我们只能各人就近

求得自己的平安。(《我看苏青》)

"只能各人就近求得自己的平安",这是多么感伤的语言,又表露了张爱玲多少无奈。对于战乱或其他重大社会变革,个人的力量确是无法阻挡的。张爱玲的小说为什么不写革命与战争,而只注重周围的凡人琐事,写他们的爱、他们的恨,写他们的恩恩怨怨,无有穷止,即使对立人物也只是小奸小坏,从她对战乱及安定、和平的态度中,我们也能看出其思想根源。

四　乱世文章

> 她的小说和散文，也如同她的绘画，有一种古典的、同时又有一种热带的新鲜气息，从生之虔诚的深处激出生之泼辣……
> ——胡兰成

"出名要趁早"

出名趁早的传统

张爱玲在她的小说集《传奇》再版时，写了一篇序言，她说：等我的书出版了，要到每一个报摊上去看看，还要问报贩，装作不相干的样子，"销路还好吗？——太贵了，这么贵，真还有人买吗？"这时是1944年9月，距离《传奇》的初版才几个星期。张爱玲写这番话时，掩饰不了她的兴奋，她已红遍了上海滩，《传奇》一版再版，证明了她受欢迎的程度。她又说："出名要趁早呀！来得太晚的话，快乐也不那么痛快。"还用迫不及待的口吻说："快，快，迟了来不及了，来不及了！"

张爱玲如此急于成名，哪怕耽搁一分钟也等不及，既有她的家族传统，也反映了她内心的恐慌。

少年成名是封建家族对子弟的最大期望；"忍得十年寒窗苦，一朝成名天下闻"，也是读书人朝思暮想的憧憬。旧戏中多的是落难公子中状元的情节，这些中状元的公子，大多十八九、二十出头的年纪，一经高中，家中再大冤屈都得以申雪，多情小姐也与公子成婚，皆大欢喜。普通百姓明知剧中情节与他们的生活相距甚远，也乐此不疲。

张爱玲的前辈就有这多少人梦寐以求的少年成名的传统。

她的曾外祖李鸿章便是少年成名的，二十五岁中进士，接着点翰林。他本人提起此事总带着几分自豪，这份自豪必定传给了后人，李菊耦当然会带到张家。

她的祖父张佩纶成名比李鸿章还早两岁，二十三岁便中进士，一开始就是翰林，靠一支笔被誉为清流健将，名震天下。

她的父亲张志沂没有出息，有隳先辈。但这一辈人中有张人骏，早中科第（比张佩纶还早三年），做过两广总督和两江总督，算是名扬天下的人物。张志沂另一位堂房兄长张志谭，北洋时期当过两任交通总长。

总之，成为名人，且得名、成名早，在张氏家族中代有传人。张爱玲虽没有提到家族这方面的辉煌历史，但只要存在这个事实，就会潜移默化地起作用。

跟弟弟比起来，由于自幼成长环境的相对宽松，张爱玲的个性没有受到多大戕害，她又早早逃离了父亲的家，结果她成功了，她早早出了名；张氏家族男性继承人张子静却默默无闻，走向社会的底层。

当张爱玲已成为上海耀眼的名作家时，同住在上海的父亲将做何感想？在张爱玲这一辈人中，只有她能比得上为张氏家族赢来声名的祖辈（张佩纶）和父辈（张人骏、张志谭），其知名度显然还超过了他们。

张爱玲急于成名，还在于她知道她生于乱世。这个时代的惘惘的威胁，近百年来，她的家族前辈在感受，她自己也在感受，于是在一个元宵节黄昏——

我一个人在黄昏的阳台上骤然看到远处的一个高楼，边缘上附着一大块胭脂红，还当是玻璃窗上落日的反光，再一看，却是元宵的月亮，红红地升起来了。我想着：这是乱世。晚烟里，上海的边疆微微起伏，虽没有山也像是层峦叠嶂。我想到许多人的命运，连我在内的，有一种郁郁苍苍的身世之感。"身世之感"普通总是自伤、自恋的意思罢，但我想是可以有更广大的解释的。(《我看苏青》)

在这方阳台上，她想到她自己，也可能想到她的家族，她周围的许许多多，她的"身世之感"就有了广泛的含义。她在激蹈扬厉、名声日高之际产生的苍凉，笼罩着她对人生的态度和她的创作，但这种苍凉的威胁也促使她紧紧抓住机会，不断地写出她的乱世文章，让生命及早放出光辉，不这样就来不及了。于是，她这样做了，也成功了。

成名的机遇

傅雷曾说张爱玲小说的出现，是"在一个低气压的时代，水土特别不相宜的地方"开出的奇葩，是文坛的奇迹。傅雷的话点出了张爱玲成名的特殊时代背景。

所谓"低气压的时代""水土特别不相宜的地方"，指的是1942年张爱玲从香港回上海，上海已沦陷，包括上海在内的中国大片国土已被日本帝国主义占领。随着主流派作家大批撤离，文学传统突然中断。新文学运动的中心上海，因政治空气关系，鸳鸯蝴蝶派大行其道，以不谈政治或少谈政治作标榜的纯文学作品流行。少数困在围城中的进步作家或停笔或构思新作以待时机，即使有少数创作问世，也带上了几分保护色彩。至于为敌作伥的少数汉奸文学作品出世，既为人所不齿，也不被文学中人所重视。

文学主流的中断，使张爱玲摆脱了困扰。她不止一次讲过，五四以后文坛就是少数人说了算，她"感到左派的压力"，她始终认为，"我永远是在外面的"。(《忆胡适之》)只有左派的撤离,她才能轻松自如地写她没有战争、没有革命的小说,走进文坛。

沦陷区的特殊文化环境也帮助了张爱玲脱颖而出。

日伪方面,汪伪高官中不乏文名籍甚的文化人。以汪精卫、陈公博这一二号人物论,投敌前在国民党中也是能诗善文的人。中国文人向重气节,所谓"时穷节乃见",偏偏在中日民族矛盾深重的当口儿,他们投了敌,虽说死心塌地,但大节有亏,为表心迹,不得不在诗文中委曲表白,一如清初的钱谦益、吴梅村。这些诗文还要发表,以是他们对办杂志、与在野文人雅士交往很有兴趣,一来点缀升平,二来争取舆论。只要不涉及政治,谈古论今,渔樵闲话都可发表。文坛出现了张爱玲,文章不带一点烟火气,所写又是大家庭的没落,男女间的情欲,文字又那么流畅飞动,处处体现了中国旧文化根底的深厚,如何不令他们欢喜?光笼罩在小说中那份苍凉意境,可能就深深打动了他们,他们何尝不感受到惘惘的威胁?又何尝不知更大的破坏要来?他们抓住一切机会苟且偷安、及时行乐,与张爱玲的小说所表达的主旨几乎是一拍即合,水乳无间。

张爱玲在汪伪高官层中知名度是极高的。一次胡兰成因内部矛盾被抓,她曾去拜会周佛海。而身为汪伪中央宣传部副部长的胡兰成本人,自不必说,由崇拜张爱玲、登堂入室做了张爱玲的恋人,直至私订婚约。身为税警团长的熊剑东几次想宴请张爱玲而未果。张爱玲的声名连来沪的日本人也以一见为荣,宇垣大将想与她见面没有见成;只有一位池田因是文化人,张爱玲才与他会了面,池田竟称张爱玲为姐姐,送了许多画册,以表示对她尊重。

留在上海坚守文化阵地的少数严肃作家也在关注张爱玲。

沦陷区的特殊环境,造成了进步的严肃的文学创作与发表的困难,坚守阵地更为困难。柯灵虽接任《万象》主编,但要物色有一定水准但又不为日伪注目的作家就有了一层难处;至于内容,更要不涉及敏感问题,又增加了一层难处。所以当张爱玲的"两炉香"在《紫罗兰》上发表,柯灵一眼看出,他要物色的作家终于出现了。柯灵本打算请《紫罗兰》主编周瘦鹃作介绍,但张爱玲却挟着文稿亲自登门来访,这便是在1943年《万象》第2、3期连载的《心经》。以后柯灵便成为张爱玲为数极少的朋友之一。张爱玲很信任柯灵,《倾城之恋》由小说改编为话剧,张爱玲就征求过柯灵意见,柯灵不揣冒昧地直言相告;找剧团、找演出场地也是柯灵为她张罗的。《倾城之恋》上演获得成功,一流的导演(朱端钧)、一流的演员(舒适和罗兰)是起了作用的。张爱玲不忘柯灵的帮忙,特地送了他一块衣料。坚守上海文化阵地的一批老作家如郑振铎等也极为爱护张爱玲,许多话由他们直接讲不妥当,便由柯灵转达。

沦陷区的特殊环境,还产生了新的读者群体。

随着主流文学西撤,也带走了一批拥护左翼文学的青年读者,读者群也发生了变化,市民成了最大受众,他们的阅读兴趣原来就比较接近通俗文学与鸳鸯蝴蝶派文学,日伪在文化上的控制以及沦陷区人民朝不保夕的心态,更加强了这种兴趣,张爱玲的小说不涉及政治,从表现形式上又多方吸收了中国通俗小说和鸳鸯蝴蝶派的优点,就更容易被读者接受。

因此,在特定时代,张爱玲几乎得到了各种不同人群的肯定和赞扬,这在中国文学史上也是不多见的。"低气压的时代","水土特别不相宜的地方",对于张爱玲和她的作品来讲,却是能迅速走红的时代,水土特别相宜的地方。

张爱玲在《倾城之恋》中那段写白流苏的话:"香港的陷落成全了她(指白流苏)……也许就因为要成全她,一个大都市倾覆了",柯灵认为只要把其中的香港改为上海,白流苏改为张爱玲,简直就是天造地设。

柯灵的话一点儿没有讲错,抗战前,在主流文学占主导地位时,张爱玲可能不会、也写不出她的香港传奇、上海故事;抗战胜利后,兵荒马乱,剑拔弩张,文学本身已成为可有可无,就更没有张爱玲小说的主人公曹七巧、白流苏之流的立足之地了。抗战爆发和沦陷区的特殊环境为张爱玲提供了特殊机遇，张爱玲抓住了这个机遇，在"快，快，迟了来不及了"的自我催促中，迅速走红了。

一夜之间红遍上海滩

这是一份张爱玲在1943年至1945年上半年发表的主要作品年表：

年份	月份	作品名称	发表的刊物
1943	5~6	《沉香屑——第一炉香》《沉香屑——第二炉香》	《紫罗兰》月刊
	7	《茉莉香片》	《杂志》第11卷第4期
	8	《心经》	《万象》第2~3期连载
	9	《倾城之恋》	《杂志》第11卷第6~7期连载
	10	《琉璃瓦》《封锁》	《万象》第5期《天地》第2期
	11	《金锁记》	《杂志》第12卷第2~3期连载
	12	《更衣记》《公寓生活记趣》	《古今》第34期《天地》第3期
1944	1	《道路以目》	《天地》第4期
	1~6	《连环套》	《万象》第7~12期连载
	2	《烬余录》《年轻的时候》	《天地》第5期
	3	《谈女人》《花凋》	《天地》第6期《杂志》第12卷第6期
	4	《论写作》《小品三则》	《杂志》第13卷第1期
	5	《童言无忌》《造人》	《天地》第7、8期
	5~7	《红玫瑰与白玫瑰》	《杂志》第13卷第2、3、4期连载
	7	《私语》《说胡萝卜》《自己的文章》	《天地》第10期《杂志》第13卷第4期《苦竹》第2期

(续表)

年份	月份	作品名称	发表的刊物
	8	《诗与胡说》 《我该写什么》	《杂志》第13卷第5期
	8~9	《中国人的宗教》上、中、下	《天地》第11、12、13期连载
	9	《忘不了的画》 《炎樱语录》 《传奇》小说集,同月再版	《杂志》第13卷第6期 《小天地》 上海杂志社出版
	11	《谈跳舞》 《殷宝滟送花楼会》 《谈音乐》	《天地》第14期 《杂志》第14卷第2期 《苦竹》第1期
	12	《等》 《自己的文章》 《桂花蒸　阿小悲秋》 《孔子与孟子》 散文集《流言》	《杂志》第14卷第3期 《苦竹》第2期 《小天地》第4期 上海五洲书报社出版
1945	1	《气短情长及其他》	《小天地》第5期
	2	《〈卷首玉照〉及其他》 《留情》	《小天地》第7期 《杂志》第14卷第5期
	3	《双声》	《天地》第18期
	3~5	《创世纪》	《杂志》第14卷第6期第15卷第1、3期连载
	4	《小品二则》 《吉利》 《我看苏青》	《小报》 《杂志》第15卷第1期 《天地》第19期
	5	《姑姑语录》	《杂志》第15卷第2期

上述月表,大致包括了张爱玲三年中的主要作品,她一生中最重要的作品也基本集中在此期间。三年中她几乎每月都有新作问世,除了少数的几个如长篇连载《连环套》曾引起文艺界善意的批评外,大致都获得好评。她当时稿约不断,某些刊物像《杂志》几乎每期都少不了她的作品,有时一期竟登两篇。张爱玲成了沦陷区家喻户晓的名作家,说她一夜之间红遍上海滩并不过分。张爱玲的创作态度严肃、认真,在公寓里她极少会客,

也不像有些作家经常在外参加社会活动，她一般在晚上写作，直到凌晨才休息。因此她的走红，除特殊环境外，主要靠的是自己的实力，她那支大雅大俗的笔。

上海出了个张爱玲，刊物注视她，读者注视她，文化界知名文人也在注视她。沦陷区鱼龙混杂的环境，决定了他们的目的是各不相同的。具有汪伪背景的刊物和汪伪政权中的文化人，要借重张爱玲的笔和名望为他们营造"大东亚共荣圈"服务，张爱玲是有警觉的。一次由日、伪、满等方面，纠集了一批落水文人，召开所谓第三届"大东亚文学者大会"，报上登出名单，有张爱玲的名字，张爱玲特致函辞去，在大是大非问题上，张爱玲保持了清坚决绝的态度。但一些背景复杂的刊物发起的文学创作一类的座谈会她还是参加的。《杂志》是当时著名的文艺刊物，它虽打着纯文艺旗号，但与《新中国报》同属一个系统，后台是日本人。《杂志》刊登张爱玲的作品最多，张爱玲的小说集《传奇》的初版也是由它推出的。由《杂志》出面召集座谈会，张爱玲就不便推辞了。根据《杂志》所记：1944年3月16日，张爱玲出席了《杂志》主持召开的女作家座谈会，主要谈女性文学；同年8月20日《杂志》为张爱玲小说集《传奇》的出版召开了茶会，张爱玲是该会主角；1945年2月27日《杂志》又将张爱玲与另一位走红的女作家苏青邀集一处，搞了个对谈记；同年7月21日，《杂志》社又召开了纳凉晚会，参加者除张爱玲外还有日籍女演员李香兰。张爱玲在这些场合谈人生、艺术、个人爱好，唯独不涉及政治。经《杂志》的报道并刊登长篇的谈话记录，自然加重了张爱玲在作家中的分量。

汪伪中人对张爱玲的吹捧文字也应运而生。最具代表的，当推时任汪伪宣传部副部长、《中华日报》主笔胡兰成写的《论张爱玲》了，该文也在《杂志》连载。此时胡兰成正热恋着张爱玲，文章的赞颂多过于论述，也更富于感情色彩。胡兰成这样赞颂张爱玲："是这样一种青春的美，读她的作品，如同在一架钢琴上行走,每一步都发出音乐。""她的小说和散文,也如同她的绘画,有一种古典的、同时又有一种热带的新鲜气息,从生之虔诚的深处激出生之泼辣……""她的才华有余,所以行文美到要融解,然而是朴素。""她有如黎明的女神,清新的空气里有她的梦想,却又对于这世界爱之不尽。""鲁迅之后有她。她是个伟大的寻求者。"胡兰成由于太接近张爱玲,文中提出的一些看法,如对人性的刻画,对真实而安稳的人生的追求,道出张爱玲为人为文的某些特征,能帮助人们理解张爱玲,但这些都被通篇华丽的辞藻、前言不搭后语的吹嘘淹没了。像胡兰成等人在刊物上的捧,更增加了张爱玲的知名度。

严肃的作家们也关怀着张爱玲。柯灵为张爱玲最初的成名铺路是一例。傅雷用迅雨的化名写下《论张爱玲的小说》也是一例。傅雷的评论既肯定她个人的才华和小说艺术上的成就,又指出她的不足,体现了进步文艺工作者对她的期望。在她急于成名、又在一些背景复杂的刊物上发表小说时,郑振铎托柯灵带话,希望她多创作,但不必急于发表,小说可由开明书店存起来,照付稿费,待到河清海晏时再出版。如果不是出于爱惜之心,郑振铎是不会说这番话的。风头正劲的张爱玲自然听不进去,不过对柯灵一直是以挚友相待的。柯灵对张爱玲的帮忙很多,张爱玲也没忘记柯灵,一次柯灵被日本宪兵逮捕,张爱玲为之奔走。在张爱玲走红上海滩的过程中,进步文化界是助了她一臂之力的。

张爱玲的贵族家世,无形中为她走红帮了忙。当人们知道张爱玲显赫的家世背景后,更对她增添了兴趣。当时一些专谈掌故的刊物,正对《孽海花》影射人物进行考据,李鸿章、张佩纶等名字又出现在报刊上,有李鸿章、张佩纶自然会涉及走红的张爱玲,张爱玲又成了热门话题,为张爱玲大红底子上增添了亮色。

旧式家庭的情与欲

《金锁记》的素材

张爱玲的小说按取材大致可分两类：

一类是香港传奇。素材来自她在香港生活的体验，特别是香港战时生活的体验。前者如《沉香屑——第二炉香》，写一个外籍教授娶一个毫无性知识（或性恐惧）的女性为妻，酿成悲剧的故事。小说的一开头，张爱玲便告诉读者，故事是一个叫克荔门婷的外国女学生讲给她听的。这并非杜撰，因为张爱玲在另一篇散文中也说过，故事情节是位英国学生讲述的真事。后者当推《倾城之恋》为代表，主人公范柳原的心理活脱儿是《烬余录》中张爱玲亲见亲闻的香港市民的战时心态。

第二类是她周围——特别是家族、亲戚间发生的种种故事，地点大致都在上海。这些故事的素材大多来自家族、亲友的讲述。讲述这些故事的人有她的父亲、母亲、姑姑、舅舅以及她家的亲戚——李鸿章的长孙媳等。当张爱玲的头脑中装满了这些家族旧事，也就为她写下一系列以大家族为背景的小说打下了基础。

张爱玲的代表作，也是被傅雷称为"最美收获"的《金锁记》就是这样一部作品。

张爱玲的弟弟张子静告诉我们，《金锁记》是以张爱玲曾外祖父李鸿章后裔李国杰弟兄的家事为素材的。

李鸿章的嫡子李经述（李菊耦的胞兄）在李鸿章死后承袭了爵位，李经述共有四个儿子，依次是国杰、国燕、国煦和国熊，其中三爷国煦是天生的残疾。《金锁记》采取了类似的布局，官宦世家姜家是三弟兄，小说开头时间是辛亥革命爆发后，姜家从京城避难到上海，小说女主角二奶奶曹七巧嫁给二爷已有五年，并生了一子长白，一女长安。而真实的李国煦也一如小说所写，因为得了骨痨，攀不上好亲，经亲戚出主意，从安徽乡下找了个女子，好接续香火，至于是不是麻油铺的女儿那就不得而知了。她也为李国煦生了一子，大号叫李玉良，张爱玲姐弟称琳表哥；一女，张爱玲姐弟称康表姐。至于小说中的男主角姜家三爷姜季泽则是以现实中的四爷李国熊为模特儿来塑造的。四爷李国熊年轻时花天酒地，没分家时已将一份家产败光。十年后，开始打寡嫂（张爱玲应叫三妈妈）的主意，演了一场叔嫂调情的闹剧，但三妈妈看透了这个小叔子的用心，打了四爷，两人闹翻了。

张子静还告诉我们：现实中的三妈妈、琳表哥、康表姐他都见过，小说后半部情节和某些现场也经历过。一次三妈妈过五十整寿，张子静代表父亲去祝寿。三妈妈一家三口住了两层楼的房子，婢仆倒有七八个，可见分家时得了一份不薄的家产。家宴中，张子静看到三妈妈"穿着一件深色的宽袖旗袍，好像是和尚穿的法袍或道士穿的道袍。相衬着这身衣服的则是她瘦削清癯的面容；脸上一片卡白，一点血色也没有……仿佛看到一个幽灵来到人间"。她说的则是"一口合肥乡音"。张子静用《金锁记》中描写曹七巧出场的那段作了对比，《金锁记》中是这样描写的：

> 那曹七巧且不坐下，一只手撑着门，一只手撑着腰，窄窄的袖口里面垂下一条雪青洋绉手帕，身上穿着银红衫子，葱白线镶滚，雪青闪蓝如意小脚裤子，瘦骨脸儿，朱口细牙，三角眼，小山眉……

这时曹七巧不过二十多岁，与她原型五十整寿时形态相比，张子静得出了"不但形似，而且神似"的结论，张子静认为"从这一点就可看出我姐姐写实的功力"。张子静的话越发证实了张爱玲确是以现实中的三妈妈形象来描写曹七巧的。

现实中的三妈妈因为来自农村，一向被李家上下瞧不起，有很强的自卑感，她伶牙俐齿，满腔怨愤，找到机会就会发泄，分家后，与李家的亲戚也很少来往。她儿子李玉良长得马脸猿腮,说话油腔滑调,有一段时间常来张家与张志沂一起抽大烟,烟铺上两人海阔天空胡聊一气。这与小说中长白抽大烟,在烟榻上与母亲乱扯一通也很相似,至于是否气死了自己的太太那就不得而知了。现实中的康表姐,张子静在亲友聚会时见过,不过中等姿色。"她再年轻些也不过是一棵较嫩的雪里红——盐腌过的。"小说对长安的描写也以现实中的康表姐为原型,张爱玲的寥寥数语,张子静很佩服,认为观察得很深刻。

至于小说中三爷姜季泽的原型李府四爷李国熊,张子静也见过,李国熊也确如姜季泽。李国熊与张志沂关系不错(系姑表兄弟),一度还认张子静做干儿子,按李家排行给张子静起了个名字李家常,戏称干殿下。由于家产败光,上海住不下去,搬到北京。一次从北京回到上海,住在张家,张子静见到他裤腰中系着小葫芦,喂着会叫的小虫,一副遗少模样。在张志沂和张子静面前,李国熊还与儿子演过一场"三爷训子"的好戏,这不过是做给别人看的。所以张子静说:"《金锁记》里的三爷,始终过着遮遮掩掩的生活,现实中的三爷,到了老年也还过着遮遮掩掩的生活!"(《我的姐姐——张爱玲》)不过张爱玲通过那支笔还是将这个遮遮掩掩的三爷拉到太阳底下,让人们看到了他丑恶的灵魂。

名重一时的《金锁记》,其素材来自张爱玲曾外祖李家的故事,这一层经张子静多方钩玄已经清楚。但张爱玲是怎么知道李家后人的秘密韵事的呢?张子静告诉我们,小说中所写的后半段,他们都经历过;前半段是张爱玲从李府大奶奶那里听来的;还有一部分是张爱玲追根究底问出来的。张子静还补述李府大奶奶即是李国杰的妻子,是常熟杨崇伊御史家的小姐,也是小说中大奶奶玳珍的原型,她相貌平平,难获李国杰喜爱,后来带着独子搬出来另过。"晚年的时候,家境也不怎么宽裕,没事就常到几个谈得来的亲戚家中串门子,谈起家族的往事和变化,借此散散心。"张爱玲不仅听她讲,还不断地问,在闲谈和问答中,收集了《金锁记》(可

能还不止《金锁记》的丰富素材。(《我的姐姐——张爱玲》)

张爱玲的创作从不排斥间接经验的获得。1944年3月,《杂志》召开的女作家座谈会上,苏青谈起女作家生活狭窄,取材不能广泛,总是拣自己熟知的东西来写。张爱玲就作了补充,她承认"女人活动范围较受限制,这是无法可想的,幸而直接经验并不是创作题材的唯一源泉"。当记者问张爱玲是如何获得题材的,她又答:"也有听来的,也有臆造的,但大部分是张冠李戴,从这里取得故事的轮廓,那里取得脸型,另向别的地方取得对白。"《金锁记》既是小说,当然也就不可能是她从表伯母那里听来故事的原样翻版,必定加进了她的综合与想象,但由于她本人生活范围相对狭窄,来自家族和亲友的家族故事便占了她小说不小的比例,这是符合实际的。

《金锁记》的素材来自李家,小说情节发展又多与李家的家事相似,那么李家后人对小说道出了他家的阴暗面又作何反应呢?张子静告诉我们,那时李家有不少后人在上海,那位曾主持过分家的九老太爷(李鸿章四子李经迈)一房更全在上海。但《金锁记》发表后并没有什么反响,"也许李府那些人也不太看书,根本不知道我姐姐发表了那篇小说,把他们丑陋的一面写进了历史"。

七巧这个人

与张爱玲同时的女性文学史家谭正璧曾指出:"在张爱玲的小说里,题材尽管不同,气氛总是相似。她的主要人物的一切思想和行动,处处都为情欲所主宰,所以她或他的行动没有不是出之于疯狂的变态心理,似乎他们的生存是专为着情欲的。"(《论苏青与张爱玲》)的确,在表现旧家庭的情与欲上,《金锁记》在中国小说史上不敢说是最好的,但也应属于最成功的几篇之一。

《金锁记》的主人公曹七巧不过是遗老家庭的牺牲品。姜家将她从麻油铺中接来,不过是做有病儿子的奴仆、传宗接代的工具,这本身是个悲剧；不料老太太出于病瘫在床的儿子不可能再明媒正娶了，将她从姨奶奶升做正室，提高了她的身份，与官宦小姐出身的大奶奶、三奶奶平起平坐，刺激了她的黄金欲，她决心要拼出所有代价来获得二爷那份家产。

为了这个她牺牲很多：丢掉了当姑娘时代追求她的年轻人（如肉店里的朝禄等），去守护行尸走肉般的二爷；她忍受婆婆的虐待和妯娌、小姑乃至丫鬟们的讥讽、嘲笑；当年轻的小叔季泽向她调情时，她只能将爱压在心里，"多少日子，为了要按捺她自己，她进得全身筋骨与牙根都酸楚了"，她总想着有一天，她能圆她的黄金梦。

丈夫死了，大家庭分了家，在分家那一幕中，她撒泼、哭骂。不惜得罪族中长辈，终于二房那份家产落入她的手上。小叔子又来了，在与她叙旧情时，她的情欲又复活了："七巧低着头，沐浴在光辉里，细细的音乐，细细的喜悦……这些年了，她恨他捉迷藏似的，只是近不得身，原来还有今天！"当她知道季泽是哄她，"他想她的钱——她卖掉她一生换来的几个钱，仅仅这一念便使她暴怒起来了……"，她打了季泽，当季泽走出七巧的家，她又急忙跑上楼，跌跌绊绊不住地撞在墙上，为的是在窗户里再看他一眼……

她看到季泽从弄堂里向外走。张爱玲用了一段极美的意象描述："晴天的风像一群白鸽子钻进他的纺绸裤褂里去，哪儿都钻到了，飘飘拍着翅子。"这是七巧眼中的季泽，飞走了，走得那么潇洒。动人心弦的场面还没有完——

> 七巧眼前仿佛挂了冰冷的珍珠帘，一阵热风来了，把那帘子紧紧贴在她脸上，风去了，又把帘子吸了回去，气还没有透过来，风又来了，没头没脸包住她——一阵凉，一阵热，她只是淌着眼泪。

七巧痛苦到了极点，作品也美到了极点。如果张爱玲到此刹住，那么人们会同情七巧，七巧的性格也只完成一半。张爱玲不是这样，她的故事又继续下去了。

　　七巧将满腔的愤恨发泄到子女身上，她折磨媳妇，将儿媳折磨至死，叫儿子陪她抽鸦片。她完全变态，竟在女儿未婚夫前诽谤女儿，断送了女儿最后的幸福。七巧那种歇斯底里的阴暗心态，叫人毛骨悚然。女儿长安似乎没有反抗，默默地承受，读者读完小说，会永远记住这位不幸少女凄凉的身世。黄金锁住了七巧的情，也最终锁住了她自己；情欲断送了七巧，也断送了她一家。

　　七巧老了，早已失去年轻时的丰姿，当七巧将那翠玉镯子顺着骨瘦如柴的手往上推，已推到腋下时，她躺在烟铺上不能不想：

　　　　三十年来她戴着黄金的枷，她用那沉重的枷门劈杀了几个人，没死的也送了半条命。她知道她儿子女儿恨毒了她，她婆家的人恨她，她娘家人恨她……

但她只能这样子走下去。

　　小说的结尾，让七巧又似乎回到十七八岁时，那时肉店伙计朝禄还有许多青年人都喜欢她，假如她挑中了他们中的一个，做妻子，生儿子……七巧的人性似乎复苏了。张爱玲就是这样，即使对七巧这个阴毒的女人，也留下了一丝怜悯。

　　张爱玲自己说："我的小说里除了《金锁记》里的曹七巧，全是些不彻底的人物。"的确，《金锁记》中对七巧被黄金欲、情欲灼热得发狂的描绘和她心理在情欲中变得扭曲而不可理喻的过程都写得细腻、动人又完全可信，七巧称得上一个特异的英雄。张爱玲塑造的七巧完全可以和中国小说史上曾出现过的人物像鲁迅塑造的阿Q、曹禺塑造的繁漪等媲美，是另一类的典型。

《传奇》中的主人公们

像《金锁记》一样，张爱玲的小说集《传奇》中的故事，大多以旧家庭男女间的爱情为主线，这些爱情都存在不同程度的问题，他或她都在受着情与欲的煎熬。

《沉香屑——第一炉香》里的主人公葛薇龙是位上海破落家庭的小姐，为了求学，投靠香港姑母梁太太。梁太太年轻时不顾家庭反对嫁给香港一个年逾耳顺的富商当姨太太，目的是"专候他死，他死了，可惜死得略微晚了一些——她已经老了，她永远不能填满她心里的饥荒。她需要爱——许多人的爱"。她专门培养年轻女子做勾引男人的工具，让男人成为她的俘虏。在某种程度上梁太太算得上一个高等鸨母。葛薇龙在梁太太物质的引诱和男人爱的勾引下堕落了。小说写葛薇龙与乔琪的暧昧关系，她"明明知道乔琪不过是个极普通的浪子，没有什么可怕，可怕的是他引起的她那种不可理喻的蛮暴的热情"。在明明知道梁太太、乔琪都在利用她的情况下，葛薇龙终于滑向深渊。小说结尾写葛薇龙与乔琪在年三十夜去湾仔玩，在热闹的过年气氛里，有在英国水兵面前卖春的女人，她不禁说："我跟她们有什么分别？""她们是不得已，我是自愿的。"她哭了。小说里，情欲不是葛薇龙堕落的唯一原因，物质上的诱惑、她本人的软弱都在拉她向深渊里走，物欲和情欲是交替起作用的。其实作为陪衬的梁太太也是物欲和情欲的牺牲品。

《红玫瑰与白玫瑰》里的佟振保是个留学生，他外表给人以诚实的印象。结婚前他是母亲的好儿子，弟弟的好兄长，成绩优秀的好学生，回国后更是工厂里称职的工程师，结婚后是体贴妻子的好丈夫，他应该是一个最合理想的中国现代人物。但偏偏是他，在英国留学期间偷偷嫖过妓，又与一个混血儿姑娘产生过恋情。

回国后他借住在老同学王士洪家，王太太娇蕊生在南洋，是个有热带气息的女人。他明知娇蕊是朋友之妻,还是与她爱上了,"无耻的快乐"使他更快乐,"因为觉得不应该"。当娇蕊提出与王士洪离婚而嫁给他时,他拒绝了,他只要一个情妇,娇蕊是他的红玫瑰。

佟振保与孟烟鹂结婚,这是一个相貌平常、规矩、无用的女人,他称之为白玫瑰。他与烟鹂生活得很枯燥,开始宿娼,烟鹂也与一个裁缝私通。一次在电车上遇到已成为朱太太的娇蕊,娇蕊告诉他,是从遇到他才开始懂得怎样认真地爱一个人,"爱到底是好的,虽然吃了苦,似乎还是要爱的",振保想斟酌字句告诉她"充满幸福地生活"时,竟然流下泪来。

《红玫瑰与白玫瑰》中的情欲虽写得不像《金锁记》那样剑拔弩张,但决定着佟振保、王娇蕊、孟烟鹂命运的还是情与欲。佟振保是在正人君子遮盖下的情欲;红玫瑰——王娇蕊开始是一种愿爱谁便爱谁的随心所欲的情欲,后来懂得了爱;白玫瑰——孟烟鹂是一种遭到佟家轻蔑后进行报复的情欲。《红玫瑰与白玫瑰》写的是现代生活,但佟振保、孟烟鹂都带有旧家庭出身的痕迹,只有王娇蕊是华侨出身,有现代人意味,但后来她专心爱丈夫,生了孩子,又成了标准的中国式的贤妻良母了。

张爱玲笔下的情欲有时是扭曲的。《沉香屑——第二炉香》写年已四十岁的罗杰教授要与年轻貌美的愫细小姐结婚。愫细的姐姐靡丽笙嫁给了一个性虐待狂,靡丽笙与他离了婚,愫细结婚前,靡丽笙将这事告诉了妹妹。新婚之夜,出于性无知和性恐惧,愫细从新房逃了出去,罗杰在大学待不下去,周围的人拿他当怪物,最终他打开煤气自杀。张爱玲写的虽是香港故事,主人公都是住在香港的英国人,但无论故事情节、还是人物的心理都是中国式的。小说中点明的少女无知,中年知识分子的善良、顾全面子,周围人的冷漠,更像是中国某地发生的故事。

《心经》写了另一种变态情欲。少女许小寒偷偷爱着自己的父亲,这种爱"将她父母之间的爱慢吞吞地杀死了,一块块剁碎了——爱的凌迟"。父亲不爱母亲,又无法爱自己的女儿,却爱上了小寒的同学绫卿,这自然是情与欲造成的又一出悲剧。

上一代的情欲还给下一代留下了不可磨灭的伤痕。《茉莉香片》的主人公聂传庆的母亲冯碧落年轻时爱上了言子夜，但两人因门第悬殊不能结合，冯碧落嫁给了富家子聂介臣，冯对聂毫无感情，聂就恨她，"她死后，就迁怒到她丢下的孩子身上"。聂传庆是在父亲与后母的虐待下成长的，到了香港，当他知道关心他的女同学言丹珠就是言子夜的女儿，"他对丹珠的憎恨，正像他对言子夜的畸形的倾慕"，精神上产生了变态，在一个夜晚他竟疯狂地向丹珠拳打脚踢，他说："告诉你，我要你死，有了你，就没有我……"

《传奇》各篇主人公的情与欲表现得并不一样，但告诉读者的却是无望。正如傅雷说的：

> 恋爱与婚姻，是作者至此为止的中心题材，长长短短六七件作品，只是 variations upon a theme。遗老遗少和小资产阶级，全都为男女问题这噩梦所苦。噩梦中老是淫雨连绵的秋天，潮腻腻、灰暗、肮脏、窒息腐烂的气味，像是病人临终的房间。烦恼、焦急、挣扎，全无结果，噩梦没有边际，也就无从逃避。（迅雨：《论张爱玲的小说》）

傅雷还进而指出，张爱玲的这些小说中，"青春、热情、幻想、希望，都没有存身的地方"，虽出现一闪的磷火，总的却是"没有波澜的寂寂的死气"。

无望的前景

"一代坏似一代"

在张爱玲的家族故事里，旧家族的没落是重要的背景。在为家族赢得光荣的先辈面前，后代们显得那么猥琐、苍白、渺小。

《金锁记》中，张爱玲借七巧之口，把姜家的后代们骂了个狗血淋头：

> 别瞧你们家轰轰烈烈，公侯将相的，其实全不是那么回事！早就是外强中干，这两年连空架子也撑不起了。人呢，一代坏似一代，眼里哪儿还有天地君亲？少爷们是什么都不懂，小姐们就知道霸钱要男人——猪狗都不如！

姜府三爷季泽便是个例子。当少爷时便花光了自己应得的那份财产，分家时还倒欠公账上的钱。他卖田地、卖房子，最终打上了寡嫂曹七巧的主意，无怪曹七巧要一通臭骂。其实曹七巧的儿子长白早就跟三叔吃喝嫖赌占全了，二房败落是早晚的事。

一代坏似一代或一代不如一代的例子在张爱玲的小说中还能举出许多。

《创世纪》中匡府老太太紫微的父亲是名震一时的戚文靖公戚宝彝。因戚家与匡家是世交，紫微嫁给了匡霆谷，丈夫比她年纪小，坐没坐相，吃没吃相，有一次竟爬到房顶上去。公公死后，匡霆谷在父亲未断气时便往外跑，学嫖赌。紫微没法子，只好托哥哥让他去北京做小官，弄得一屁股债，只好到上海，靠紫薇的陪嫁过活。儿子仰彝少年时还算聪明，一成家就没长进，去燕子窝，逛赌台。儿媳在匡老太太眼中也是糊涂虫，"养下的孩子还有个明白的？都糊涂到一家去了"。

《留情》中的淳于敦凤出身于极有根底、上海数一数二有历史的大商家，十六岁出嫁，二十三岁上死了丈夫。所嫁的这一家，"他家的少爷们，哪一个没有打过六零六"。她嫁给米先生后，"一个做了瘪三的小叔子还来敲诈"。可见夫家一家都极不成器。她不过做米先生的偏房，可还引起同是旧式世家出身的杨少奶奶的羡慕。

敦凤的舅母杨老太家前辈是搞洋务起家的，老太太房里还摆着灰绿色金属写字台、金属的圈椅，金属的文件高柜，冰箱、电话，表明了她家开明的历史。目前还有点排场，但也今不如昔了。老太太力求节约，媳妇还要打牌，老太太从心底里恨媳妇，认为她不守妇道，怄得儿子也不大回家了；媳妇也恨老太太，把什么都霸起来（指家产），不让她经管。与《创世纪》中匡老太太颇相似，杨老太太认为媳妇还不如儿子。

《倾城之恋》中的白流苏的父亲是个穷遗老又"是一个有名的赌徒，为赌而倾家荡产，第一个领着他们往破落户的路上走"。白流苏长大后嫁的也是一个败家子，吃喝嫖赌娶姨太，白流苏与他离了婚，带了一份不算菲薄的财产回到白公馆。她的两个哥哥三爷、四爷是没落的遗少，其中四爷尤其"不争气，狂嫖滥赌的，玩出一身病不算，不该挪了公账上的钱"。在盘算妹妹的钱上，白家两位爷又是一致的，"盘来盘去盘光了"，便逼着白流苏回婆家为已离婚的丈夫守节，事实上是赶她走。小说中写的白家三爷、四爷及三奶奶、四奶奶不仅无能而且心地也坏。

张爱玲的家族故事，许多都取材于她熟悉的几个世家。《金锁记》中的姜家，是以她曾外祖李家做背景的；《创世纪》中的匡家，又以她六姑奶奶李经璞家（即任家）为素材的；《花凋》中的郑家，张子静告诉我们那完全是影射了他与张爱玲的舅舅黄家。在现实中，这些旧家族的后代都在吃喝嫖赌、变卖家产，最终走向没落，张爱玲的小说如实地写出了这个过程，她知道，这都是不可避免的，也是无可奈何的。

不能掌握自己命运的众生相

张爱玲的乱世文章中塑造了一系列充满自信但最终被现实摧毁了青春、摧毁了生命的形象。

《沉香屑——第一炉香》中的葛薇龙是个典型。她投靠姑母梁太太时，自信不会同流合污，凭自己的能力能巧妙应付，完成学业。现实没有放过她，她察觉自己已面临深渊时，一度打算跳出梁太太的控制回上海去，一场病——这是作者故意安排，也是一种隐喻——改变了一切。她转而想抓住一根救命的草，嫁给既年轻家庭又有背景的乔琪，因为再不嫁人，那个老头司徒协已虎视眈眈了。她对乔琪存在幻想："的确，在过去，乔琪不肯好好做人，他的人生观太消极……幸而他现在还年轻，只要他的妻子爱他，他什么不能做？"但幻想随即破灭，乔琪告诉她，她只能做他的情妇，这如晴天霹雳，"和薇龙原来的期望相差太远了，她仿佛一连向后猛跌了十来丈远"。张爱玲还要剥夺葛薇龙的一切，在小说结尾，葛薇龙已彻底向梁太太投降，向梁太太学习一切靠色相赚钱的办法，"从此以后薇龙这个人就等于卖给了梁太太和乔琪，整天忙着，不是替梁太太弄人，就是替梁太太弄钱"。她与街上妓女的不同之处在于一个是自愿的，一个是被迫的。葛薇龙的青春就像乔琪抽烟时打火机的光，火光一亮，"嘴上仿佛开了一朵橙红色的花，花立即谢了，又是寒冷与黑暗"。

《红玫瑰与白玫瑰》中的佟振保也是个很自信的人，他"下决心要创造一个'对'的世界，随身带着，在那袖珍世界里，他是绝对的主人"。但生活却与他开玩笑，告诉他，他做不了自己的主人。早年的嫖妓是难堪的经历。遇到红玫瑰王娇蕊，不由自主失去控制的又是他自己。他与孟烟鹂结婚是为了圆"一个圣洁的妻，一个热烈的情妇"即白玫瑰与红玫瑰的梦。然而，孟烟鹂与裁缝的私通又使他对圣洁妻子的梦幻破灭。在电车中他遇到已成为朱太太的王娇蕊，她虽嫁了人，还说出"爱……以后还是要爱的"的话，振保却脸发抖，"眼泪滔滔流下来"，他认为应该是她哭，由他来安慰她的，不料却是他哭了，总之他创造的世界充满着不对。

《倾城之恋》在张爱玲的小说中是唯一结局近似圆满的。范柳原与白流苏还是结了婚，但婚姻并未给流苏任何愉悦，她还是有点惆怅。惆怅什么？因为他俩的结合，并不说明两人已有了充分沟通。范柳原说过："……生死与离别，都是大事，不由我们支配的，比起外界的力量，我们人是多么小，多么小！可是我们偏要说，我永远和你在一起，我们一生一世都别离开——好像我们自己做得了主似的！"范柳原的话其实也是张爱玲想告诉我们的。范、白的结合并不证明这番话有错，而恰恰证明外界力量的强大，白流苏相信了，"香港的陷落成全了她"，大难来临的时刻，范柳原要抓住一点现实的东西，只能结婚。《倾城之恋》的结局看似圆满，实质是不圆满的，人的感情与时代大潮和外界环境相比竟是那么渺小，白流苏对范柳原的关心、迁就又算得上什么！

在张爱玲的小说里，人不能掌握自己命运的原因除时代外，还有些捉摸不定的因素。

《琉璃瓦》中，姚先生有大小七个美丽的女儿，关于她们的前途，他有极周到的计划。姚先生将长女峥峥许配给印刷厂大股东的独生子，原以为他可以升职，但峥峥为了证明自己出嫁是为了爱，故意疏远娘家，连公公想为亲家公谋一个较优位置，都被儿媳妇三言两语拦住了，姚先生暴跳如雷也无可奈何。对次女曲曲的婚事，姚先生故意荐她到某大机关当女秘书，顶头上司是个小小的要人，其余也是少年新进，为的是因势利导让曲曲在其中挑选，谁知曲曲偏挑中三等书记王某，王某地位低，家中负担重，姚先生赔了女儿又赔钱。对第三个女儿心心的选婿，姚先生不得不更留意了，他看中杭州富室陈某，但请陈某吃饭时，心心阴差阳错看上了同桌的程某，这下子姚先生气病了。美丽的琉璃瓦没有给姚先生带来什么，一个个周到的计划成了对他的讥讽。这篇小说有喜剧色彩，但对人不能掌握自己命运、自信往往弄巧成拙的表达还是十分清楚的。

类似的例子我们还能举出《沉香屑——第二炉香》中的罗杰教授、《心经》中的许小寒、《花凋》中的郑川嫦等，他（她）们在小说的开头都很自信，总以为不会出乱子，有一种安全的感觉，或自以为能控制一切，对周围的人抱着希望，但在残酷的现实面前，人的情感、努力、希望总是落空，人生就是这样一出悲剧。

张爱玲在写这出悲剧时,并不诉诸因果报应或神佛主宰,而只是按悲剧的发展娓娓道来,这是比一般旧小说、鸳鸯蝴蝶派小说更高明的地方。不能掌握自己命运的人的遭遇也就有了更广泛的意义,更深的感染力。

作为小说主人公来说,他(她)们是不幸的,张爱玲也不想让读者悲哀得喘不过气来。她总是爱用一些琐碎的小东西加以点缀,使读者有一个暂时休息的港湾。正如《沉香屑——第一炉香》里葛薇龙在湾仔看到无边的荒凉、无边的恐怖后所想的:

> 她的未来也是如此——不能想,想起来只有无边的恐怖,也没有天长地久的计划,只有在这眼前的琐碎的小东西里,她的畏缩不宁的心才能够得到暂时的休息。

这就是张爱玲参差的对照的写法。

没落家族的浮世绘

张爱玲所写的家族故事里,家族过去的光荣和富足像梦魇一样萦绕在主人公的脑海里,面对没落的今日,他或她都有一种难以表达的悲哀。

最典型的要推《创世纪》。

《创世纪》中有匡府老太太紫微一段长长的回忆,从她小时候一直回忆到现在。她是跟着父亲戚文靖公戚宝彝在天津衙门中长大的,八岁进书房;十二岁不上学了,还有许多功课:写小楷、描花样、诸般细活;十六岁逃八国联军的难,从北方到南方;义和团事过又回到北方陪着父亲读书、吃饭。从这时开始,回忆变得极细腻,老爹爹的容颜、盛酒的大红细金花汤杯、白铜杯子的茶盅、香得云雾沌沌的梅花……然后是她的远嫁镇江,她如何拿私房钱给公公添菜,与公公闲谈父亲往事,丈夫如何不肖,她带子女回娘家的预兆,公公死后如何为丈夫谋官,接着回忆加速,她当家,经手卖田卖房子,她有时也看戏,看春柳社的文明戏,看张恨水的小说……在如梦如烟的回忆中,紫薇只认为"父亲是个最伟大的人,她自己在他一生中也占着重要位置","想起来像梦",与别人谈父亲,"就有这种如梦的惆怅,渐渐瞌睡上来了"。

如果我们知道匡老太太的原形就是现实中张爱玲的六姑奶奶,李鸿章的小女儿,我们就不难明白张爱玲为什么会这样写了。小说中紫薇对戚宝彝的尊崇与怀念,事实上代表了合肥李氏众多后人(包括张氏、任氏)对李鸿章的尊崇与怀念。李鸿章时代的绝代豪华已成为遥远的过去,而现实中的李家、张家、任家都在走向没落。抚今思昔,如梦的惆怅便产生了,经老太太徐徐道来,听得叫人打瞌睡。

与《创世纪》中匡老太太相仿佛的还有《留情》中的杨老太太,她们都是当家的老太太,全家都要靠她们来生活,她们都经历过家族过去的辉煌,手里掌握着一份天天在销蚀下去的家产,她们不得不变卖家藏皮货、字画来贴补家用,面对物价上涨,不得不关心户口糖配给、煤球丢失等琐事,但在亲戚面前还要撑面子,现实偏偏又要揭开痛疤。匡老太太过生日,皮货商来看皮子已让她下不了台;孙女在外当店员,匡老太太明知不问,姑太太又提起这事,还说孙女已在外面找了男人,她何等难堪?这世界正像《天方夜谭》一样,变得再也认不清了。

旧时代,男性才是支撑整个家庭的顶梁柱,但在张爱玲的小说中,男性往往是得了软骨病的,不仅撑不起家庭,而且多是败家子。《金锁记》中的姜季泽,《倾城之恋》中白流苏的两个哥哥白三爷、白四爷,《创世纪》中的匡霆谷父子,《花凋》中的郑先生均是。以上诸人中除匡霆谷外,都是家族中的父辈,是承上启下的关键一代,这一代都垮下去了,家族还有什么希望呢?

最悲惨的是家族的下一代,特别是女性。郑先生的女儿郑川嫦便是代表。张爱玲写道,郑家"为门第所限,郑家的女儿不能当女店员、女打字员、做'女结婚员'是她们唯一的出路"。郑川嫦"可以说一下地她就进了'新娘学校'"。张爱玲满腔同情地写下郑川嫦的遭遇。她并不想忙着找对象,"她痴心想等爹有了钱,送她进大学,好好地玩两年,从容地找个合适的人,等爹爹有钱……非得有很多的钱,多得满了出来,才肯花在女儿的学费上——女儿的大学文凭原是最狂妄的奢侈品"。这自然是痴心妄想,家里还是给她找了对象,依仗川嫦的美貌,一位从维也纳回国的医生中意于她,如按"女结婚员"的进程,川嫦是顺利的,也可能是美满的。不幸的是她得了肺病,那位医生免费给她看病,等了她两年,但她的病恶化了,医生另找了位护士。川嫦病情加重,要买药,郑先生不肯掏这个钱,郑太太担心自己掏了钱,证实了自己有私房,川嫦明白她是个拖累。

小说的结尾极为动人,川嫦想最后看看这个世界,乘家中无人,叫李妈背她下楼,雇了一辆黄包车,带了五十块钱,打算买一瓶安眠药,再到旅社开个房间住一宿。但是五十块钱买不到安眠药,只得茫然在外面兜了个圈子,吃了一顿饭,在电影院坐了两个钟头。她原想死也要追求死之诗意,动人地死,不过周围人们的眼睛里没有悲悯,把她看成怪物。郑太太给她买了一双皮鞋,她试过,认为很结实,可以穿两三年,但她死在三个星期后。

郑川嫦的命运可说是一首没世女子的哀歌,她得病是偶然的,但她的命运又是不可避免的。

张爱玲的弟弟告诉我们,《花凋》是以舅舅黄定柱家做模特儿的,女主角川嫦在现实中是存在的,就是张爱玲的三表姐黄家漪。黄家漪是张爱玲少年时最知心的女伴,"她们同年,兴趣、爱好、性情也相近,两人一说起小说就没完没了"。黄家漪经家人介绍认识的男友也是医生,也等了她两年,她死于1942年。张子静说:"两年后,我姐姐发表《花凋》,是一种哀悼的心情,她哀悼她失去了一位知心的女伴。"(《我的姐姐——张爱玲》)张爱玲为自己同龄人一掬同情之泪的感情,在小说中表露得极为真切。

小说中的悲哀有时近乎控诉。在小说开头，张爱玲用的是倒叙手法，写了郑川嫦墓前大理石浮雕——一个爱的天使，以及碑阴她父母为她刻的新式的行述，行述中说"知道你的人没有一个不爱你的"。似乎一切都是真的。可是张爱玲却连连说"全然不是这回事""可是……全然不是那回事"，完全推翻了这段铭文。在这样的家庭中，连父母的爱都不是这回事，何论其他？封建没落家族成员间的冷漠可见一斑。

家族成员之间，哪怕是父母与子女间，不仅是冷漠，张爱玲的小说还揭示了大家族各个成员间错综复杂的关系。《金锁记》中以曹七巧为中心，存在多少矛盾：曹七巧与婆婆、曹七巧与小姑、妯娌，曹七巧与瘫痪在床的丈夫，曹七巧与三爷季泽，曹七巧与娘家哥嫂，曹七巧与子女长白、长安……都充满了尔虞我诈、你争我夺的搏斗，为了情欲，为了金钱，什么诗礼传家的门风，什么家族之间的亲情，统统都撕破了，留下的只是鲜血淋漓的现实。类似的情况，我们还能在上海的白公馆（《倾城之恋》）、匡府（《创世纪》）、杨家（《留情》）、姜公馆（《红鸾禧》）里看到，也能在香港的聂公馆（《茉莉香片》）、梁太太家（《沉香屑——第一炉香》）里看到。

张爱玲写没落家族的众生并没有采用一个模式，从个性而言，他（或她）们都有自己的鲜明特征，但无论是老年、中年或年轻一代，他（她）们都在家族的阴影中苦苦挣扎，无论辉煌的过去，败落的现在，无望的将来，带给他们的只是一种凄凉。

张爱玲是没落家族的见证人，当这些家族成员中老的、中年的、年轻的——在她脑海中涌现又逝去时，她用她那特有的意象手法，写下了一段话：

年轻的人想着三十年前的月亮该是铜钱大的一个红黄湿晕，像朵云轩信笺上落了一滴泪珠，陈旧而迷糊。老年人回忆中的三十年前的月光是欢愉的，比眼前的月亮大、圆、白；然而隔着三十年的辛苦往回看，再好的月色也不免带点凄凉。(《金锁记》)

这是将年轻人、老年人看同一对象的不同感受写了出来。如果将月亮比作他们在看自己的时代、家族，回顾家族的历史，而且不止三十年，大概会更陈旧、模糊，也会更加凄凉吧。

时代、家世、经历造就的一代才女

"惘惘的威胁"

张爱玲写了一代又一代人的悲剧，就必然归结为时代的悲剧。《〈传奇〉再版序》里她告诉人们：

> 个人即使来得及，时代是仓促的，已经在破坏中，还有更大的破坏要来。有一天我们的文明，不论是升华或是浮华，都要成为过去。如果我最常用的字是"荒凉"，那是因为思想背景里有这惘惘的威胁。

惘惘的威胁是张爱玲对已破坏了的或正在破坏中的时代的深刻感受。她在1983年出了一部小说集，收集了她五六十年代创作的小说和几部旧作，就起名《惘然记》，可见她对惘惘、惘然的特殊喜爱。惘惘和惘然是用来形容已过去的惆怅，失去了什么，说不清，对未来又无从着手，有这样一种尴尬和无奈。

张爱玲的作品很少涉及时代，有的评论家说她"先天地拒绝了历史时间，逃离了地理环境"，便点明了这点。但是细心读者还是能在她的家族故事中发现有关时代的蛛丝马迹。

她写的许多家族与合肥李氏、丰润张氏一样，是晚清时的名门望族，经历过义和团、八国联军、中日甲午战争（《创世纪》中紫微的回忆）、辛亥革命（《金锁记》《花凋》中都或明或暗地提到，家族因此迁到上海）、抗日战争（《倾城之恋》中直接写了香港陷落，《沉香屑——第一炉香》《茉莉香片》的主人公都因逃难随家从上海搬到香港）。伴随着一系列历史事件发生的是家族的由兴到衰，这与她家及她许多亲戚家的变迁是一致的。破坏、更大的破坏，张爱玲没有明指，但首先应当是时局动乱所造成的破坏，不仅民族受难，一个个豪华世家也走上了没落之路。像张爱玲钟爱的《红楼梦》一样，说不尽悲欢离合，道不完富贵风流，尽管"内囊也尽上来了"，最后离不了外来的破坏——皇帝抄家，才使大观园彻底毁灭，"落了片白茫茫大地真干净"。张爱玲故意回避时代，有意与时代拉开距离，但她写的悲剧仍离不开时代，说它们是时代的悲剧并非没有道理。

前面已做过分析，张爱玲的家族故事一般包含了三代人，祖辈的辉煌，张爱玲没有亲身经历，只有父母、亲友和老用人不时提起的"相府老太太"如何，"我们老太爷"怎样，"奶奶说"了什么以及一大堆发黄的照片，过年祭祖时才感到他们的存在，她无法直接写他们，往往只作为故事的背景而存在。她着力写的是父母辈与子女辈，她对此有亲身感受，即使在这两代人身上，也反映了时代给予的惘惘的威胁。

最形象的说明，莫过于她为《传奇》增订本选用的封面。张爱玲自己说，封面"借用了晚清的一张时装仕女图，画着个女人幽幽地坐在那里弄骨牌。旁边坐着奶妈，抱着孩子，仿佛是晚饭后家常的一幕，可是栏杆外，很突兀地，有个比例不对的人形，像鬼魂出现似的，那是现代人，非常好奇地孜孜往里窥视。如果这个画面里有使人感到不安的地方，那也正是我希望造成的气氛"。像鬼魂出现似的现代人打破了古井般的沉寂，使在封闭环境中的两代人都惶恐不安。

这里我们不妨以《茉莉香片》为例对张爱玲的意图作一点解释。

聂传庆的家与张爱玲的家一样，是个充满了鸦片烟气味、死气沉沉的家。张爱玲这样描绘："他家是一座大宅。他们初从上海搬来的时候，满园子的花木，没两三年的功夫，枯的枯，死的死，砍掉的砍掉，太阳光晒着，满眼的荒凉。"连网球场也用来煮鸦片烟，传庆是在鸦片烟气味中长大的。因为母亲生前不爱父亲，父亲就将对母亲的恨转嫁到传庆头上，后母也虐待传庆，他们打传庆，传庆总是沉默，父亲很恐惧，私下里又有些害怕。当传庆上了大学，无意中知道母亲与言教授有过一段恋情，他幻想那留过学、风度潇洒的言子夜才是自己的父亲。沉默的心终于爆发了，扭曲的灵魂更加畸形，他要报复暴虐的父亲与后母，他恨言子夜的女儿言丹珠，因为她替代了他。他曾有一段表白："丹珠，如果你同别人相爱着，对于他，你不过是一个爱人。可是对于我，你不单是一个爱人，你是一个创造者，一个父亲、母亲、一个新的环境，新的天地，你是过去与未来，你是神。"不言而喻，言家对于他是新的环境，新的天地。当传庆知道一切都不可能时，终于向丹珠施了暴。

我们挑出《茉莉香片》还有一层原因，这篇小说很像张爱玲早年的生活：不只是充满了鸦片烟气味的家，还有暴虐的父亲与后母；聂介臣打传庆一巴掌将他的耳朵打聋，也极像张志沂打张爱玲和她弟弟张子静；至于传庆的外形瘦长，穿一件长衫，也有着张子静少年时的影子；张爱玲向往已离婚的母亲和姑姑的家，也与传庆向往言家一样。张爱玲逃离了阴暗、死气沉沉的父亲家而投奔母亲、姑姑的家时，开始也有追求新的环境、新的天地的意思在内。

《茉莉香片》让我们对张爱玲单挑这么幅图做《传奇》封面有了新的认识，那个黑影既可作现代人理解，现代读者可以通过她的小说去窥视中国还存在的旧生活场景；那个黑影也可作广泛的现代生活、现代文化来理解，是这个黑影的产生，打破了旧式家庭、旧式生活的单调和宁静，惘惘的威胁无时不在。

张爱玲对旧家庭、旧生活、旧文化并不抱绝对态度,但毕竟由这个家庭、文化孕育出的人如此不堪,不能不使她感到悲哀。在《金锁记》里,她借童世舫得知长安是抽鸦片的一段沉思,表明了他的悲哀:"卷着云头的花梨炕,冰凉的黄藤心子,柚子的寒香……姨奶奶添了孩子了。这就是他所怀念的古中国……他的幽娴贞静的中国闺秀是抽鸦片的!他坐了起来,双手托着头,感到了难堪的寂寞。"童世舫是留学生,又是医生——文明世界最高尚的职业,但他怀念的中国竟然如此衰败和颓丧。

张爱玲对沉下去的中国感到悲哀,她是否认为西方文明更好些呢?她离开父亲的家投奔从国外归来的母亲和姑姑时,肯定是有这个想法的。在一些场合,她的作品价值取向上也是这样的,特别是她为《二十世纪》杂志用英文写的几篇散文小品,试图以外国人的眼光来展现中国,明显地表明了扬西抑中的倾向,但总体看,她对西方的现代生活及文化也是有褒有贬的。她写的小说中,一些受过现代教育的甚至留学生,她也看出了他们身上的阴影,《红玫瑰与白玫瑰》中的佟振保是一例,《倾城之恋》中的范柳原也是一例。范柳原是在伦敦长大的,他曾说:"我的确不能算一个真正的中国人。"他们同样也是看不到希望的。张爱玲更悲哀了,她自己承认,她小说中的人物都是"那样不明不白的,猥琐,难堪,失面子的屈服,然而到底还是凄凉的"。理解了张爱玲的悲哀,我们会对张爱玲所说的"我们的文明,不论是升华还是浮华,都要成为过去"所蕴含的深意。

张爱玲不是宿命论者,但她是个悲观论者,无论是对于未来的文化或是未来的世界。她看过北方的蹦蹦戏——西北的梆子腔,戏中女旦唱腔高亢、粗犷、惨伤得近于原始。张爱玲认为,当世界文明毁灭,"将来的荒原下,断瓦颓垣里,只有蹦蹦戏花旦这样的女人,她能夷然地活下去"。她想起了英国科幻小说家威尔斯许多关于世界毁灭的预言,"所以我觉得非常伤心",因为"现在似乎并不很远了"。她的小说留下了许多时代悲剧,根源就在于她看时代是悲观的。

张爱玲对时代参悟得很透,她知道更大的破坏要来,一切都将过去,但她仍留情于人世间那种小小的摩擦,似嗔似喜的闹剧,无是无非的口角,嘈切喊嚓的浪花,将它们构成活色生香的画卷呈现在你面前。所以她在大谈了一通世界末日之后仍能说:"然而现在还是清如水、明如镜的秋天,我应当是快乐的。"悲哀中的快乐,快乐中隐藏着更深的悲哀,这怕是张爱玲要告诉我们的吧。

"生命是这样的罢——它有它的图案,我们唯有临摹。"即使临摹来的故事,"到底还是凄凉的"。(《〈传奇〉再版序》)张爱玲再次提醒我们。

破坏佳话种种

张爱玲小时候不知道爷爷奶奶的名字。每逢过年节上供时,爷爷的油画像和奶奶的照片都是要挂出来的,从油画和照片上,她认识了爷爷奶奶,但从未想到爷爷奶奶也有名字。

她上寄宿学校后,一次放假回来,弟弟当作新闻告诉她:"爷爷名字叫张佩纶。"她还问:"哪个佩?那个纶?"听后,她觉得爷爷的名字有女性气,与她两个同学名字差不多。还有一次放假回家,弟弟拿出新出的历史小说《孽海花》,说爷爷在里头,她才琢磨出那个文学侍从之臣庄仑樵是影射爷爷的。也是在《孽海花》中她知道爷爷的生平:少年科第,清流健将,参奏过不少大员,然后是马江之败,充军察哈尔,李鸿章多次援手,并将爱女许配,成就一段佳话……

30年代,《孽海花》的三十回本正在坊间流行,考订《孽海花》影射人物的文章也在陆续刊登,亲友闲谈中少不了要涉及爷爷奶奶的往事。每逢这个场合,她只见父亲习惯地吸着雪茄在客厅中踱来踱去,父亲的话既短促,又有许多张爱玲不懂的背景资料,她听不懂,也理解不了。

她只能去问父亲,父亲只丢下一句话:"爷爷有全集在这里,自己去看好了。"但毕竟告诉她:爷爷不可能在签押房里遇到奶奶,奶奶的那首诗也是捏造的。他的讲话是悻悻然的。在张爱玲的印象中，父亲于家世，对子女从来不说什么。

为什么一提《孽海花》就不高兴，不愿在子女面前提起家世？张爱玲没有正面告诉我们，但根据张志沂的为人，大抵可推想出有以下几层原因。

第一层，他不愿祖先的事在一本小说中提及，成为街谈巷语，这有失身份和体面。特别是张佩纶中进士后的窘迫相和马江之败的狼狈相，小说都有露骨的描述，在他看来是彰前辈之丑。

第二层，小说既是小说，当然不可能事事都有来历（其实《孽海花》相当忠实历史），例有渲染之处，对这个渲染他最不满意。如签押房中张佩纶与李菊耦相见之类。

第三层，他不愿在子女面前谈论家世，因为与张佩纶、李菊耦（再远一点还有李鸿章）相比，他确是无能，前辈的辉煌越发显出他的猥琐，他家长的权威势必受到影响，在这方面，他要的是维护他个人最切身的权益。（《对照记》）

父亲不愿谈，张爱玲只能去问母亲和姑姑，母亲痛恨与张志沂的结合，"为了门第葬送了她一身"，自然"绝口不提上一代"。姑姑呢，听到张爱玲的问题反倒觉得奇怪，"问这些干什么""现在不兴这些了。我们是叫没办法，都受够了""到了你们这一代，该往前看了"。张爱玲认为母亲和姑姑的思想很新，都受五四的影响。于是有关家世，自己最亲近的父母、姑姑都没有提供完整的信息。

张爱玲对家世的了解，除了《孽海花》外，是通过读祖父的奏牍、诗集、日记，还有亲戚间的谈论、老仆们的回述才逐渐填补起来的，她自己说是通过"寻根""一鳞半爪挖掘出来的"，这是符合实际的。

实际生活中，张爱玲很少对外谈起她的家世，因为从她踏出家门之日起就决心再也不回来了，家族对于她已成过去，她要像母亲、姑姑那样，靠自己的努力去打另一个天下。她只承认家族的血在她的血管中流着，等她死的时候，再死一次。

张爱玲不愿谈家世，还因为担心别人听了会认为她在炫耀。沦陷区的特殊环境造成了文化界不能谈时事，前朝旧闻、文坛逸事便成为新闻追逐点，张爱玲短期内走红就够火爆了，何况她那传奇式的家世，又牵涉到清代名臣、千古佳话。

张爱玲的担心绝非多余。上海当时就有一位女作家潘柳黛对张爱玲的贵族血液——其实这是胡兰成的吹捧而非张爱玲的自述——很是讥讽了一番。潘柳黛自称是张爱玲"很熟的朋友，时相往来"，但连张爱玲与李鸿章是什么关系也搞不清（称张爱玲父亲娶的是李鸿章的外孙女，是"八竿子打不着的一点亲戚"），就"贵族豆腐""贵族排骨面"地挖苦起来，张爱玲何必去蹚浑水？

事实上张爱玲非但没有炫耀家世，她还要破坏佳话。

经过《孽海花》的加工和渲染，李鸿章择婿的过程极有可读性：张佩纶应召进了李鸿章上房，巧遇探望父亲的李菊耦，又读了李菊耦那首深深打动张佩纶的诗——《鸡笼》，李鸿章又当面提起女儿择婿问题，选婿标准又说一定要像张佩纶那样的……这一幕就如中国传统戏剧和小说那样：男方才高八斗，历经磨难；女方千娇百媚，对男方倾慕已久，其间既有惊艳又有诵诗，未来老丈人又在其间撮合，结果是才子佳人（男方年龄大了一些），缔结良缘，圆满得近乎十二分。

张爱玲偏要打碎这座七彩楼台，破坏这个千古佳话。

破坏之一：《孽海花》中写张爱玲祖母李菊耦"才同班、左""诗意清新"，那两首《鸡笼》更是"情词悱恻"，"天授奇才"远不为过。张爱玲却说祖母不大会作诗，连这两首也是祖父改过的。张佩纶能为李菊耦改诗，当是在婚后，那么小说以诗为媒，张佩纶感动得"不觉两股眼泪骨碌碌地落下来"，将李菊耦认作红颜知己也成了虚拟。

破坏之二：《孽海花》里写李鸿章答允婚事后，老夫人不同意，嫌张佩纶年纪太大，又结过两次婚，还是个因犯。李鸿章百般譬解，总不起作用，最后还是李菊耦出面表示愿意，良缘方成。这里袭用的仍是中国传统戏剧、小说中，公子落难，小姐慧眼识英雄之类的老套子。张爱玲却借用姑姑的话，认为"我想奶奶是不愿意的"。姑姑还责备李鸿章："这老爹爹也真是——两个女儿，一个嫁给比她大二十来岁的做填房，一个嫁给比她小六岁的，一辈子嫌她老。"听了姑姑的话，张爱玲起初有点听不进去，后来知道祖母让女儿着男装，称少爷，这种阴阳颠倒"是一种朦胧的女权主义，希望女儿刚强，将来婚事能自己拿主意"。张爱玲看到了祖母对自己婚姻不快的一面，既然婚姻再不是圆满的，佳话也就不能成立。

破坏之三：《孽海花》里称张佩纶和李菊耦婚后"诗酒唱和，百般恩爱"，证之张佩纶《涧于日记》所述，大致反映了实情。不过张佩纶是从男性和夫权角度出发的，年届中年，娶了娇妻，又是李鸿章爱女，加之又有文化修养（比起张佩纶自然差了一大截），其中之得意自然溢于言表。但从李菊耦的角度论，这种事既非圆满，"诗酒唱和"也就有了几分无奈，"爷爷奶奶唱和的诗集都是爷爷做的"，就大煞了风景。张爱玲看到一张奶奶中年的照片，"阴郁严冷"，更说明了婚姻不和谐的一面。

张爱玲的破坏佳话正如她自己所说：

> 西谚形容幻灭为"发现他的偶像有黏土脚"——发现神像其实是土偶。我倒一直想着没有黏土脚就站不住。我祖父母这些地方只使我觉得可亲、可悯。(《对照记》)

《孽海花》中人人称羡的佳话被打破了，就像七彩楼台打碎后不过是些破瓦砾一样，祖父母也是平常人，也有自己的黏土脚。

张爱玲的眼光是独到的，也是大胆的。她没有像一般常人那样一提自己的祖先（特别像合肥李氏、丰润张氏那样的祖先），就要美化、神化，而她却无情地用自己的手来将原有的佳话撕破、还原，她认为只有这样，祖父母才是最亲切的、最令人同情的。

"她这样破坏佳话，所以写得好小说"，胡兰成这话道出了张爱玲创作的真谛，她能从世人认为的圆满中看出缺陷，从普通人感受的幸福中体察到人的不幸，她具备这种过人才能，才写出常人写不出的作品。

经历的变异

1971年，张爱玲在美国已闭门谢客，在一次与水晶的难得会晤中，她告诉水晶："《传奇》里的人物和故事，差不多都'各有其本'的。"水晶作了解释："也就是她所指的 documentaries。"

在这之前，还鲜少见到张爱玲以自己为"本"的小说，但四年之后，张爱玲就完成了她的自传体小说《小团圆》。《小团圆》其实写得十分匆忙，1975年开始动笔，4个月内写完初稿，10月完成修改、二稿，并一气寄到香港，希望可以在报刊连载。这样的写作劲头不仅仅来源于对"最深知"的材料的难以舍弃，更直接的动因是胡兰成《今生今世》的触动。在1975年10月16日给生前好友宋淇夫妇的信中，她说到《小团圆》的写作初衷和胡兰成有关。因为胡兰成《今生今世》的出版触动了她，她不希望自己的故事由别人垄断，所以匆匆写了这本充满主观意识的小说。

在《小团圆》中，女主角盛九莉即作者张爱玲的自我指涉；绍之雍、燕山、汝狄作为九莉的恋人或丈夫出现，影射的分别是胡兰成、桑弧、赖雅；蕊秋、楚娣、二叔、云志、翠华分别是张爱玲母亲、姑姑、父亲、舅舅、继母的化名；比比的原型是张爱玲在港大的同学炎樱；汤孤鹜、文姬、苟华则是张爱玲发表作品的杂志编辑周瘦鹃、苏青、柯灵的再现；荒木、向琼、虞克潜则是以胡兰成接触较多的池田、邵洵美、沈启无为原型的；绯雯、瑶凤、秀男、小康、辛巧玉等均以胡兰成的前妻、侄女、同居者为原型。其他一众人等多为张爱玲家族人物（包括仆佣）及其母亲、姑姑所交往的亲戚朋友。百十余人穿场而过，犹如生活的走马灯，大小明暗，纷纷叠叠，一切就像以张爱玲前半生为模板，肆意地描摹着。

张爱玲自己说："我在《小团圆》里讲到自己也很不客气，这种地方，总是自己来揭发的好。当然也并不是否定自己。"（宋以朗：《小团圆》前言）对于《小团圆》中的九莉，张爱玲确实"很不客气"，从幼年时的生活细节到成年后的爱情描述，没有遮掩，没有美化，只有一贯的张爱玲的直接而刻薄的揭发，对周围的亲人也好，对朋友也好，对爱人也好，更对自己。她用一种旁观者的角度，冷眼旁观自己的一生。

她冷漠地分析父亲，看透了他不让弟弟读书的自私的实质："父亲守旧起来不过是为他自己着想"。她对母亲的诸多的风流韵事满是怨忍，也多着笔墨，虽然也还记得母亲亲手帮她用蓖麻油画眉，却是不露感情地冷淡描述。面对燕山她也是冷眼旁观似的置身事外，"看见他眼睛里徒然有希望的光，心里不禁皱眉"。她爱他的漂亮，但是又清醒地认识到"漂亮的男人更经不起惯，往往有许多弯弯扭扭拐拐角角心理不正常的地方"。就算是面对付出最多感情的爱人也一直带着主观的臆断。明白人都知道邵之雍滥情，同时和许多女人发生关系，她却能从异于一般处在恋爱关系中的女人的角度理解这种风流。"他对女人太博爱，又较富幻想，一来就把人理想化了，所以到处留情。当然在内地客邸凄凉，更需要这种生活上的情趣。"对燕山，虽然她说像是给初恋一个"补课"，那种不了了之却也未能令九莉心痛流泪。与汝狄，虽然曾为其堕胎，可也不觉得"相见恨晚。他老了，但是早几年未见得会喜欢她，更不会长久"。

书中的九莉与《今生今世》里那个聪明绝顶、情调非凡、不食人间烟火的"民国女子"截然不同，她世俗、实在，既痴情又冷漠。将《小团圆》和以往相关记载对比，不难发现，其中关于张爱玲与燕山的恋爱，对周瘦鹃、柯灵等人的记忆，与以往我们所看到的几则有关张爱玲的短篇回忆录有众多违逆之处。显然这种极端的反差，除了个人体验的不同外，一个很重要的原因就是《小团圆》终究是本小说，我们可以看到，她想讲述的是一个女孩畸形阴冷的成长历程，从她的家族背景到亲友关系，再到爱情纠缠，这完全是个人苦难叙述的模式。

整本书都是张爱玲的回忆和想象的穿插，《小团圆》中展现的九莉并不是完完全全的张爱玲本身，应该说是张爱玲自我选择后的张爱玲，她既标榜九莉是"平凡的女人"，又浓墨重彩地描述她贵族式的家族历史，甚至铺张化的言情说性，自爆堕胎的过程与心理，揭出家族中男女的复杂情感关系等，她知道读者需要什么，知道怎么讨好读者，知道自传体小说的创作与阅读机制，更知道读者会从她的自说自话式的回忆中得到什么。

纵观全书，虽然故事有真实模版，虽然人物有现实原型，但值得注意的是，文本中的所有人事物象全都是通过"九莉"这个主角进行观察体验的，从这个角度讲，与其说这个小说是"真实再现"，不如说是主角的"主观映像"。骆以军评价说："这是张背了一生的斑斓织绣却有朽坏扭曲的一架锦也屏戏台，一种含情脉脉，摇曳晃颤的慢速'张爱玲时间'仅止于此。"（骆以军：脉脉摇曳的张爱玲时间）

张爱玲自己曾说"现在我寄住在旧梦里，在旧梦里做着新的梦"。（张爱玲：《散文·卷一》）而《小团圆》显然是她的新梦，这个"梦"是九莉的梦，在梦中，九莉是主角，却总是处于各种人事的夹杂烦扰之中。对家族兴衰、亲人离合、爱人聚散、辗转迁徙都没有任何能力，只能静默地听之任之。这个"梦"也是张爱玲的梦，在梦中，她想象臆测、回想记忆、感受体验（袁勇麟：梦里客身——评张爱玲的《小团圆》）在主观和旁观之间来回转换，但她的情感迸发也必然受回忆所累，甚至是一时一刻的情绪所累，所以她数次修改，在出版和不出版之间犹疑不定，我们只把它当作一个文本就好，因为哪怕是体验也会随着时间改变而改变，生活的底色可能早已蒙上了种种的灰尘。

五　家族影响下的婚姻观

　　见了他，她变得很低很低，低到尘埃里，但她心里是欢喜的，从尘埃里开出花来。

——张爱玲

恋父情结

一段乱世情

　　张爱玲一生曾与两个男子有过婚姻关系，两个男子年龄都比她大许多，第一个胡兰成比她大十四岁，第二个赖雅比她大近三十岁。

　　1943年的某天，时任汪伪宣传部副部长的胡兰成在《天地》月刊上看到一篇小说《封锁》，作者名叫张爱玲，他不熟悉，但他承认："我才看得一二节，不觉身体坐直起来（原先是躺在藤椅上），细细地把它读了一遍又读一遍。"接着第二期来，又有张爱玲的文章，他不由得感慨"这张爱玲的，便皆成为好"，引起了他要拜访张爱玲的念头。去问《天地》的主编苏青，苏青告诉他张爱玲是不见客的，又问地址，苏青迟疑了一会儿才写给他。

　　第二天，胡兰成去张爱玲住的公寓，果然遭到拒绝，但他留下条子；

隔了一天张却打电话来，答应去他家。胡兰成在南京做官，家却安在上海。这一天张爱玲在胡兰成家的客厅里坐了五个小时，听胡兰成一人高谈阔论。

胡兰成，浙江嵊州市人，1906年出生。他没有值得炫耀的家世，父亲是个茶栈伙计，母亲系不识字的农村妇女；他没有很高的学历，中学没毕业便当了邮务生，二十一岁跑到北京，在燕京大学校长办公室边当抄写员边听课；他家境贫寒，北伐时回乡，在杭州、萧山教书谋生，发妻死时是借了干妈的六十块钱才安的葬。

他却有丰富的阅历，发妻死后便闯荡到广西，先当了几年教员，后涉足政治，参与1936年爆发的"两广事件"，在《柳州日报》撰文鼓吹"对日抗战必须与民间起兵创新朝的气运结合"，与李宗仁、白崇禧等反蒋势力配合，又别树一帜，以是"两广事件"解决后，曾一度被监禁过三十三天。1937年3月胡兰成出任上海《中华日报》主笔，此报系国民党内汪系所办，可见他早已投入了汪精卫的怀抱。上海沦陷后他又去香港任《南华日报》主笔，并任职于蔚兰书店，与汪派要人林柏生、梅思平、樊仲云等交往甚密。1939年汪精卫拼凑傀儡班子时，他正式加入汪伪政府，出任宣传部政务副部长。

胡兰成显然是靠小荃小慧，摇动一根笔杆，夤缘政治势力而起家的。为人本不足论，不过他的个性却有特色：他新旧文学根底都好，且博闻强记，能随口背诵一些中外名家名句，也有一点见解；他外表儒雅可亲，常穿一袭中式长袍，态度和蔼，让人乐于接近；他极善于在不同场合展示他的才能，又极能揣摩别人心理，特别是女性心理。所以胡兰成不仅在汪伪政府中官运亨通，结交了不少实力派人物和日本来华官员；在情场上他也很得意，与上海许多名媛贵妇有牵连。

胡兰成初识张爱玲，首先是为她的才华所倾倒，但一见面又惊叹她的年轻（年方二十三岁）、她的尊贵家世和精通中英文的禀赋，这些都是胡兰成可望而不可即的，于是他曾将初次见面称为"惊艳"。

有了初次会面，胡兰成以回访为由踏进了张爱玲的公寓，在他眼前竟是这样的场景——

> 第二天我去看张爱玲，她房里竟是华贵到使我不安，那陈设与家具原简单，亦不见得很值钱，但竟是无价的，一种现代的新鲜明亮几乎是带刺激性……张爱玲今天穿宝兰绸袄裤，戴了嫩黄边框眼镜，越显得脸儿像月亮。三国时东京最繁华，刘备到孙夫人房里竟然胆怯，张爱玲房里亦像这样的有兵气。

张爱玲的公寓和她那身打扮，竟然让这位在交际场中应付裕如的胡兰成感到踌躇不安，他使出全身解数，一会儿讲理论，一会儿讲生平，张爱玲像磁石一般将他吸引住，他自然要紧盯不放。回去后便写了封像五四时代的新诗般的信，信中将张爱玲赞美一通，又称赞张的谦虚，张爱玲的回信是"因为懂得，所以慈悲"。涉世不深的张爱玲已迷恋于胡兰成的风雅谈吐和渊博学识了。

张爱玲是善于描摹男女之情的高手，读她的小说，会认为作者是久经风霜之人，对世情了解得那么深，参悟得那么透，连胡兰成未见张爱玲前也作如是想；待一见面，"坐在那里，又幼稚可怜相，待说她是个女学生，又连女学生的成熟亦没有"。这突如其来的情感波动使她手足无措。一次她"忽然很烦恼，而且凄凉"，送了一张纸条给胡兰成，叫他不要再去看她了，胡兰成不愧是揣摩女人的心理专家，他了解"女子一爱了人，是会有这种委屈的"。居然不理不睬，依然如故地天天去看她，她也没有拒绝。一天她居然送给他一张照片，背面写着："见了他，她变得很低很低，低到尘埃里，但她心里是欢喜的，从尘埃里开出花来。"表明了张爱玲已同意接纳胡兰成。

张、胡之恋无论在当时或后来，人们均觉得是不可理喻的事，从哪方面看两人均不般配。

胡兰成是个无根底的人,世家出身的人会认为他既非名门,家乡又无恒产;一般人眼中,他依靠的政治势力汪伪政权迟早要垮台。他像一只纸糊的风筝,很华丽,但只系在一根细线上。这一层连张爱玲的舅舅——那位到民国就没长过岁数的遗少,也觉不妥,说:小煐怎么能与汉奸在一起?但恰恰是这个无根底的人,赢得了张爱玲的爱。

张爱玲是没有世俗之见的——从她母亲、姑姑起就鄙视婚姻讲究门第,她本人对旧家庭婚姻造成的悲剧看得很多,所以家庭有无根底她不会在意。至于政治上的倾向,她更不愿过问,她是本能地排斥政治的,两者都不足以影响张爱玲。那么以张爱玲那么孤傲,平常人连一面都难得见,何以遇到了胡兰成会"变得很低很低"了呢?

张爱玲从小就缺少家人疼爱,父亲给予的很有限(寂寞时才喜欢她),后来只有暴虐;母亲和姑姑又长期在国外;弟弟更不必说,她是在仆人群中长大的。上了中学,又是教会女中,家中娶了后母,服装打扮落在同学之后,以是很孤独。读香港大学,虽是男女同校,但经济同样窘迫,与富家小姐相比,她总有一种自卑,三年中她只有一个知心朋友炎樱,男性同学更谈不上。所以一直到与胡兰成相遇之前,能与她作倾心交谈的朋友少之又少,男性的一个都没有。

这时冒出了一个胡兰成,他有很好的文学素养,古今中外的名著都浏览过,也有一定见地,这就博得了张爱玲的好感。胡兰成又极善于吹捧人,他的吹捧不是一般的赞颂,而是能抓住对方的心,使对方听了无限欢畅,今列举数条,以见一斑。

在爱玲面前,我想说些什么都像生手抱胡琴,辛苦吃力,仍道不着正字眼,丝竹之音亦变为金石之声。

我的囿于定型的东西,张爱玲给我的新鲜惊喜却尚在判定是非之先。旧小说里常有人到了仙境……爱玲的说话行事与我如冰炭，每每当下我不以为然……但是不必等到后来识得了才欢喜佩服……亦就非常好……对于不识的东西亦一概承认……

爱玲极艳。她却又壮阔，寻常都有石破天惊。她完全是理性的，理性得如同数学……她的横绝四海，便像数学的理直，而她的艳亦像数学的无限。我却不准确的地方是夸张，准确的地方又贫薄不足，所以每要从她校正。

一个人诚了意未必即能聪明……爱玲是其人如天，所以她的格物致知我终难及。爱玲的聪明真像水晶心肝玻璃人儿。我以为中国古书上头我可以向她逞能，焉知亦是她强。

我是从爱玲才晓得了汉民族的壮阔无私，活泼喜乐，中华民族到底可以从时代的巫魔中走了出来的。爱玲是吉人，毁灭轮不到她，终不会遭灾落难。

我在爱玲这里，是重新看见了我自己与天地万物……

还有张爱玲"清洁到好像不染红尘"，她"是民国世界的临水照花人"，"她的人比倚新妆的飞燕更美"等等不一而足。（以上引文均见胡兰成《今生今世》中《民国女子》一章）

胡兰成对张爱玲的赞美，有的如表面敷粉，但落笔恰到好处；有的是背面烘托，用自己、世人不及之点来反衬张爱玲的种种高明，如何不令张爱玲欣喜？张爱玲论人总是把聪明放在第一，也喜欢听人赞美，"我是凡人家说我的，说得不对亦高兴"。面对胡兰成这般挖空心思的赞颂，她喜滋滋地看着胡兰成说："你怎这样聪明，上海话是敲敲头顶，脚底板亦会响。"胡兰成的绝顶聪明和善于逢迎，终于让张爱玲折服。

张爱玲接受胡兰成也符合她对时代和人生的一贯看法。

她知道她生于乱世，正像她说的，"人是生活于一个时代里的，可是这时代却在影子似的沉没下去,人觉得自己是被抛弃了。为了要证实自己的存在,抓住一点真实的、最基本的东西,不能不求助于古老的记忆"。(《自己的文章》)男女情爱正是人类古老的记忆,她凭借着古老的记忆写下了许多悲欢离合的爱情故事,她自己也在按着古老的记忆在一段乱世情缘中扮演了重要角色。

"欲仙欲死"

无论是对于张爱玲还是对于胡兰成,这一段乱世情都是毕生难以忘怀的。

胡兰成已经将张爱玲的公寓当成自己的家。他在南京办公,一个月内回上海的日子不算多,但他一回上海便径直走向张爱玲的公寓,一进门便说:"我回来了。"

胡兰成一头扎进张爱玲的房间,"晨出夜归只看张爱玲,两人伴在房里,男的废了耕,女的废了织,连同道出去游玩都不想"。

直到胡兰成与妻子英娣离了婚,两人才正式订了婚约,没有举行任何仪式,只有张爱玲的女友炎樱做媒证。婚书是这样写的:

胡兰成张爱玲签订终身,结为夫妇,愿使岁月静好,现世安稳。

上两句是张爱玲写的,后两句是胡兰成续成的,炎樱做媒证也写在婚书上。

婚后生活亦如婚前一样,张爱玲奋力写作,胡兰成去南京上班,只有当胡兰成回上海两人方在一处。胡兰成说两人在一起如"照花前后镜,花面交相映""同住同修,同缘同相,同见同知",谈中外名著,谈音乐,谈绘画,间或也一同出去到静安寺街上买小菜,到洋式食品店看看牛肉、鸡蛋。曾有一次同去看朝鲜舞蹈家崔承禧的舞,回来时遇到下雨,只有一辆黄包车,张爱玲只得坐在胡兰成身上。一日斜阳西下,照在墙壁上,两人像金箔银纸剪贴的人形,如梦如幻。

张爱玲对胡兰成的感情是真挚的,一次突兀地问他:"你的人是真的么?你和我这样在一起是真的么?"担心这短暂的欢乐会转瞬即逝。另一次张爱玲提到旧小说中有"欲仙欲死"的句子,胡兰成大吃一惊,认为是好句子,在他看来,他得到了张爱玲的爱,真是欲仙欲死。

惘惘的威胁终于临近,日军节节败退,汪伪末日将到。一日两人谈到时局,张爱玲道:"你这个人嘎,我恨不得把你包包起,像个香袋儿,密密的针线缝好,放在衣箱藏藏好。"胡兰成认为他必定逃得过这一难,只是头两年要改名换姓,"将来与你隔了银河亦必定得见",张爱玲说,变姓名可叫张牵或张招,"天涯地角有我在牵你招你"。

可悲的是欲仙欲死的爱情,山盟海誓的信约,对胡兰成来说不过是演了一出戏。

时局急转直下时,胡兰成按日本人的意图从南京到武汉接办《大楚报》,这是日本侵略者挽回在华统治的一着棋,他们妄想在武汉拼凑另一个傀儡政权以抵抗重庆方面的反攻,胡兰成就负着这方面的重任。大难临头之际,胡兰成住在汉阳医院,又与一批女护士厮混一处,他看中了其中一位年仅十七岁的周训德,以他讨女性欢心的惯用伎俩,终将小周搞到手。远在上海的张爱玲忙于将《倾城之恋》改编为话剧,联络演出事宜,自然被蒙在鼓里。1945年初,胡兰成回上海,将小周的事隐约地告诉张爱玲,张爱玲只以为他拈花惹草的老毛病又犯了,并不在意。

胡兰成在上海住了两个月后又返武汉,继续与小周同居,直到日本宣布无条件投降,胡兰成丢下小周开始了逃亡生活。他先逃往杭州,住在一斯姓同学家,又觉不安全。斯姓同学长辈有一位小妾叫范秀美,家住温州,愿意陪他去温州。范秀美比胡兰成大,胡为了利用范作掩护,假戏真做,与范同居,并改名张嘉仪,这一切张爱玲同样不知。

1946年初,张爱玲辗转得知胡兰成下落,便决定亲赴温州去看望。

张爱玲仍保持着一份真诚的爱,见了面说:"我从诸暨丽水来,路上想着这里是你走过的,及在船上望得见温州城了,想你就在那里,这温州城就像含有宝珠在放光。"她此行的一个目的是要胡兰成在她与小周之间选择,胡兰成总是一味搪塞,张爱玲知道胡兰成不肯,还在做娇妻美妾的梦,只得告诉胡:"我想过,我倘使不得不离开你,亦不致寻短见,亦不能再爱别人,我将只是萎谢了。"

张爱玲起初并未发现胡、范的关系,后来到胡住处,胡竟让她称他为哥,她做妹妹;一次胡肚子痛,竟向范倾诉,张爱玲方起了疑心。她乘船回上海,雨中撑伞在船舷边伫立涕泣,她知道与胡兰成的关系已无可挽回了。

张爱玲返回上海后,仍然给胡写信,在经济上支援胡,胡亦承认他逃亡期间用的都是张爱玲的钱。胡兰成暗中去过一次上海,竟拿出记载他与小周恋情的《武汉记》让张爱玲看,张爱玲实在看不下去,在别人为他担心时,胡还做着调情说爱、一身拥三美的梦,其人灵魂的丑恶总算让张爱玲看清楚了,这次见面是不欢而散。

胡兰成的隐姓埋名术已见成效,他冒姓张,自称张佩纶后裔,以诗文与温州名士交结,颇得到他们的欣赏,眼看在温州已站得住了,又以假名与梁漱溟通信,"再出中原亦有了新的机缘",胡不免得意地告诉张爱玲。

6月,张爱玲写了一封信给胡兰成:

> 我已经不喜欢你了。你是早已不喜欢我了的。这次的决心,我是经过一年半的长时间考虑的,彼时惟以小吉故,不欲增加你的困难。你不要来寻我,即或写信来,我亦是不看的了。

其中小吉即小劫,指胡兰成在逃避追捕。张爱玲经过一年半慎重考虑,最后才下决心与胡兰成断绝关系,选择的时间又在胡兰成境遇好转之时,越发显得张爱玲爱得情深意浓,断也断得极理智大度。信中还附有她写的两个电影剧本的稿酬共三十万元，这在当时是笔大数目，张爱玲在考虑问题时是周详的。

胡兰成不死心，又写了封信给炎樱，一开头就说"爱玲是美貌佳人红灯坐，而你如映在她窗纸上的梅花，我今惟托梅花以陈辞"，下面一会儿说佛经，一会儿说《聊斋》，炎樱中文程度有限，此信到底是想给谁看的，不问便知，但如石沉大海。张爱玲说到做到，绝不再回心转意了。

胡兰成在不明底细的温州名士援引下当了中学教员、教务主任。1949年新中国成立，梁漱溟在北京打算办文化比较研究所，邀胡当副手。胡兰成抛下范秀美兴冲冲北上，走到半途，一想此去难免纸包不住火，一旦真相大白会不堪设想，便逃亡日本。数度与日本女人同居，后与著名大汉奸、上海76号魔窟中杀人魔王吴世宝的寡妻佘爱珍结婚，开酒吧谋生。

胡兰成是个文人，舞文弄墨是他所擅长的。结识张爱玲后，文笔深受张爱玲影响，到日本后他写了两本书——《山河岁月》和《今生今世》，用张式笔调为自己吹嘘，其中《今生今世》特为他与张爱玲之恋设了专章《民国女子》，借捧张爱玲抬高自己。张爱玲在50年代曾为找某些资料给胡去过一张明信片，无抬头，亦不署名，只要几本书"暂借数日做参考"。胡自作多情，不仅寄了书，写了信，还寄去自己的照片，张爱玲只回了一个短笺，申明"如果使你误会，我是真的觉得抱歉"，"不另写信了"，断然斩断了胡抛来的一根情丝。

由于《今生今世》首次披露了他与张爱玲的这段乱世情，其中颇有外间所不知者，又加上他那学张的文笔写得颇迷离浪漫，很博得台湾某些"张迷"好感。70年代他一度去台湾，曾想搞些类似恢复名誉似的尝试，反响令他失望。许多具有正义感的台湾作家无不对他嗤之以鼻，如余光中便发表《山河岁月话渔樵》狠狠批了他一通。他没趣地返回日本，于1981年去世。

张爱玲第一次感情上的纠葛终于过去，但这是一次失败的婚姻，她爱的是一个不值得她爱的人。

"接脚婿"赖雅

美国有一种文艺营的组织，由热心文艺事业的实业家或成名的艺术家们创办，目的是为一些食宿无着的作家、艺术家提供能够创作的环境，营内食宿全部免费。1956年张爱玲在美国知道这个消息，便申请了位于新罕布什尔州彼得堡的麦克道威尔文艺营，以便写出一本英文小说，时间是这年的3月至6月。得到批准后，她便启程前往彼得堡，在这里她成就了第二次姻缘。

姻缘的男方是位美国的左翼作家甫德南·赖雅（Ferdinand Reyher）。这一年张爱玲三十六岁，赖雅六十五岁，男方比女方大近三十岁。

1891年赖雅生于费城一个德国移民家庭，很早就表现了文学天赋，十七岁进宾州大学文学专业学习，二十岁前就写过不少诗及一部诗剧。1912年他进入哈佛大学攻读硕士学位，他写的一部戏《青春入舞》曾入选麦克道威尔戏剧节。获得学位后，他先在麻省理工学院教英语，后与大学脱钩做自由撰稿人，与美国著名作家华莱士·史蒂文斯（Wallace Stevens）、辛克莱·刘易士（Sinclair Lewis）结识。1917年与女权运动者吕蓓卡·郝威琪（Rebecca Hourwich）结婚，生有一女，但终因两人都忙于自己的事业无法共处而离婚。离婚后，赖雅更自由地在欧洲旅行，广泛结识欧洲的作家，并给美国销量很好的女性杂志撰稿。

1931年赖雅经他的朋友、电影导演约翰·休斯顿（John Huston）之邀进入好莱坞，之后十二年中他为好莱坞几家大电影公司撰写过不少电影剧本，由于他出色的编剧才能，为他赢得可观的收入。但赖雅一生不善理财，大量钱财都被他结交朋友、豪华的饮宴用掉。30年代的好莱坞是左翼思潮大本营，赖雅也受到影响，成为马克思主义的信奉者，但他终身未加入共产党。赖雅才华横溢又乐于助人，40年代著名戏剧家布莱希特（Brecht）

从纳粹德国逃亡至美，赖雅热情接待。布莱希特是共产党员，赖雅左顷立场以是加深，他一生对苏联、对新中国都抱有好感。

1943年赖雅不幸摔断了腿，又轻度中风，他的健康影响了他的写作。50年代他曾应布莱希特之邀去柏林，原有合作计划，此时布莱希特已不是流亡者，而是东德文艺界领袖人物，地位的悬殊，竟使两人谈不拢，赖雅沮丧地返美，但赖雅一直是尊重布莱希特的成就的。

1954年他六十三岁时，又一度中风住院。病愈后，他想重振雄风。1955年他取得进入麦克道威尔文艺营的机会，准备在营中作好创作准备。第二年早春，他遇到了张爱玲。

司马新先生对赖雅与张爱玲的婚恋与婚后生活作过专门研究，并特地去麦克道威尔文艺营，访问过不少赖雅的亲属和朋友，其中包括赖雅的女儿霏丝，得见了赖雅的日记。所以他在《张爱玲在美国——婚姻与晚年》一书中的记述至今仍是权威性的。据司马新先生说，从1956年3月13日张爱玲第一次遇见赖雅，为时不足一个月，两人就已互相到对方工作室做客；4月份双方已可无话不谈；到5月12日，在赖雅日记中出现了一行字：Went to the shack and shacked up，意即去房间有同房之好，两人已情投意合。

这又是一桩不般配的婚姻，两人年龄相差近三十岁，几乎是两代人；政治见解更不相同，张爱玲在此之前写过英文小说《秧歌》《赤地之恋》，不管是否被授意，其倾向是反共的，赖雅是亲共的。是什么原因将这两人紧紧连在一起的呢？

简言之，是彼此的需要。

张爱玲离开香港赴美，至少有一种自信，她相信能够用英文写她熟悉的中国故事，在美国站住脚跟。但赴美六个月的经历告诉她，一个黄皮肤黑头发的中国女人要在美国靠写作谋生是多么不易，要克服多大障碍！她最初在纽约的住所是救世军女子宿舍，是收留各种无家可归的女子的，其中有失去劳动力的老太太，还有酒鬼，她自己的身份不过是难民。她在中国曾是红极一时的作家，但美国文艺界对她知之不多，她举目无亲，缺乏能帮她克服种种障碍、走向文艺殿堂的人。这种失落感势必与她一起带进麦克道威尔文艺营。文艺营也只是她暂时落脚的地方，6月份便到期，之后她往何处去，真是两眼茫茫。正在这个时刻，她遇到了赖雅，赖雅在美国文艺界交游广泛，与许多名人都有过交往，他又生性热情，知识渊博，给予了张爱玲很大帮助，这对于求助无门的张爱玲来说不啻天降福星，至于年龄悬殊、政治立场差异反倒是不必考虑的因素了。

就赖雅而言，自与妻子离婚后虽结交过不少女友，但没有一个使他倾心的，随之而来的是疾病，创作已大受影响。他遇到了张爱玲，她年纪轻，性格温柔，在美国又出过小说，前途正未可限量，她真诚的爱使他倍感意外。

5月中旬，赖雅在麦克道威尔文艺营期满，他将去另一所耶多营地，张爱玲则要待到6月底，两人临别时竟依依不舍。7月，张爱玲搬到纽约一个营友空出的公寓里暂住，她提出要去看赖雅，两人在萨拉卡泉镇见面，说的话题竟是张爱玲怀上了赖雅的孩子。赖雅同意与张爱玲结婚，因为他的确需要她，但不同意留下孩子。

8月14日赖雅与张爱玲在纽约举行婚礼，已在美国的爱玲好友炎樱与另一位美国友人做了证婚人。张爱玲在美国奔波了一年后才获得了一个能使她安定下来的家。

张爱玲有没有怀过赖雅的孩子并流了产？据司马新考订，答复是肯定的。由于赖雅这一段时间的日记下落不明，加以两人通信可能早已遗失，这个肯定答复也只是一种推测，但推测的理由未必不能成立：第一，张爱玲在7月下旬曾大病一场，至于什么病，并不甚清楚，有一些营友间的通信可做佐证；第二，她在这期间将《赤地之恋》再次改写为英文小说《赤地》，改写本增加了一段女主角做人工流产的情节，张爱玲有将自己的经历变异为小说情节的习惯。

10月，张爱玲、赖雅再次获得重新进麦克道威尔文艺营的允许，在营中赖雅两度中风。1957年4月期限又到，他们在营地附近的彼得堡镇物色到一套公寓，安了自己的家。张爱玲日夜忙于写作，家务大多由赖雅承担。8月，张爱玲母亲在英国去世，她给张爱玲留下了仅剩的一个古董箱子，张爱玲戏称为宝藏，每逢经济拮据，她就要变卖一些宝藏来贴补家用。

生性喜欢城市的张爱玲一直不习惯乡居生活，赖雅为张爱玲着想，申请位于洛杉矶的亨亭本哈特基金（实际还是文艺营），得到同意，10月便由东部迁到西部。这时张爱玲已开始通过宋淇为香港电懋公司撰写电影剧本，又为香港美新处做翻译。文艺营结束后，1959年4月夫妇迁到旧金山的一所公寓里，这年张爱玲才得到入籍通知，成为美国公民。1961年她作了生平最后一次台北——香港之行。中间得到赖雅再次中风的消息，但张爱玲此行主要目的是为电懋公司写《红楼梦》剧本，收入要在剧本写成后才能拿到，所以经济非常紧迫。幸而赖雅病情稳定下来，张爱玲才得以在香港住至次年3月才返美。这时赖雅在女儿霏丝帮助下已在华盛顿定居，张爱玲便径直回到了华盛顿。

张爱玲虽与赖雅结婚，但生活还是相当艰难，挣钱养家的重担全落在张爱玲身上。她在美国用英文写小说屡屡受挫，像根据《金锁记》改写的英文小说《北地胭脂》在出版商那里屡屡碰壁，使她不得不暂时放弃；而在香港为赶稿，眼睛都流了血。赖雅的创作计划也因身体越来越坏一再延后，他只有一点社会福利基金的收入和版税收入。不过张爱玲并无怨言，她是位豁达的人，能得到赖雅的爱就心满意足了。

1965年赖雅再次摔倒，这次他病得很重，以致瘫痪，后来大小便失禁，须张爱玲日夜照顾。张爱玲是将写作看得比一切都重要的人，又加上沉重的医疗费负担，她不得不求助于赖雅的女儿霏丝，1966年9月单身赴俄亥俄州牛津镇的迈阿密大学任驻校作家。霏丝自己的家庭负担也很重，张爱玲转请邻居照顾，邻居也照看不了，张爱玲只能将赖雅带去俄亥俄州。1967年麻州康桥的赖德克利夫学院邀请她，她又带着赖雅去康桥。1967

年10月8日赖雅走完了人生的最后道路，这时的张爱玲已精疲力竭了。

女性观与婚姻观——选择大龄男子的心理与家庭背景

1945年2月27日下午，发表张爱玲小说、散文最多的《杂志》月刊，特派记者赴张爱玲公寓采访，这次采访的对象还有当时著名女作家苏青。苏青原名冯和仪，是《天地》的主编，为人比较爽直。行事、作文很得张爱玲的欣赏，张爱玲一向很推许她，甚至说过"把我与冰心、白薇她们来比较，我实在不能引以为荣，只有和苏青相提并论我是甘心的"。（《我看苏青》）《杂志》的记者煞费苦心地将她们俩拉在一起，以求取得最佳采访效果。

这次名为对谈录的采访主题是"妇女、家庭、婚姻诸问题"。苏青自然侃侃而谈，对谈录一半以上的文字都记录了她的话；张爱玲一向不愿见生人，有了苏青在场，才少了拘束，坦诚地谈了对妇女择业和婚姻的看法。

张爱玲在对谈录中主要谈了以下几个问题：

第一，张爱玲主张女子应当到社会上去，不应当留在家里。即使社会上人心太险恶，也不应当逃避现实。职业妇女同时还要持家，即使赚钱少，也不应当看不起她。女性的工作应当是比较轻的工作，时间也应比较短。

第二，不必担心妇女地位的提高，"如果男女的知识程度一样高（如果是纯正的而不是清教徒式的知识），女人在男人面前还是会有谦虚，因为那是女性的本质，因为女人要崇拜才快乐，男人要被崇拜才快乐"。

第三，"用别人的钱，即使父母的遗产，也不如用自己赚来的钱自由自在"。只有一个例外，"用丈夫的钱，如果爱他的话，那却是一种快乐"，"那是女人的传统权利"。

第四，女人如果没有本事，"还是赶早嫁了的好"，男人"不宜早婚，没有例外"。男人如果早婚，会限制他的发展，早婚，妻子一定要父亲赡养，易养成依赖心理。男人的婚龄应当比女方"大十岁或是十岁以上""女人应当天真一点，男人应当有经验一点"。

张爱玲上述看法有极前卫的部分，如主张女子就业（当时职业女子并不多），自己养活自己；但也有极传统的成分，如花丈夫的钱觉得快乐，女子生性要崇拜男子之类。

张爱玲的主张有的与自己的实践是一致的，有的并不一致。像自己赚钱自己用，她就不止一次说过"我是自食其力的小市民""到现在为止，我还是充分享受自给的快乐的"。（《童言无忌》）花丈夫的钱，对张爱玲来说仅有一次，胡兰成解释说张爱玲稿费收入不错，所以从未向他要过钱，一次给了她一小笔钱，张爱玲用来做了件自己设计的大衣，感受到了快乐，但随之而来的是张爱玲沉重的付出，她承担了胡兰成逃亡的全部费用，分手时还一次给了三十万。第二次与赖雅的婚姻，赖雅当时既老又贫，如没有张爱玲拼命写作来支撑家庭与赖雅的医疗费用，赖雅的结局也许会更悲惨。至于女性生来要崇拜男人的见解，我们则可在张、胡之恋中，张爱玲自称遇到胡兰成后自己"变得很低、很低"得到佐证。

最引人注目的还是她对男女婚龄的看法。她不主张早婚，但如果女子没有本事，还不如早早出嫁，这又是一个很现实的看法。谈到男子，她主张要比女方大，大的幅度有点惊人，与她两次婚姻男方年龄完全相合，她的主张与实际的一致于此又得到实证。

挑选大龄男子做配偶，于张爱玲而言已非偶然，她的主张和实践根源在哪里？

首先是张爱玲独特的心理背景。

按弗洛伊德心理学观点，家庭中，男孩一般有恋母倾向，女孩一般有恋父倾向，这在张爱玲的作品中也有流露。张爱玲的父亲是个典型的遗少，他的所作所为一向被子女瞧不起，特别是1937年父亲的打骂，将张爱玲禁闭了半年，使她不能不恨他。她曾说过，如果世界上有光明和黑暗、善与恶、神与魔的对立，父亲必属于不好的一边。但她在自传体散文《私语》

中又流露出她对父亲的留恋和宽恕，她理解父亲的寂寞，说在寂寞时，父亲是喜欢她的。与此相对照的是张爱玲与母亲的关系，张爱玲知道母亲为她牺牲了很多，她也爱母亲，从父亲那里逃出来投奔的就是母亲，但她总是感到母亲有几分生疏（长期不在一处是另一层原因），连母亲为爱她而教她独立生活能力、她向母亲要零花钱，她都反感，"母亲的家不复是柔和的"，(《私语》)"那些琐屑的难堪，一点点地毁了我的爱"。(《童言无忌》)引起张爱玲反感的原因尽管有多种，但与父亲声言要用手枪打死她，将她禁闭半年相比，母亲给予的仍然是一份爱。对母爱产生了反感，父亲的残暴却引起了她的依恋，这不正是一种恋父情结吗？

张爱玲是渴望得到父爱的。她很敏感地在记忆中留下了父亲对她的一点一滴，除了下午在如雾如烟的鸦片烟气味中的闲谈旧事，还有小时候带她买点心，给她的《摩登红楼梦》代拟回目，表扬她做报纸副刊，她都一一记下，正说明她缺少父爱。张爱玲选择大龄男子做配偶，固然在她眼中大龄男子成熟、有丰富的社会经验——这一层恰恰是张爱玲缺少的——有他们在便有一种安全感；除此而外，也与张爱玲能在大龄男子身上找到父爱是有关系的。她理想中的男性应当是集丈夫与父亲于一身的角色。胡兰成和赖雅无疑都具有这个角色的特征，所以能赢得张爱玲的爱。

胡兰成的《今生今世》中，张爱玲的形象有大智大慧、正大仙容的一面，也有似嗔似喜、撒娇调皮的一面。胡兰成吃惊地发现张爱玲天真到不能再天真，"好像小孩""调皮得叫人把她无奈"，正如小儿女在父亲面前一般。胡兰成描述了这个现象，但并没有发现这个秘密。

张爱玲选择大龄男子还有她的家族背景。

张爱玲和她母亲、姑姑都算新派人物，父母之命、媒妁之言已成过去，都讲究自由恋爱了。张、胡之恋和张、赖之恋都是张爱玲自己的主张（张、胡之恋估计曾得到姑姑默许，因为那时她与姑姑住在一处）。在自己拿主意时，素来缺少人际交往的她，必然会以亲近的人的婚姻作参照，家族的婚姻往事不能不影响她的择偶考虑，祖辈和父辈的婚姻自然进入了她的思绪。

她祖父张佩纶和祖母李菊耦的婚姻就是一桩年龄悬殊的婚姻，祖父比祖母大十七岁。她虽看到祖母内心不满的一面，但总体来说，这个婚姻还是美满的，祖父母"在南京盖了大花园偕隐，诗酒风流"（《对照记》）这是她自己说的，且在亲友间、社会上也传为佳话。再往上推，她曾外祖父李鸿章与曾外祖母赵夫人的婚事，男方也比女方大许多，李鸿章与赵夫人之间虽谈不上多深感情，但也算是圆满的，后人都这样评说。与之相反的是她父母的婚姻，张志沂和黄素琼结婚时双双都是二十岁，年龄无疑是最匹配的，然而却是不幸的，最后走上离异的道路。家族中最亲近的人的婚姻展示了一个事实：夫妇双方年龄相当的反倒是不幸的；夫妇双方年龄不相当的（男方比女方大十几岁甚至更多），恰恰是成功的，年龄不应当成为婚姻的障碍，男方年龄大反而是理想的对象，张爱玲这样说了，也这样做了。

六　服装与日常：旧家中开出的新花

对于不会说话的人，衣服是一种言语，是随身带着的一种袖珍戏剧。

——张爱玲

惊世骇俗的服装

照片上的张氏家族与张爱玲

与张爱玲在文坛走红的同时，她的服装也引起了社会上的普遍注意。有几个人们熟知的逸事：

为出版《传奇》，她到印刷所去校稿样，整个印刷所工人会停下工作，惊奇地看她的服装。

她到好友苏青家做客，整条里弄为之震动，她在前头走，后面跟着一大群孩子，一面追，一面叫。

某次她参加朋友的婚礼，穿了件自己设计的前清样式的绣花袄裤去道喜，整个婚宴的注意力都集中在张爱玲身上。

她将《倾城之恋》改编成话剧，为上演之事找柯灵帮忙，柯灵约了著名剧团主持人周剑云。周为战前明星公司三巨头之一，交游广泛，一见之下也不免拘谨,张爱玲的文名和她那身打扮不免令人生怯。张爱玲的服装是什么样子的?据柯灵介绍,那是一袭拟古式齐膝夹袄,超级的宽身大袖,水红绸子,用特别宽的黑缎镶边,右襟下有一朵舒展的云头——也许是如意。长袍短套,罩在旗袍外面。《流言》中附的作者相片就是这个款式。(柯灵:《遥寄张爱玲》)女作家潘柳黛也见过这个款式:"旗袍外边罩件短袄,就是她(指张爱玲)发明的奇装异服之一。"(潘柳黛:《记张爱玲》)

除拟古式中装外,张爱玲还喜爱西式曳地长裙。一次潘柳黛与苏青用电话约好去拜访张爱玲,在她们面前的张爱玲"穿着一件柠檬黄袒胸裸臂的晚礼服,浑身香气袭人,手镯项链,满头珠翠",完全是一副18世纪贵妇的模样。这样的盛装她间或在家中穿,对外场合还是以中式为主,她特别钟爱的还是那袭大镶大滚的服饰。

穿着这样的服装,频频在各种场合下出现,在40年代十里洋场的上海,会是什么样的效果?"惊世骇俗"四个字是最好的回答!

张爱玲为什么喜爱老祖母年代的服装?

众所周知,清代在我国服装史上是个重要年代,服装制作技巧已臻成熟,拼、嵌、镶、滚及多种多样花边和刺绣的使用,使服装更显繁缛华美,这个在张爱玲的《更衣记》中可见一斑:

> 从17世纪中叶直至19世纪末,流行着极度宽大的衫裤……领圈很低,有等于无。穿在外面的是大袄……宽了衣,便露出中袄,中袄里面有紧窄合身的小袄……三件袄子之上又加着"云肩背心"黑缎宽镶,盘着大云头。
>
> 对于细节的过分注意,为这一时期的服装的要点……袄子有"三镶三滚"、"五镶五滚"、"七镶七滚"之别,镶滚之外,下摆与大襟上还闪烁着水钻盘的梅花、菊花。袖上另钉着名唤"阑干"的丝质花边,宽约七寸,挖空镂出福寿字样。

第一个严重的变化发生在光绪三十二三年……衣裤渐渐缩小,"阑干"与阔滚条过了时,单剩下一条极窄的,扁的是"韭菜边",圆的是"灯草边",又称"线香滚"。

一向心平气和的古国从来没有如此骚动过(指辛亥革命前后),在那歇斯底里的气氛里,"元宝领"这东西产生了——高得与鼻尖平行的硬领,像缅甸的一层层叠至尺来高的金属项圈一般……

民国初建立……时装上也显出空前的天真、轻快、愉悦。"喇叭管袖子"飘飘欲仙,露出一大截玉腕,短袄腰部极为紧小……

本文抓住了时代发展的脉络和各阶段女性服装的特点,纵横漫论,说得头头是道,恐怕服装史的专家也未必有她那么细致具体。张爱玲家还有大量家族旧服装,为她提供了活色生香的实物资料。《更衣记》一开头就有一段话:

如果当初世代相传的衣服没有大批卖给收旧货的,一年一度6月里晒衣裳,该是一件辉煌热闹的事罢。你在竹竿与竹竿之间走过,两边拦着绫罗绸缎的墙——那是埋在地底下的古代官室里发掘的甬道。你把额骨贴在织金花绣上。太阳在这边的时候,将金线晒得滚烫,然而现在已经冷了。

6月里晒衣裳是江南旧俗。梅雨刚过,旧衣特别是皮衣容易吸潮霉烂,晾晒后则易于保存。清代许多笔记中都出现类似记载,康、乾时泰兴有富家季氏,6月晒皮货掉下的毛积有盈寸,可见家藏皮货之多。张爱玲家估计也有不少,留在她记忆中是个辉煌热闹的场面。这个记忆曾多次出现在她的小说里。《怨女》(系《金锁记》的改写本)中二奶奶银娣分家后晒的衣服就有"簇新的补服,平金袿子,大镶大滚宽大的女袄……红红绿绿挤在她窗口""男人衣服一样花花绿绿,三镶三滚,不过腰身窄些,袖子小些""除了每年拿出来晒过,又恭恭敬敬小心折叠起来,拿它毫无办法"。至于卖给收旧货的,《创世纪》里匡老太太卖皮货的情节,前面我们已经提过,张爱玲作了细致描述。

有照片,有实物,张爱玲对家族旧衣的感情自不比平常,上段引文中谈及旧衣上金线绣花由滚烫变冷,就寄托了她对旧家族由辉煌走向衰落的一份无奈。

张爱玲喜爱老祖母式大镶大滚的女袄,既有为它所包含的历史魅力所折服的一面,更有一种伤感的怀旧心理,是她苍凉看世界的又一体现。

对服装的喜爱

有人说,爱美、喜欢服装是女子的天性。同意这句话的人想来很多,但未必喜欢服装的女性都懂得服装美。

张爱玲是位真正理解服装的女性,她不仅熟悉中国近现代服装的变迁,也懂得服装的色彩搭配和服装美的内涵。

小时候,张爱玲很受母亲影响。母亲是位喜欢服装、思想进步的女子,她有很高的艺术鉴赏力(她第二次出国便是赴法学习油画、雕塑),所以她的服装不仅时髦而且典雅。张爱玲说"我最初的回忆之一是我母亲立在镜子跟前,在绿袄上别上翡翠胸针。我在旁仰脸看着,羡慕万分"。她由此产生了快快长大,能和母亲一样梳爱司头、穿高跟鞋的愿望。(《童言无忌》)母亲出国前那套衣服也总回旋在张爱玲的脑际,"绿衣绿裙上面钉有抽搐发光的小片子",以至哭时也像"船舱上的玻璃上反映的海"。(《私语》)八九岁时母亲回国后的打扮更为洋气,站在钢琴边练唱,"她的衣服是秋天落叶的淡赭,肩上垂着淡赭小花球,永远有飘坠的姿势"。(《谈音乐》)母亲还教她许多色彩方面的知识:"画图的背景最得避忌红色,背景看上去应当有相当的距离,红的背景总是觉得近在眼前。"(《私语》)母亲最喜欢的颜色是蓝绿色，以至张爱玲《传奇》出版时选用了整个一色的孔雀蓝做封面，尽管是无意识的，张爱玲还是承认："遗传就是这样神秘飘忽。"（《对照记》）

成长后，张爱玲更懂得色彩的协调并用于服装。

她说，色泽调和，要懂得对照和和谐两条规则。她举例，对照便是红与绿，和谐便是绿与绿。人们总以为和谐是最重要的，其实"两种不同的绿，其冲突倾轧是非常显著的"，放在一起，"看了越使人不安"；相反"红绿对照，有一种可喜的刺激性"，不过太直率了，大红大绿，像圣诞树似的，就缺少了回味。有两句儿歌说得好："红配绿，看不足；红配紫，一泡屎。"她举《金瓶梅》家人媳妇宋惠莲穿大红袄却系了条紫裙子，西门庆看了不顺眼，开箱找了匹蓝绸与她做裙子为例，说明红紫相配是最不和谐的。

她认为，现代很多中国人以为从前的人不懂得颜色搭配，其实"古人对照不是绝对的，而是参差的对照，譬如说：宝蓝配苹果绿，松花色配大红，葱绿配桃红"。

她非常喜欢日本的衣料，认为有一种"过去的那种婉妙复杂的调和"。"日本花布，一件就是幅图画。买回家来，没交给裁缝之前我常几次三番拿出来鉴赏：棕榈树的叶子半掩着缅甸的小庙，雨纷纷的，在红棕色的热带；初夏的池塘，水上结了一层绿膜，飘着浮萍和断梗的紫的白的丁香，仿佛应当填入'哀江南'的小令里；还有一件，题材是'雨中花'，白底子上，阴戚戚的紫色大花，水滴滴的。"

她还说，市面上最普通的是各种叫不出名的颜色，青不青，灰不灰，黄不黄，只能做背景的中立色，又叫保护色、文明色或混合色。"混合色里面也有秘艳可爱的，照在身上像另一个宇宙的太阳……"

她最后归结为一句话："对于不会说话的人，衣服是一种言语，随身带着的一种袖珍戏剧。"（《童言无忌》）

张爱玲这段话虽然不长，但却包含了她对色彩与服装的种种看法，其中有今人与古人的色彩观,搭配颜色的要点与方法,各种衣料中包含的美,最后她谈到了服装与人的关系。类似的语言在《更衣记》里也有:"时装的日新月异并不一定表现活泼的精神与新颖的思想。恰恰相反,它可以代表呆滞。由于其他活动范围内的失败,所有的创造力都流入衣服的区域里去……他们只能创造他们贴身的环境——那就是衣服。我们各人住在各人的衣服里。"多么深刻的思想!服装已成为张爱玲诠释社会动荡的重要标尺,服装的繁荣并不等于思想的活跃,张爱玲对服装的看法已从人扩及社会。我想任何研究服装和服装发展史的人都应当读一读张爱玲讲的这类话。

张爱玲对服装与她对人一样,看得透辟,懂得彻底。她对服装的喜爱已非一般人可比了。

张爱玲通过做服装来实践自己的主张。在香港读书时,连得几个奖学金,省下点钱,便自选衣料,自己设计服装。她弟弟张子静曾见过一件。这是一件矮领子的布旗袍,大红底子,上面印着一朵一朵蓝的白的大花,两边没有纽扣,领子下还打着一个结子,袖子短到肩膀,长度只到膝盖。张子静问她是不是香港最新的样子,张爱玲笑道:"我还嫌这样子不够特别呢!"(《我的姐姐——张爱玲》)

她又从香港带回一段广东土布,刺目的玫瑰红上印着粉红花朵,嫩绿的叶子。同色花样印在深紫或碧绿地上,是乡下婴儿穿的,她在上海做成了衣服,自我感觉非常之好,"仿佛穿着博物院的名画到处走,遍体森森然飘飘欲仙",这自然可以"完全不管别人的观感"。(《对照记》)

在上海,她又自己设计了多种服装款式。她的女友炎樱和她一样会画画,有很高的鉴赏力,往往两人设计好就找裁缝做。她曾用祖母留下的一床被面——米色薄绸上洒淡墨点,隐着暗紫凤凰,很有画意——照炎樱设计做了一件连衣裙,紫凤凰图案集中在裙的下端和两只宽大衣袖上,极为别致。她穿了参加1943年的游园会,曾与日本影星山口淑子(李香兰)

合影留念，至今照片还收在《对照记》里。

自然她设计的最著名款式，就是大镶大滚拟古式的服装了。一次她舅舅看到她缺少一件大衣，便从箱子里翻出一件大镶大滚宽博的皮袄，叫她拆了面子，皮里够做一件大衣。张爱玲"怎么舍得割裂这件古董，拿了去如获至宝"，穿着照了一张照片。(《对照记》)

设计服装的兴趣发展到极致，张爱玲竟与炎樱商量，决定开一家服装设计店来推广她们的思想和方案，并在杂志上登出了广告，上写：

炎樱姐妹与张爱玲合办　　炎樱时装设计
大衣　　旗袍　　背心　　袄裤　　西式衣裙
电约时间　　电话三八一三五　　下午三时至八时

至此，从思想主张到实践开店，张爱玲几乎完成了作为一个服装设计师必备的全部经历。张爱玲不只是40年代上海的红小说家，也应当是那时最有思想的服装设计师。

时至暮年，张爱玲虽早失去在服装上惊世骇俗的兴趣，但在一些场合下，她仍注意自己的服装。她晚年在美国过着离群独居的生活，能见到她的人不多，这里只挑两位女性，以女性严格的眼光来看张爱玲：

庄信正夫人杨荣华说："张爱玲很高，很重视仪表，头发梳得丝毫不乱，浅底洒着竹叶的旗袍更是典型出色。"(《我帮张爱玲搬家》)

著名华裔女作家於梨华说："她穿一件暗灰薄呢窄裙洋装，长颈上系了条紫红丝巾，可不是胡乱搭在那里，而是巧妙地协调衣服的色泽及颈子的细长。头发则微波式，及肩，由漆黑发夹随意绾住，托住长圆脸盘……我不认为她好看，但她的模样确是独一无二(one of its kind)。"(於梨华：《来也匆匆》)

在她们眼中，即使晚年，张爱玲在服装上仍有她独特的风格和品味。

后母赠衣的阴影

《对照记》中，张爱玲自己回答了她为什么后来一度成为 clothes – crazy（服装狂）的原因，她说，那是因为"后母赠衣造成一种特殊的心理"。

张爱玲是在锦绣堆中度过童年的，她的童年照片告诉我们，她有许多衣服：T字形领口的裙子、绸袄、背心，冬天有闪闪发光锦缎做的棉袍……在天津时，连那位住进家里的姨太太，为了讨好她，也给她用整匹丝绒做了一套雪青色的袄和裙，她从未感到她缺少衣服。

后母来了之后，带了一整箱她穿过的旧衣，张爱玲便只有穿后母旧衣的份了。直至成年她还忘不了那份羞辱：

有一个时期在继母统治下生活着，拣她穿剩的衣服穿，永远不能忘记一件暗红的薄棉袍，碎牛肉的颜色，穿不完地穿着，就像浑身都生冻疮；冬天已经过去了，还留着冻疮的疤——是那样的憎恶与羞耻。

这是张爱玲就读圣玛利亚女中时期，贵族学校女生时髦而讲究的衣着，反衬了她的寒酸可怜，她将"中学生活是不愉快的，也很少交朋友"归之于她因服装而产生的自惭形秽，是相当可信的。（《童言无忌》）她那时一度渴望穿统一的校服，在统一的服装中泯灭种种差别与界限。

从父亲家逃出后，她仍没有什么衣服可穿，舅母说等翻箱子时把表姐穿过的旧衣服给她穿，她再次感到了羞辱，眼泪都流下来了，一种穷亲戚的感受油然而生。（《我看苏青》）

如果说张爱玲从小没有什么衣服可穿，她可能会以正常心态来对待，但偏偏小时候她是丰足的，陡然遇到了非穿旧衣的时候，她心理的失衡只有更强烈。正像她在香港时跟好友宋淇讲的："我小时候没有好衣服穿（应当说是中学时代），后来有一阵拼命穿得鲜艳，以致博得'奇装异服'的

'美名'。穿过就算了，现在也不想了。"（林以亮编：《张爱玲语录》）这明确告诉人们，她一度成为服装狂，的确存在一种补偿心理。

那么张爱玲又为什么特别钟爱那种老祖母式大镶大滚有云头纹的衣服呢？除了前面谈过的家族影响和怀旧因素外，张爱玲说是别致。这来自于她与潘柳黛的一段对话。

还有一次相值，张爱玲忽然问我："你找得到你祖母的衣裳找不到？"我说："干吗？"她说："你可以穿她的衣裳呀！"我说："我穿她的衣裳，不是像穿寿衣一样吗？"她说："那有什么关系，别致。"（《记张爱玲》）

是否存在这段对话，本身并不重要，但张爱玲爱穿老祖母式的服装是事实，认为这样别致也符合张爱玲的性格。

另有一次有人问张爱玲，为什么要这样打扮，她的回答是："我既不是美女，又没有什么特点，不用这些来招摇，怎么引得起别人的注意？"不管这是出自张爱玲的真心还是她故作惊人之语，她要做到的也是与众不同的别致。

张爱玲穿惊世骇俗的服装时，已经是走红上海滩的名作家了，但她知道她的名声还只能限于文化圈内，至多是在读者群中。奇异的服装可以使她成为报纸热衷报道的对象，她的知名度就扩展到广大社会各阶层中去，这是与她赶快成名、迟了就来不及了的紧迫愿望相一致的。

张爱玲深知自己不善人际间交往，即使在女作家聚集一处时也很难显山露水。她的别致服装，便能掩盖她的不足，此时无声胜有声了。

张爱玲说过："我们各人住在各人的衣服里。""对于不会说话的人，衣服是一种言语，随身带着的一种袖珍戏剧。"还曾这样评价苏青："对于她，一件考究衣服就是一件考究衣服。于她自己，是得用；于众人，是表示她的身份地位；对于她立意要吸引的人，是吸引。"其实张爱玲何尝不是这样？她真正将服装与人的关系参悟透了，她是完全能驾驭服装并将服装个性化的人。

她的奇装异服，吸引了社会各阶层的注意，使她红上加红；她的奇装异服，拉开了她与一般人的距离，包括了她与女作家们的距离，避免了自身弱点，树立了特立独行的形象；她的奇装异服，表明了她高贵的血统和身份，可观而不可亵，可敬而不可接；她的奇装异服，使她能自信地面对社会的大众，冷静地观察和思考。

总之，服装对于她来说，既是防御的堡垒又是进攻的保护伞，在奇装异服包裹下的张爱玲是飞扬的，同时也是虚弱的。

中西合璧的生活方式

西式享受进入贵族家庭

自曹雪芹写《红楼梦》的年代起——清朝乾隆年间，西方的奢侈品就不断流入中国，上层贵族们在享受东方物质文明的同时也在享用西方的物质文明。《红楼梦》中贾府上下已在用自鸣钟、打簧表，穿俄罗斯国的孔雀裘，饮西方进贡的玫瑰露，甚至凤姐儿治头疼的药也是名叫"依弗那"的舶来品。

清末这一现象只会更甚。李鸿章是办洋务起家的，又游历过欧美，西方日用品在他天津北洋府邸中更比比皆是。他晚年患面部神经麻痹症，手脚也不灵便，便用西洋电气熨烫法治疗，据说效果很不错——这大约是一种理疗法。他日常饮用牛肉汁，还喝含铁质的水来滋补身体，这些都来自西洋。他还将牛肉汁分赠亲戚好友。

李鸿章曾接受过西洋各国国王、总统、首相的赠礼，有些是极珍贵的。如美国总统格兰特用过的手杖，上面镶嵌着极大的钻石，无论经济价值和历史意义都不同寻常。李鸿章的洋货自然传给了子女，李菊耦手头就收留不少。直到张爱玲逃出父亲的家，与姑姑同住期间，张爱玲手头还有一些轻巧的金饰。胡兰成曾亲眼见到有一只金镯，另有"李鸿章出使西洋得到的小玩意儿金蝉金象，当年给他女儿的"。(《今生今世》)

金蝉、金象多是带纪念品性质的，不值什么钱；真正值钱的、又带有西方文化特征的是租界里的洋房。洋房顾名思义是西式建筑，但清末民初的洋房却带有中国建筑的特点。张爱玲从家中老女佣处得知，他们家在辛亥革命后搬到上海租界上的房子就是走马楼式的，其样式就是二层楼房中央挖出一个正方小天井，典型的中西合璧式住宅。直至今日，张爱玲家老宅——她出生的房子，也是她最后逃离的父亲的家，仍然坐落于上海，这也是一座老式洋房，建筑中糅合了中西风格。

至此，我们对李府门风可以有进一层理解，它应包括享有西方文明的生活作风。这一生活作风，自然通过李菊耦传给了张爱玲父亲这一代。

张志沂随母亲搬离南京老屋后，大半生都住洋房。张爱玲出生时，住的是上海老宅；在天津时住的是有花园的老式洋房；回上海时住过一段短时期的石库门房子；待张爱玲母亲回国，搬到一个更洋气的花园洋房里；张志沂娶孙用蕃后又搬回老宅。吃的方面，张志沂在40年代前一直维持着阔绰场面，家中有厨师，经常请客，也喜欢购买西餐、西点作调剂。他吸鸦片，也吸雪茄，后者更是西化绅士的标志，在这方面他是中西结合的典范。至于行，他西化得更彻底，张爱玲形容父亲在住的方面不讲究，唯独对于行是肯花钱的。张志沂从来都是以车代步，并频频更换汽车款式，1940年他买的最后一部汽车，车款就是八千美元。他本人不会开车，家中雇了专门的汽车司机。

从这个讲究西式享受家庭中出来的人，洋气都很足。张爱玲的母亲不必说，她姑姑在上海高等华人圈中也是数得上的时髦人物。她喜欢穿红衣裳，开跑车又骑摩托车。她早年有一笔丰厚的遗产，以是一度请了法国大菜师傅专做西餐，购买了一辆白色汽车，她会开车，但仍雇了一个白俄当司机。她与张爱玲母亲合租的赫德路爱丁顿公寓60号房，房间相当宽大，有一个大客厅，两个大房，两个大卫生间，一个大厨房，两个阳台，外加一个小卫生间及一个备菜间，客厅有壁炉。这个房子是专供旅沪外国人和高等华人居住的，房租奇昂。姑姑不满意家具店的家具，房中陈设及地毯均是自己设计的。这间公寓除家人外，只有有数几人能够跨入。为感谢周瘦鹃发表张爱玲写的"两炉香"，姑姑和张爱玲请他来家喝茶——这又是典型的英国习惯——周瘦鹃称这个家布置得洁而精，不仅点心精美，"连茶杯与点碟也都是十分精美的"。（《写在〈紫罗兰〉前头》，后来胡兰成跨进了这间公寓，给他的印象是，华贵得令他不安，"一种现代的新鲜明亮几乎是带刺激性"的。（《今生今世》）张爱玲在这所公寓房子里与姑姑一起住到40年代后期，后因房租太贵，才由此搬出。

爱丁顿公寓奢华洋气的生活，使她能写下《公寓生活记趣》。她喜欢听市声，街上的喧哗六楼上仍丝丝入耳；电车回厂的"克林，克赖，克赖"有一种"疲乏而生的驯服"；小贩们卖臭豆腐干，她会拿只碗直奔下六层楼梯跟踪前往，又乘电梯上来。她认为"公寓是合理想的逃世的地方"，关起门来便保持了秘密。只有夏天，户户敞开门，这家打电话，仆人将电话对白译成德文说给小主人听；楼底有个俄国人在响亮地教日文；一位女太太在钢琴上弹了一上午贝多芬……顶楼上孩子们在溜冰，咕滋咕滋像磨牙，一位异国绅士上去干涉，不久便下来了，因为溜冰者的年龄已不小，而且大多是女士。整个公寓就像一个国际社会。

最爱吃的合肥菜及其他

在张爱玲家，老祖母的影响无处不在。老祖母的影响换而言之是合肥李氏的影响。

以语音为例，李鸿章至死也没有改变他那口合肥乡音，不过在北方待长了，又要与皇室接触，所以加上些北方口音，如此而已。在他的北洋衙门,倒是合肥土话更吃香些,他的左右都是淮系,满衙门的乡音。在这样环境下长大的李菊耦,自然是说加上了些北方口音的合肥话。李菊耦后来与张佩纶定居南京,周围的南京人多了起来。张志沂娶的黄素琼虽祖籍湖南,但到她已是第三代,黄家在南京已定了根,以是到张爱玲这一代,已将"被北边话与安徽话的影响冲淡了的南京话"做母语了。(《"嘎?"?》)

合肥李氏的影响还表现在许多方面,如李菊耦到张家后就带来不少安徽籍老仆,以后更新用人也多从安徽招来(也有少数南京本地人),她手里用过的安徽籍老用人直到张爱玲小时还在,许多有关老祖母的故事都是她们告诉张爱玲的。张爱玲姐弟从小也是由皖北籍的何干和张干带大的。估计张志沂兄妹也是这样。李菊耦自然爱吃家乡菜,安徽籍的仆人会做家乡菜,以是从张志沂兄妹起到张爱玲姐弟都爱吃合肥菜,这也是合肥李氏影响的一个方面,家族传统的潜移默化真正达到极细微的地步了。

合肥菜包括些什么?爱玲的弟弟告诉我们,一种是甜点"山芋糖",做法是把生山芋切成片,抹上糖,放在油锅里煎炙,再加上几粒花生米,捞出冷却后,就是一道好吃的甜点。另两种是菜肴,一道叫"掌鸡蛋",与炒蛋差不多,不过把鸡蛋像摊面饼一样,在锅里煎熟,盛到碗里后,又把碗倒扣在锅里,隔水蒸一下便成;另一道叫"合ити丸子",先煮熟一锅糯米饭,饭凉了后捏成一个小团,把调好的肉糜放进糯米团里捏拢,再放进油锅里煎熟。这一点两菜,用料极简单,烹调方法也不复杂,但充满了乡土风味,只有合肥来的老女仆会做,张家全家都爱吃。"山芋糖",张爱玲小时最爱吃,老女仆待她上学回来便专门做给她吃。从合肥菜深受张家主仆欢迎来看,张家的食俗是深受安徽风味影响的。

还有一个小例子也可证明李鸿章的食物爱好被张家继承。张爱玲在《创世纪》中提到戚文靖公戚宝彝(影射李鸿章)最爱吃香椿炒鸡蛋,后听说香椿价太贵,便不吃了,左右谎报是自己家中树上摘的,戚宝彝才吃。无独有偶,张子静介绍他父亲张志沂也爱吃这道菜,作为张志沂奢华无度的实证。其实香椿在农家本是普通物，但一到天津北洋衙门和上海张公馆，就成了稀罕物了。

除爱吃合肥菜外，据张爱玲晚年回忆，她还爱吃几样天津菜：鸭舌小萝卜汤，汤里的鸭舌淡白色，非常清腴嫩滑；烧鸭汤，买现成的烧鸭煨汤，汤清而味美；腰子汤，一副腰子与里脊肉、小萝卜同煮。她说："上海就没见这样的菜。"

在离开大陆前，她去过杭州，在楼外楼吃过螃蟹面，认为的确是美味。去日本的中国船上，一日三餐都吃"阔米粉面条炒青菜肉片"，认为"比普通炒面干爽，不油腻，菜与肉虽少，都很新鲜"，"连吃十天也吃不厌"。其实，她说的就是广东最普通的"炒河粉"。她到了美国，吃过不少国家的正餐与点心。她还是认为"中国的素菜小荤本来是最理想的"。（《谈吃与画饼充饥》）

张爱玲爱吃西餐、西点，生活相当西化，这是人人皆知的；但她爱吃的合肥菜、欣赏的天津菜和其他地方风味，都相当的普通，是所谓平民化食品，这一层提及者反而不多，而恰恰是这些，明显地反映了家族影响和她的乡土情结，正像她从不拒绝西洋绘画、电影，又同时喜爱蹦蹦戏一样。

零食与西餐、西点

张爱玲爱吃零食，偏爱甜食和西餐、西点。

她弟弟告诉我们："姐姐喜爱吃的菜肴和零食，大多是甜的。我们到外面去，她一定要买紫雪糕和爆玉米花。"（《我的姐姐——张爱玲》）

胡兰成也告诉我们："张爱玲喜闻气味，油漆与汽油气味她亦喜欢闻闻。她喝浓茶，吃油腻熟烂之物。她极少买东西，饭菜上头都不悭刻，又每天必吃点心，她调养自己像只红嘴绿鹦哥。"（《今生今世》）

对零食、西餐、西点爱好的养成当然在童年。

家在天津时，父亲的姨太太带她去起士林看跳舞，买一块"白奶油高齐眉毛"的蛋糕,她对跳舞不感兴趣,却把蛋糕全吃了。在上海,父亲喜欢带她去飞达咖啡馆——一家著名西点铺,她总挑各式蛋糕,父亲则买香肠卷。上圣玛利亚女中,兆丰公园旁有一家俄国面包店老大昌(Tchakalian),她喜欢店中自制的一种小面包,上面略有酥皮,下面嵌着一只半寸宽的十字托子,托子的面和得较硬,里面掺了点乳酪,微咸,与不大甜的面包同吃,微妙可口。

香港读大学期间,中环天星码头有家青鸟咖啡馆,出一种三角形的小扁面包叫司空(scone),比蛋糕细润,较清而不甜腻,她路过必买半打。60年代她返香港,青鸟咖啡馆还在,但已没有了司空;老大昌也搬到香港,橱窗里却空空如也,买了只俄式黑面包,其硬如铁,好不容易切开,里面却有一根五六寸的淡黄头发。

40年代在上海,她常与好友炎樱一起上咖啡店,每人一块蛋糕,另要一份奶油,一杯热巧克力加奶油,各付各的账,一谈就是半天。《双声》就是记录了她们在咖啡店里谈人生、谈艺术的对话。这时天津起士林从天津搬来,就在赫德路上,她所住公寓的隔壁。每天黎明,张爱玲就闻到烤面包的香气如"浩然之气破空而来",像恼人春色一样叫她无可奈何,惊扰了她的好梦,但她还是喜欢这种气味的。起士林产一种方角德国面包,外皮相当厚而脆,中心微湿,称得上面包中的极品。姑姑说可以不抹黄油吃。

到了美国,随处都是面包店,张爱玲从小吃西点惯了,能得到她的称赞是不容易的。纽约有个海斯康(Hascom)西点店,是个连锁店,产一种著名的"拿破仑"蛋糕,她品尝后就认为不及上海飞达名店里的栗子粉蛋糕和"乳酪稻草"。

经她品尝,外国菜中,德国、波兰的菜偏酸,香肠浸在醋里,水冲过后才能吃,也是奇酸;犹太人的菜偏甜,连鸡肝中都搁了不少糖;回教地区包括印尼、马来西亚及东欧原土耳其属地的菜偏辣,糕点中拌了不少香料,连核桃也香得辛辣,又太甜;日本料理不算好但原料讲究,豆腐可以生吃，有清新的气息。她比较中意的是一家罗马尼亚店里做的冷冻西伯利亚馄饨叫"佩尔果尼"，只有棋子大，皮薄，牛肉馅，很好吃。另外三藩市的意大利饺也不错，"叶色青翠，清香扑鼻，活像荠菜饺子"。(《谈吃与画饼充饥》)

张爱玲写《谈吃与画饼充饥》一文时已是1988年，她离开中国本土已三十多年，所以充满了一种怀旧气氛，她说：

> 一样怀旧，由不同的作者写来，就有兴趣，大都有一个城市的特殊情调，或是浓厚的乡土气息。即便连糯米或红枣都没有的穷乡僻壤，要用代用品，不见得怎么好吃，而由于怀乡症与童年的回忆，自称馋涎欲滴，这些代用品也都是史料……

的确如此，人们读周作人谈吃的文章就与张爱玲谈吃的文章感受不大一样，周作人谈他故乡绍兴的吃不是干笋就是霉干菜；而张爱玲的吃，西菜、西点居多，如实反映了她家庭与她本人的爱好。她早早出国，在国外生活时间比本国长，应当说她吃到的外国美食比在本国吃西点机遇多，即使如此，她总觉得童年、少年、青年时在中国西点铺（包括香港西点铺）里吃到的味道好，值得留恋，这正是她怀旧心理的反映。

即使在美国，细心的朋友还是能发现她爱西餐甚于中餐。华裔作家於梨华一共见到她四次，其中第二次和第四次於梨华都仔细观察了她吃东西。第二次由夏志清做东，请於梨华与张爱玲去百老汇九十一街中国餐馆全家福吃早点，"别的记不得了，只记得她吃扬州汤包时十分缓慢。一顿早餐，只吃了两三个汤包，喝半小碗豆浆，一点不像一般中国人偶吃中餐时那么'急猴猴'"。第四次是於梨华约请张爱玲来她任教的大学讲演，讲完后离登机时间尚早，便坚持留她吃晚饭，她推辞道晚饭吃不下，不如一起去喝点饮料。在学校附近的小咖啡室里，她要的是杯香草冰淇淋苏打，"高杯冰淇淋苏打来时,她露齿一笑,那神情完全像孩童骤获最初想的玩具一样",那情形使於梨华总也忘不了。两次的进食,才使於梨华"恍悟她原是偏爱西食的"。(《来也匆匆》)

家族背景与写作背景

充满幻想的地方——南京

自光绪二十一年(1895年)张佩纶携妻李菊耦南下,到宣统三年(1911年)因辛亥革命爆发李菊耦全家避居青岛,张家在南京共住了十六年。

张佩纶南下时已决定定居南京。当光绪二十年(1894年)底,朝廷发令驱逐张佩纶出北洋李鸿章府邸时,张佩纶曾一度考虑回丰润老家,为此曾回丰润一次并顺道游了盘山,但考虑丰润距天津只有一夕之遥,老家又没置产业,刚好北方形势比较紧张,李经述一家也要南返,于是一同到了南京。

张佩纶初到南京时,先在七湾找了房子,但长子志沧随即病逝,李菊耦连产两子均早夭,志沧留下的一个孙子也没保住,不久志潜的媳妇也下世,一门接连死了五个人,连一向豁达的张佩纶也怀疑起来,"凶宅之说不可不信",决定另觅新居。(《致梁节庵太史》,《涧于集·书牍》六)后来找到张勇(封靖逆侯)的旧居,既宽敞又有园亭之胜,张佩纶斥巨资买了下来,经修缮后搬了进去。

清末北方动荡不定,甲午之战、戊戌政变、义和团运动、八国联军入京都发生在京津、山东、东北一带,江南则维持着相对安定的局面。张佩纶是被排挤出天津的,胸中激愤之情是可想而知的,但只要他不干预外事,有李鸿章这棵大树支撑,江南地方官就会对他另眼相看。南京是江南名区,六朝胜迹尽可让他浏览,何况家中又有位知书达礼的妻子?他与李菊耦诗酒唱和,颇有优游林下之乐。这一段应是张家最平静的日子。辛亥革命以后,张家先迁青岛后住上海,但南京的老宅仍像一个美丽的梦萦绕在张氏后人心头,张爱玲的姑姑就不止一次地提到老宅的花园,及李菊耦常去花园赏花的情景。

南京既寄托了张家的金陵旧梦,张爱玲自然也对南京抱有一种亲近的好感。张家还有一些仆人是南京人,张爱玲从小是在仆人圈子中长大的,在他们身上,张爱玲又证实了她幻想中的南京。陪爱玲打秋千的丫环"疤丫头"嫁给了"二毛物"。对这一家人,张爱玲总觉得"他们是可爱的一家。他们是南京人,因此我对南京的小户人家一直有一种与事实不符的明丽丰足的感觉"。后来他们自己开了一个杂货铺,女佣带着张爱玲和弟弟去光顾,买了几只劣质彩花热水瓶,在店堂楼上吃了茶和玻璃罐里的糖果,"还是有一种丰足的感觉"。(《私语》)南京的确是张爱玲充满了幻想的地方。

南京的老宅到抗战时期已成一片瓦砾场,胡兰成特地去看过。据说只剩月洞门与柱础、阶础,还可推想当年的花厅亭榭之迹,胡兰成告诉了张爱玲,她倒并未产生怀旧之思。但南京她是去过的,一次是在结识胡兰成之前,胡因内部矛盾被关了起来,苏青跑到南京找周佛海说情,拉上了张爱玲。估计,张家、李家、黄家在南京都有亲戚,张爱玲可能都去拜访过。

不过张爱玲并没有在南京生活过,张爱玲的写作很受背景限制,没有去过或缺少仔细观察过的地方,她绝不轻易写那里的故事,以是张爱玲的作品中很少提到南京,如果说有,那就是《十八春》,故事也主要发生在上海。

《十八春》的女主角顾曼桢是安徽人,全家在上海谋生,在同一家工厂里遇到两位青年,一位是上海人许叔惠,家境相对贫寒;一位是沈世钧,南京皮货商的少爷。恋情主要在曼桢与沈世钧之间产生,叔惠反倒是帮世钧的,乐意成全他们的好事。曼桢的悲剧是她亲姐姐曼璐与姐夫祝鸿才一手策划的,策划的地点也在上海,所以沈世钧在南京的家不过是个陪衬。作者有意安排了许叔惠、顾曼桢去南京,以上海人的眼光看当时的南京:比上海土气,小姐们也比较拘谨,出门坐马车,下雨天晚上在马车上看到的是一片漆黑（估计张爱玲有过这么一段经历）……但小说中的沈家、石家都算得上南京有钱人家，与顾曼桢家、许叔惠家相比，也有一种明丽丰足的感觉。

张爱玲还写了南京几个名胜，如玄武湖。那时的五洲公园本来确实没有什么可看的，只有个小动物园，里面有几只猴子和笼子里关的猫头鹰，不过在晚晴下湖上泛舟还是十分可爱的。小说写了一口糯米细牙的划船女子大姑娘，南京话把"大"念作"夺"，叔惠学说南京话，又说不像，都可算是神来之笔。小说还写了一群青年人冬天游清凉山的情景，他们想去看娶老婆的和尚，和尚没看到，到了偏殿，都住了难民，又去扫叶楼喝茶。都称得上是当时南京的民俗风光，没有亲身经历是写不出来的。

《十八春》中的南京有点浮光掠影，因为南京发生的故事在整个小说中不起决定作用，起作用的还是在上海。也许张爱玲不熟悉南京，也许对南京一直存在与事实不符的幻想，她不愿去破坏，以是南京发生的事都是好的，色彩也是明丽的。

"到底是上海人"

张爱玲最熟悉的城市是上海。

她出生在上海，成名在上海，她写了许多上海发生的故事，即便写以香港为背景的香港传奇，"写它的时候无时无刻不想到上海人，因为我是试着用上海人的观点来察看香港的"。（《到底是上海人》）

她两岁时随父去天津，八岁回上海，除了短期（三年）赴香港读大学，直至1952年三十二岁离开，在上海她住了二十多年。不仅她家住在上海，与她有密切关系的李家、黄家、任家（六姑奶奶家）都住在上海，光这些人家发生的故事，就为张爱玲的写作提供了足够多的素材了。

从19世纪中叶五口通商到20世纪中叶，一百年来，上海已发展成一个兼容并包的大城市。外国冒险家将它当作乐园，中国的遗老遗少、失意军阀政客也将它当作避风港，许多实业家来此创业，更多的是逃避战乱和天灾的平民百姓来此谋生。各种人才的聚集，使上海成为近代中国最有活力的城市，也是中国思想文化的中心。以文学为例，这里曾会聚了中国新文学运动的巨星像鲁迅、郭沫若、茅盾、巴金。这里各式刊物、报纸是全国最多的。这里文坛还有个特点，即各种流派都有发展天地，主流派作家不必说，众多非主流派作家都能找到自己的读者群，不过随政治气候变化，有时此长彼消，有时则彼长此消而已。

上海也是中国最西化的城市。在吸收西方新鲜事物上，上海总领风气之先。张爱玲最爱看电影，好莱坞名片总在上海首先上映，这里也是中国国产电影的发祥地。这里还有多家外国书报店，无论通俗或严肃的作家的原版著作都能找到。在吃的方面，中外名菜名点均在这里日夜应市，土到臭豆腐干、草炉饼，洋到各式西点，都能品尝到。上海是中国西式糕饼生产点最多、质量也最好的地方，做出的面包甚至超过原产国的水平。

张爱玲喜欢上海，她对上海人的观察也有独到之处。

她认为上海人最大特点是"通"。她在百货店买东西，听到学徒们的谈话，就知上海人文化程度之高；一家百货公司开幕广告竟用了"骈散并行的阳湖派体裁"写出的文字，有点讽刺但却切实动人；小报上登的打油诗，电车上不知名的人在玻璃窗上划下的对联，看上去都是"由疲乏而产生的放任"，"看不起人，也不大看得起自己"，与人又有一种亲切感，像满脸油汗的微笑，"标准的中国幽默"。她刚从香港回来，有此一对比，不由得感叹："到底是上海人。"

上海人第二大特点是"坏"，但"坏得有分寸"。她说："上海人会奉承，会趋炎附势，会浑水摸鱼，然而，他们有处世艺术，他们演得不过火。"这个"坏"如何理解？她在另一处说过中国人称赞小孩坏，就是称赞小孩聪明。那么上海人的"坏"也可作聪明解了。聪明向奉承、拍马屁一方发展，自然就会做出浑水摸鱼之类的事；但聪明也有它的好处，至少不会上人家的当，正像张爱玲所说，如果小说中出现了像白雪公主似的无缺陷的好人，上海人会向她警告："回到童话里去！"在这方面，"上海人不那么幼稚"。

张爱玲将上海人的特点概括成这样一段话：

> 上海人是传统的中国人加上近代高压生活的磨炼。新旧文化种种畸形产物的交流，结果也许是不甚健康的，但是这里有一种奇异的智慧。

张爱玲的话对我们今日怎样认识上海的传统及上海人性格的演变，有相当的价值。

在上海人身上发现其特点，品味他们的聪明智慧以及各种畸形的小奸小坏，一直是张爱玲致力所在。

《道路以目》中，写张爱玲上街观察所得，她穿过发自煤炉的烟气，看到骑自行车的、走路的行人和各式橱窗，俨然是上海市井的小特写。最令她难忘的是遇上了巡捕捉强盗的一幕：马路上突然阻断了交通，一个女佣买了菜要赶回去做饭，她的叫声只招来路人的哈哈大笑。这边巡捕抓到了强盗——一个距张爱玲一丈远的穿黑衣的男子，似乎没有什么刺激，但巡捕房为了"绷绷场面"派了十几名武装警察来弹压，"老远地就拔出手枪，目光四射，准备肃清余党"。但"望不见妖氛黑气"，表示失望之后就散去了。紧张的一幕过后，路上的送货人、贩米的妇人、包车夫都在"议论纷纷"，张爱玲听到这些无谓的议论不禁感慨："幸灾乐祸，无聊的路边的人——可怜，也可爱。"

《公寓生活记趣》里，张爱玲着重写了公寓中那位开电梯的，认为他是个人物，知书达礼，有涵养。他不赞成儿子去当电车售票员，嫌那职业不上等；再热的天，任凭人家将铃揿得震天响，也要在汗衫背心上加一件熨得溜平的纺绸小褂方肯出现；他还不肯给不修边幅的客人开电梯。张爱玲认为他缙绅气太重。不过公寓住户订的报，他都要过目后方送给订户，小报他看得更仔细，中午才能到订户手中。托他买豆浆，一只牛奶瓶失而复得，只是小了一号，也不知这只新瓶是赔给她们的还是借给她们的，张爱玲认为他颇有点社会主义风的。

《中国的日夜》里，记述了张爱玲去菜场买菜时的所见所闻。这天天气很好，中国人穿的衣服虽是补缀过的，蓝得像雨洗过似的青翠醒目。她听到卖橘子的高叫"一百只洋买两只"；看到化缘的道士跪倒在地埃尖；菜场回来的女佣，买的银白粉丝像蓬头老妇的髻；端寿面的女人朱漆盘子中寿面像女孩头上的红线；提着锅的小女孩"心连手，手连心"的样子；肉店伙计剁肉，买肉妓女在显排她的羊皮袍及指头上的戒指及红蔻丹；老板娘在向一个乡下上来的亲戚宣讲小姑的劣迹；无线电中男女对白的申曲，在入情入理地叙述家常是非……张爱玲买了满满一网袋菜：鸡蛋、黄芽菜、豆腐、甜面酱，在冬天阳光下走着，她产生了活生生站在中国土地上的感觉：

　　我真快乐我是走在中国的太阳底下。我也喜欢觉得手与脚都是年轻有气力的。而这一切都是连在一起的，不知为什么。快乐的时候，无线电的声音，街上的颜色，仿佛我也都有份；即使忧愁沉淀下去也是中国的泥沙。总之，到底是中国。

张爱玲回到公寓后，将菜往厨房里一堆，就写下了一首诗，诗名就叫《中国的日夜》，诗句是这样的——

　　我的路，
　　走在我自己的国土，

乱纷纷都是自己人；

补了又补，连了又连的，

补钉的彩云的人民。

我的人民，

我的青春，

我真高兴晒着太阳去买回来

沉重累赘的一日三餐。

谯楼初鼓定天下，

安民心，

嘈嘈的烦冤的人声下沉。

沉到底……

中国，到底。

作为一个自食其力的知识分子，张爱玲在路上联想起这块土地，从嘈杂的市声里联想起这里的人民，她感到她与他们都在为一日三餐而劳作着。即使"谯楼初鼓定天下"那句唱词，她也能联想"那壮丽景象，汉唐一路传下来的中国，万家灯火，在更鼓声中渐渐静了下来"。虽有点悲凉，但却是与辉煌相照映的悲凉。张爱玲一生很少作诗，这一首诗总体上看是积极的、向上的。

张爱玲对中国土地、中国人民的这份情结是由在上海土地上行走和观察了上海人之后，经过艺术升华而得出的。

上海是她的故土，她的家乡，直至晚年——也是四五十年后，张爱玲还在怀念上海，这就是那篇《草炉饼》。

《草炉饼》不只是写饼，她由卖草炉饼的小贩年轻健壮的声音而联想到卖臭豆腐干的苍老沙哑的喉咙，还有卖馄饨的一声不出、只敲梆子，显然这是上海人每日听惯了的市声，草炉饼、臭豆腐干、馄饨又都是上海最平民化的食品。她回忆这些，无非是要说明："至少就我而言，这是那时代的'上海之音'，周璇、姚莉的流行歌只是邻家无线电的嘈音，背景音乐，不是主题歌。"她的心是和上海普通市民连在一起的。

张爱玲在对上海和上海人的仔细观察后，写下了许多上海故事。她希望上海读者们能喜欢她的香港传奇，自然更希望上海人喜欢她的上海故事，因为"只有上海人能够懂得我的文不达意的地方"。她对上海有无限的期望，所以她说："我喜欢上海人，我希望上海人喜欢我的书。"

华洋荟萃——香港一瞥

如果说上海是中西交汇的都会，那么香港更是个典型的殖民城市。1939~1942年间，张爱玲在香港度过了三年大学生活。

张爱玲离开上海时，上海已成为孤岛。不久日本军队进入租界，上海遂告全市沦陷，香港附近的华南地区也陷于敌手，只有香港仍在英国统治下。于是大批沦陷区人民蜂拥至香港，逃避日军的残暴统治，形成香港战时的畸形繁荣。

张爱玲在海上看到的香港像《倾城之恋》白流苏看到的一样："那是个火辣辣的下午，望过去最触目的便是码头上围列着的巨型广告牌，红的、橘红的、粉红的，倒映在绿油油的海水里，一条条，一抹抹刺激性的犯冲的色素，窜上落下，在水底下厮杀得异常热闹。"这是一个夸张的城市。

在这个夸张的城市里，市郊不是黄土崖便是红土崖，汽车道两边长满了一种英国称之为"野火花"、广东人称之为"影树"的树，"红得不能再红了。红得不可收拾，一蓬蓬一蓬蓬的小花，窝在参天大树上，壁栗剥落燃烧着，一路烧过去，把那紫蓝的天也熏红了"。浅水湾那里还有一座桥，桥那边是山，桥这边是一堵灰砖砌的墙壁，拦住这边的山，一眼看去，那墙极高极高，望不到边。墙是冷而粗糙，死的颜色……使人容易想起地老天荒那一类的话……

张爱玲所在香港大学处在半山,原是一座修道院,这里也长满了各式各样的植物。夜深了,她经常在这里散步,只看见:铁栏杆外,挨挨挤挤长着墨绿的木槿树;地底下喷出来的热气,凝结成一朵绯红的大花,她想这里一定有它热带的回忆——回忆里有眼睛亮晶晶的黑色怪兽以及半开化的人们的爱。木槿树下也有各色草花,黄的、紫的、深粉红的无一例外都是毒辣辣的,像火山的涎沫。还有一种并蒂莲,上面有老虎斑纹。花木间又有无数昆虫,蠕蠕爬动,唧唧叫唤,加上银色的四脚蛇和呱呱叫的青蛙,"造成一片怔忡不宁的庞大而不彻底的寂静"。(《沉香屑——第二炉香》)

在山头富人居住区,房子上有黄地红边的窗棂,绿玻璃窗映着海色,巍巍的白房子上有绿色琉璃瓦,很有点像古代的皇陵。春天多雾时,只看见雾中那绿玻璃窗里灯火晃动,绿幽幽的,像薄荷酒里的冰块,渐渐地化成水——雾浓了,窗格子里的灯光也消失了。这些房子都用栏杆围着,像"乱山中凭空擎出一只金漆托盘",也种点杜鹃花作点缀。春天,墙里的春延伸到墙外,满山开着野杜鹃,灼灼的红色,一路摧枯拉朽烧下山坡,杜鹃花外就是浓蓝的海,海里泊着白色大船。张爱玲说,这里像是"色彩的强烈对照,给予观者一种眩晕的不真实的感觉——处处都是对照;各种不调和的地方背景,时代气氛,全是硬生生地给搀揉在一起,造成一种奇幻的境界"。(《沉香屑——第一炉香》)

在这个不调和的背景下,还生活着不调和的人。几乎世界各地的人都聚集在这里,张爱玲的同学中就有马来西亚人、印度人、爱尔兰人还有东南亚各地的华侨,当然也有像张爱玲这样的中国内地人,至于教授们大多来自英国本土。张爱玲尽量适应这里的生活,她的成绩很好,一次考试,一位英国教授说自他教课以来从未给过这么高的分数。她连得几个奖学金,省下了钱,便到市里逛商店,买衣料。但她仍有经济上的压力。她的同学周妙儿是香港大富商的女儿,她家买了整个青衣岛,在岛上盖了别墅,约请同学去玩,张爱玲考虑仅船票就可够她买参考书的了,便婉言谢绝。

在香港大学，她还是结交了一位好朋友炎樱。炎樱是斯里兰卡人，家中在上海开了一家摩希甸珠宝店。炎樱生性活泼，充满智慧，能说一些非常调皮又有哲理的话。通过炎樱，她还结识了印度人潘那矶先生，知道了广东女人麦唐纳太太一家与潘那矶的故事，这个故事后来便发展成那篇被腰斩了的小说《连环套》。张爱玲与炎樱的友谊一直维持到晚年。

香港大学里，一些外籍女学生还向张爱玲讲一些故事。那篇《沉香屑——第二炉香》的原型，便是一位名叫克荔门婷的爱尔兰籍女孩讲给她听的。

因逃避战乱而到香港的中国内地人、土生土长的香港人，及不同国籍的外国人在这个躁动不安的时代，异彩纷呈的都会里的种种遭遇，不时传到张爱玲耳中，成了她以后创作香港传奇的素材。

但香港在张爱玲印象中还是这样一个城市：它虽然生机勃勃，但嫌夸张；色彩丰富又太犯冲、犯克；到处充满了不协调又危机重重。她说，她是"试着用上海人的观点来察看香港"的，因此她后来写的香港传奇就免不了留下她这种特殊情调，无怪乎周瘦鹃在读了她写的"两炉香"后，这样向读者介绍："请读者共同来欣赏张女士这种特殊情调的作品，而对于当年香港所谓高等华人的那种骄奢淫逸的生活，也可得到一个深刻的印象。后来他们饱受了炮火的洗礼，真是活该！"（《写在〈紫罗兰〉前头》）

1942年，太平洋战争爆发，香港经历了十八天战事后沦陷。张爱玲亲身经历了这场炮火的洗礼，她后来写了《烬余录》，详细地回述了她在十八天中的感受及所见所闻，正如她所述——看见了我们自己的影子，自己的脸，苍白、渺小，我们的自私和空虚，我们恬不知耻的愚蠢，谁都像我们一样，然而我们每一个人都是孤独的——这已不仅是香港人，而是包括张爱玲自己在内的整个人类在战争考验下表现出的弱点了。

张爱玲在香港的生活只是一瞥，但她捕捉香港印象的本事是令人惊异的，她写的香港传奇留给读者的印象与她接受的印象一样鲜明夺目。

一身傲骨

家族传统：独标孤高

张爱玲走红上海滩后，上海报纸捕捉她的热点，一是她的奇装异服，二是她性格的孤傲。特别是后者，常使记者们不得其门而入。

只有极少数的人才能跨进赫德路她的公寓门槛。就是这少数的幸运者——大多是熟人，也必须先用电话预约才能一见张爱玲的真容，否则一概闭门不纳。

上海的作家圈中流传着这样的故事：有人约定下午三点去她家会面，已蒙同意，但不巧此人两点三刻就到了。敲门后，张爱玲来应门，但却脸一板："张爱玲小姐现在不会客。"说罢将门嘭地关上，客人只能尝闭门羹的滋味。那么万一客人迟到了，三点一刻才去，张爱玲更会振振有词地告诉你："张爱玲小姐已经出去了。"一点通融余地都没有。

胡兰成就有过这番经历，他想见张爱玲，苏青就告诉他，张爱玲是不见客的，经胡再三坚持，苏青才给他地址，果然第一次拜访就遭到张爱玲的拒绝。胡兰成了解张爱玲的脾气，以后日本宇垣大将、汪伪要人熊剑东都想见张爱玲，胡兰成一概挡驾。

张爱玲很少参加社会活动，不像一些女作家热衷于人际交往。她仅有几次参加作者座谈会，发言不多，却很有分量，不像有些女作家，记者一发问便大谈自己读过的书、创作经验及今后的打算，其用意十分明显。在这种场合，张爱玲总默默坐在一边，一次记者问急了，张爱玲的对答是："我的毛病是思想太慢，等到听好想说，会已经散了。"她风趣的答复引起大家的微笑。

潘柳黛曾将张爱玲与其他女作家作了一番比较，认为张爱玲的脾气怪，"她不像丁芝那么念旧，也不像张宛青那么通俗，更不像苏青人情味那么浓厚……她却比关露更矜持，更孤芳自赏……张爱玲的自标高格，不要说鲜花,就是清风明月,她觉得好像也不足以陪衬她似的"。(《记张爱玲》)潘柳黛也算得上是能够进入张爱玲公寓的个别女作家之一,后来与张爱玲发生矛盾,一提起张爱玲,文中都带点刺,然而这次她说张爱玲脾气古怪,可谓说到了点子上。连清风明月也不足以衬张爱玲的高贵,这是何等的自尊、自傲!

张爱玲的性格,很像她爷爷。

张佩纶青少年时就很有抱负。1870年他二十二岁,从江南入都应顺天乡试,做了一首《感时言志别四兄及诸弟》,诗中就表达他有拯济天下之志("譬之涉大水,拯济谁梁杠"),他深信自己必将应时而出,成为名震天下的豪杰("豪杰为时出,天鼓雷砰䃘"),也推测自己前途还有波折,若是那样,一腔刚直之气只能蕴于肚子里("无具遂自荐,刚肠蕴空腔")。这首诗学的是当时最流行的江西诗派,有黄庭坚的诗风,用韵选词都很奇特。同时他还写过《入都别邵丈》,诗中引用东方朔见汉武帝、燕昭王筑黄金台的典故,显然是以满腹经纶能一策定天下的谋士自居的。(《涧于集·诗》一)

十分庆幸的是,张佩纶的抱负终得实现。1870年他考中举人,第二年便成进士。在他老师李鸿藻的支持下,他与张之洞等不避权贵,今日参督抚,明日揭内阁,弄得朝廷上下个个提心吊胆,人人为之侧目。他也成为清流健将,官越做越大,三十多岁便主持风宪(左副都御史),又进了总理衙门。当时张佩纶倨傲非常,朝廷上哪一个都不在他眼下。一次他与张之洞评点当代人物,曾国藩、李鸿章、左宗棠均不在他们眼下。就是在李鸿章面前,他也傲气十足,曾与李鸿章谈天下事,仗着年少气盛,侃侃而进危词,讲的话连李鸿章脸都变了色,几次想站起来。还有一次同道去祭东陵,张佩纶又一次在李鸿章面前评骘当世人物,露出睥睨一切的气概,李鸿章奉劝他:"我年轻时也与你性格差不多,不过太刚直,坚硬的石头容易被打成缺口,皎白的丝帛最容易染上污点(峣峣者易缺,皎皎者易污),

一定要收敛你的刚锐之气，要学会忍辱负重啊，在这方面我可教你。"这一段是李鸿章死后张佩纶自己的追忆，张佩纶当年在权倾一时的李鸿章面前臧否时人的自傲气势跃然纸上。(《涧于集·文》上)

1900年八国联军进攻北京，慈禧、光绪西逃前命李鸿章(时任两广总督)速赴北京主持和议。这年年底朝廷赏张佩纶翰林编修职衔，命其赴李鸿章处协助办理交涉事宜。在一再催促下，张佩纶至1901年2月方到北京，但当条约初定，6月便以病重为借口离京。他这样匆匆来去，盖在他一向不主张对外屈辱求和。所谓"和究非性之所近"，如今又不得不议和，他内心是痛苦的。他有句名言："吾辈以主战得罪，断不可以主和出山。"（《复陈弢庵阁部》，《涧于集·书牍》六）如今为形势所迫又不得不出山。7月《辛丑条约》签字，朝廷又认为他协助李鸿章办理交涉有功，决定以四五品京堂起用，并在督办政务处安排了位子，他既羞又愧，不得不请力辞，自称"生平毁誉杂出，止此行已有耻一端"，"若以战败获愆，而以议和受赏"，即使有一点微劳，"佩纶犹深耻之"。在参与议和的官员中，能敢于这样自责的人是不多见的。(《沥拜恩赏呈》，《涧于集·奏议》四)

张佩纶这种刚直、自尊、自傲的性格，常为当世者和后来知识分子景仰、称道。陈宝琛和劳乃宣为张佩纶所做的《墓志铭》《墓表》都一再申明了这一点。《涧于集》成书后，已是民国，张志潜请常州名士陈重威作序，陈在读了张佩纶的文集后发了一通感慨：他认为张佩纶作文"慷慨淋漓，声情激越"，比得上击筑而歌刺秦王的荆轲，也比得上晋代一心想收复中原的刘琨（"有荆卿变征，越石和啸之风"）。他接着说："由先生之文以推其志，则英标孤诣尚可想见，其人固非依傍门户，徒拾糟粕者所能望其涯际也。"由文章而推想他的志趣，为一般只想依靠别人、拾取别人糟粕者，万万不能相比。陈重威将张佩纶的性格特征归结为英标孤诣，是恰如其分的。(陈重威为《涧于集·文》所作序)

在自尊、自傲上，最接近张佩纶开创的张氏门风的，要数他的孙女张爱玲了。

她有极强的自尊，还是孩提时，从女佣口中知道了男女差别，她的将来不如弟弟，她就发誓一定要超过弟弟。父母离婚后，使她最难堪的是每学期开学或要交钢琴老师学费时向父亲要钱。为了避免这一难堪，她干脆停止了钢琴课。从父亲家里逃出后，本来向母亲要钱也应是"亲切而有味的事"，但当时母亲也不宽裕，她便自责，"为自己的忘恩负义磨难着"，她体会到"能够爱一个人，爱到向他拿零用钱的程度，那是严格的试验"。（《童言无忌》）她住在母亲与姑姑那里，"时刻感到我不该拖累他们"。吃菜时，总对姑姑说："好吃……明天再买好么！"一次爱玲想吃包子，姑姑心境不好，还是捏了四个小包子。爱玲看到包子上的皱褶，心也皱了起来，"喉咙里一阵阵哽咽"，但口中还说"好吃"。这些"不忍想起，又愿意想起"的琐事，是张爱玲极敏感心灵的反映，她自尊，也理解别人。

中学时代和大学时代，困扰她的还是经济问题，这极大地损害了她的自尊。她很少交朋友，也无法向人倾诉，以至事过境迁还会做让她尴尬的噩梦。她成名后喜欢做衣服，也喜欢穿奇装异服，既是对过去缺少衣服的补偿，同时也是对自尊心受到伤害的补偿。

胡兰成的《今生今世》中也有相关的描写：

> 爱玲种种使我不习惯。她从来不悲天悯人，不同情谁，慈悲布施她全无，她的世界里是没有一个夸张的，亦没有一个委屈的。她非常自私，临事心狠手辣，她的自私是一个人在佳节良辰上了大场面，自己的存在分外分明。她的心狠手辣是因她一点委屈受不得。
>
> 张爱玲是使人初看她诸般不顺眼，她绝不迎合你，你要迎合她更休想。
>
> 她觉得最可爱的是她自己……因为爱悦自己，她会穿上短衣长裤，古典的绣花的装束，走到街上去，无视于行人的注目……

和她相处，总觉得她是贵族……站在她跟前，就是最豪华的人也会感受威胁，看出自己的寒伧，不过是暴发户。这绝不是因为她有着传统的贵族血液，却是她的放恣的才华与爱悦自己，做成她这贵族气氛的。

胡兰成不愧是那时最了解张爱玲的人，他说张爱玲从不同情谁，说她心狠手辣，谁也无法迎合她，她最爱悦自己，归结为她的贵族气质，甚至说她是跋扈的，却道出了张爱玲极端自尊和自傲的一面。自然胡兰成抬高张爱玲是为了炫耀自己、抬高自己，上述引文我们亦不难发现他的用意。

即使被人误解，张爱玲也一般不作辩解，刻意保持她矜持、高居别人之上的姿态。例外的有三次。

第一次是所谓"一千元灰钿"事件。

张爱玲给《万象》写《连环套》，讲明每月预付稿费一千元。一次《万象》老板平襟亚（秋翁）亲自付给张爱玲两千元做两期预付款，张爱玲即表示最好还是每月付一千元，平襟亚当即同意，另开一张一千元支票，谁知那张两千元支票竟未销账，以至《连环套》连载六期，账面上却出现了七千元预付款，这时张爱玲又自己腰斩了《连环套》，引起平襟亚不满，便在一张小报《海报》上写了《一千元灰钿》翻开了这笔老账。柯灵不信这事，要为张爱玲洗刷，并在《海报》发文，认为必是张爱玲一时疏忽，这样反倒坐实了这件事，张爱玲不得不出来说明情况。事情发生后，张爱玲"已觉得我在这件无谓的事上已经浪费了太多时间"，《海报》因平襟亚的关系有偏袒的倾向，张爱玲也不顾了，她决定安于缄默。谁知张爱玲中学时期的国文老师汪宏声为介绍张爱玲，提到了张曾将一篇作文抵充两次作业的旧事，这自然就与"一千元灰钿"联系起来了，张爱玲不得不向《国光》（汪的文章登于《国光》）投文，说清事实真相，这篇文章便是《不得不说的废话》。

第二次是迅雨（傅雷）在《万家》上发表了《论张爱玲的小说》，张爱玲写了《自己的文章》加以反驳。

迅雨在文中对张爱玲的成就（特别是《金锁记》）给予了极高的评价，同时指出她的弱点及不足之处。迅雨的文章立论严谨，分析得当，使张爱玲不得不在理论上下了一番功夫，才迟迟作一答。

第三次是抗战胜利后，因她与有复杂背景的《杂志》来往密切，又有与胡兰成的一段恋情，受到了舆论指责。她先是保持沉默，直到1946年底，才借《传奇》增订本出版的机会，写了《有几句话同读者说》作为该书前言，澄清了她与"大东亚文学者大会"的前前后后，并声明她没有向公众说明私生活的义务。

她三次亲自出面辩白或反驳，对于她来说是非常必要的。她说过"平常在报纸上发现与我有关的记载，没有根据的，我从不加辩白"，第一次关系到她的职业道德问题，为了"不愿我与读者之间有任何误会"，尽管不愉快，也要辩白。至于第二次，她反驳迅雨，则是因为她的创作思想本与迅雨不同；而迅雨文章又击中了她的弱点（《连环套》的不成熟等），在一片赞好声中，出现击中要害的批评，当然是令她不快的，所以她的反驳基本是将批评全部顶了回去。三次的辩白或反驳虽不尽相同，但为维护自尊的目的是一致的。

张爱玲是孤傲的，一般人从不在她眼下，但遇到胡兰成，却"变得很低很低"，这真是一个异数。一个汪伪官员与张爱玲谈恋爱，论婚嫁，岂不大悖于张氏门风吗？

毋庸讳言，仅就这事而论，张爱玲的所作所为确与她祖父张佩纶有较大差距，甚至不及她父亲张志沂。张、胡之恋所以发生，原因是多方面的，这里须提及，张爱玲的自尊既是优点也是缺点，胡兰成为什么能取得张爱玲欢心，除风雅的外表、渊博的学识外，还有他对张爱玲的吹捧，他经验老到，专投张爱玲所好，张爱玲也果然被他迷惑。自尊、自傲在这里给她带来的不只是一段乱世情，也是难咽的苦果、终身的遗恨。

"我是个自私的人"

张爱玲自己说："我是个自私的人。"张爱玲坦率的话，反映了她在待人接物上的某些特点。

胡兰成发现她对待亲人有异于平常人。她理直气壮地说过她不喜欢她的父母，她弟弟偶尔来看她，她也一概无情。她弟弟亦自认："我从小在我姐姐面前吃她排揎也习惯了。"张爱玲受过父亲虐待，自她被禁闭、父亲声言要打死她时，父女情分也算了结了。难以理解的是她对母亲和弟弟的无情。经过胡兰成的观察，原来张爱玲"对好人好东西非常苛刻，而对小人与普通东西，亦不过是这点严格"，这便是她一贯主张的参差对照，在好人好事中发现不好的，在坏人坏事中发现好的，所以世上万事万物都没有绝对的好坏。即以父亲论，虽已恩断义绝，但有时还会想起他；母亲为她做出过重大牺牲，但她仍有爱被吞噬的感觉。

她的自私最集中反映在她对钱的态度上。

她很坦率地告诉读者："我喜欢钱。"她将自己对钱的爱好追溯到"抓周"——周岁时在漆盘中抓东西，以卜将来志向，结果她抓的是个小金镑。后来她理智地将对钱的喜好归之于从小没有吃过钱的苦，"所以不知道钱的坏处，只知道钱的好处"。她小时候过的是衣食无忧的生活，钱对她来说没有意义。生平第一次赚钱是中学时代，画了一张漫画投到英文大美晚报，报馆给了五块钱，她立即去买了一支小号丹琪唇膏，从未想到要存起来做纪念。对于她，"钱就是钱，可以买到各种我们要的东西"。

父母离异后，她尝到了缺钱的痛苦和难堪。她对自己能自食其力而感到高兴，连买件衣服时考虑再三的苦恼与喜悦都认为是难得的经历，她知道"钱太多了，就用不着考虑了；完全没有钱，也用不着考虑了"。这种拘拘束束的苦与乐自然是"小资产阶级的"，她很以自己是个"小市民"

而自豪。(《童言无忌》)

姑姑说她"不知从哪里来的一身俗骨",因为她父母都不大谈钱,透着一份清高,只有爱玲讲钱,她听后并不认为姑姑批评过分,反以自己"天生的俗"为荣。她与姑姑住在一起,却锱铢必究;她与好友炎樱一起上街、购物、喝咖啡也各付各的账,在银钱上,她从不亏人,也不亏自己。不过两次婚姻,在经济上她却吃了大亏。但至少在理论上,她是主张双方钱银两讫的。

自私,对于张爱玲而言,也是保护自己的武器。一次苏青告诉张爱玲她为什么疼孩子,是因为"与其让人家占我的便宜,宁可让自己的小孩占我的便宜"。张爱玲很以为然。她在小说中写了不少"坏得鬼鬼祟祟,有的也不是坏,只是没出息,不干净,不愉快"的人,对他们的不好她都能够原谅,不过,都是在小说中。她说如果在日常生活中碰到他们,"因为我的幼稚无能",与他们在一起,就不会得到什么好处,还是不接触为好;"如果必须接触,也要斤斤计较,没有一点容让,总要个恩怨分明"。(《我看苏青》)她在提醒大家,也提醒自己,参差对照并非万灵武器。

张爱玲眼中,不仅自己是自私的,周围的人也是自私的。《烬余录》写尽了香港围城中人们暴露出来的种种弱点:挤防空洞,里面的人将门关上不让外边的人进去,外面的人大吵大闹要挤进去,混乱中丢失了箱子;在临时医院里,张爱玲等临时看护置病人痛苦、饥饿不顾,自顾自地去煮牛奶、烘面包;围城结束后人们看着天上的日机而欢呼,庆幸再没有危险了;面对战死、饿死的人(仅几尺远),人们心安理得地吃炸面饼。《到底是上海人》中,张爱玲又概括了上海人的"坏":会奉承、会趋炎附势,会浑水摸鱼,指出这是上海人的处世艺术,不过"他们演得不过火"。上海人甚至认为善良、慈悲、正大只配生活在童话世界里,在上海没有它们的地盘。

以是在她的小说中,充满了自私的人,如《倾城之恋》中男女主角范柳原和白流苏。作者径直告诉读者:"他不过是一个自私的男子,她不过是自私的女人。"白公馆里的二爷、二奶奶、三爷、三奶奶也无一不是自私的。《红玫瑰与白玫瑰》中佟振保的最大理想是有一个热烈的情妇和一个贤惠的太太,同时占有两个女人而不顾其他,是个自私的男子。《金锁记》姜公馆中哪一个不是自私的!曹七巧是典型中的典型,为了财产,她赔进了自己,又赔进了儿子和女儿。在张爱玲的小说中,只有曹七巧是个"英雄",她激不起读者的同情,作者也没有将同情加在她身上;而其他都是些"不彻底的人物",他们自私,但自私得也很艰难,在他们周围充满着"回忆与现实之间的种种尴尬和不和谐,郑重而轻微的骚动,认真而未有名目的斗争"。张爱玲关注他们,是因为张爱玲认为他们才是"这时代的广大的负荷者",构成了"时代的总量"。(《自己的文章》)中国自古至今一直存在着人性善恶的争论,看来,张爱玲既不同意性本善,也不同意性本恶,在她看来人就是人,善中有恶,恶中也包含了善。

自私是个人主义的表现。胡兰成有一次开玩笑地对张爱玲说:"你也不过是个人主义者罢了。"胡兰成当时也觉得,"这个名称是不大好的"。(《论张爱玲》)但是个人主义的产生,在特定历史条件下,却是进步的。在中世纪宗教思想的禁锢下,是不允许有任何独立的、科学的、反宗教的个人主义存在的。随着资本主义生产关系的产生和发展,个人主义才有了发展的机会,它在促使人们认识自我、强调人格独立和人性全面发展上是起了重要作用的。五四前夕,中国新文化运动如火如荼,许多新文化巨匠们传播的新思想中,个人主义是很重要的一个方面。五四作家群中,以个人主义为创作指导的也非个别,说张爱玲"是个人主义的",是可以理解的,并非贬低她。

张爱玲"自私"(她坦然自认),"是个人主义的"(未经承认),从一个方面看。是她自尊、自傲性格的反映;就"自私"、"个人主义"的具体表现看,与家族中人并不完全一致,这是时代不同、生活环境不同所致,但就源流而论,还是起源于独标孤高的家族传统。

七　适应与出走

> 苦虽苦一点,我喜欢我的职业。"学成文武艺,卖与帝王家",从前文人是靠统治阶级吃饭的。现在情形略有不同,我很高兴我的衣食父母不是"帝王家"而是买作品的大众。
>
> ——张爱玲

适应的困难与出走

走向电影

1945年9月,在举国欢庆抗战胜利之时,张爱玲却陷入困境。她为有复杂背景的《杂志》写过稿,《杂志》也捧过她,这已犯了忌;那次由落水文人拼凑的"大东亚文学者大会"名单上有她,成了证据;更遭物议的是她那段与胡兰成的乱世情,一度成为舆论曝光的热点。

张爱玲保持了沉默,直至1946年底,山河图书公司出版《传奇》增订本时,她写了《有几句话同读者说》做序言,回答了社会上对她的指责。这篇文章有两层意思:第一层,公布了传说纷纭的她的唯一的嫌疑是怎么回事。原来那次大会名单根本没有征求过张爱玲本人意见,公布后,张爱玲曾写辞函寄去,她还公开了辞函的内容,不过报上没有将张的名字去掉,以致引起误会。第二层是她的私生活问题。她的回答更干脆："私人的事本来用不着向大众剖白，除了对自己家的家长之外仿佛我没有解释的义务。"第一层摆了事实，所谓"文化汉奸"帽子戴不上；第二层道理更充足，她并未因私人感情而影响本人立场，社会舆论一向标榜尊重人格，为何苦苦追究？张爱玲声言本文是特地为读者写的，将制造闲言碎语者一概排于外。张爱玲毕竟是张爱玲，连这样的小文都是一副孤高自尊的气度和风范。

在刊物上发表文章是困难了，但很巧，电影找上了门。张爱玲从小爱看电影。一次她与弟弟陪亲戚去杭州玩，第二天看到报上登上海放映谈瑛主演的电影《风》的消息，她就执意当天回上海，一回上海就赶往电影院连看两场，还说"幸亏今天赶回来，要不然我心里要多难过呢"。张爱玲称得上超级影迷。自香港回上海，在卖洋文的日子里，她又为英文《泰晤士报》写过不少影评，都很有见地。她一向对电影这种新型的表现形式很欣赏，以致她的小说都有电影的风格。傅雷早就指出《金锁记》中女主角曹七巧十年前到十年后的转换是"电影的手法"，"巧妙的转调技术"；《沉香屑——第一炉香》与《茉莉香片》的开头，都存在一个解说员，似乎在画外讲故事；《花凋》则是典型的倒叙，由女主角的墓碑镜头切换到她的青春外貌。张爱玲小说中人物语言的精练与个性化，景物描述的细致与色彩的丰富，都合乎电影文学的要求。柯灵是最了解张爱玲的，当上海新组成了文华电影公司，苦于没有合适的剧本时，柯灵便推荐了张爱玲。

1946年下半年的一天，桑弧与龚之方手持柯灵的介绍信敲开了张爱玲公寓的房门，张爱玲问清来意，稍做犹豫便爽快答应了。她参考了几个中外电影剧本，很快便写下了《不了情》的本子。《不了情》也是文华电影公司的第一部电影，由桑弧导演，著名演员刘琼和陈燕燕主演。

《不了情》上映后，反响热烈，卖座极佳。张爱玲后来将电影剧本改写成通俗小说《多少恨》发表在唐云旌（大郎）与龚之方主编的《大家》上。《不了情》的故事前面已作过介绍，内中包含了张爱玲与胡兰成那段乱世恋情的影子，可说是她自己经历的变形。有的评论家更指出《不了情》与美国名片《蝴蝶梦》在情节结构上的某种相似，这道出了张爱玲写电影的特殊技巧——她能把好莱坞电影的情节搬到中国，写成完全中国化的电影。后来她为香港电懋公司写的不少电影剧本都循了这条路子。

《不了情》的轰动，引起了文华公司和桑弧与张爱玲合作的兴趣。当时桑弧肚子里有个腹稿，他把故事框架告诉张爱玲，张爱玲又较快地交出了第二个剧本《太太万岁》。

《太太万岁》是个轻喜剧。女主角陈思珍是个中产阶级家庭的太太，上海弄堂里，一幢房子里就可以找出几个。陈思珍"不大出去，但出去的时候也很像样：穿上'雨衣肩胛'的春大衣，手提玻璃皮包，粉白脂红地笑着，替丈夫吹嘘，替娘家撑场面，替不及格的小孩遮盖"。她周旋于家庭每一个成员间，想方设法让每个人都满意，博得个"好太太"的美誉。事情发展总与她估计相反，好事总变成错事，结果人人都怪她。最后的结局是大团圆式的，太太终于获得了全家理解。但她这种"快乐里永远夹着一丝辛酸"。《太太万岁》中的太太是正面人物，但她做的每一件事都是喜剧性的，张爱玲为制造效果，大量加上巧合、误会，把几个演员忙得团团转。张爱玲认为这样做，"严格地说起来，这本来是不足为训的，然而，正因为如此，我倒觉得更是中国的"。正像街上卖的鞋样一样，托在玫瑰红的纸上，喜气、明朗但浅显。(《〈太太万岁〉题记》)

《太太万岁》引起的轰动更大，据说电影院里笑声不绝，为文华公司带来不少利润。

张爱玲从小说、散文创作走向电影并同时开始写通俗小说，既是被动的又是主动的。说她被动，是因为她已不可能在较严肃的文艺刊物上发表东西了，电影剧本的写作是被拉上马的；说她主动，是因为她早就具备了这方面的才能。如她在《多少恨》前面的引子中所述："我对于通俗小说一直有一种难言的爱好，那些不用多加解释的人物，他们的悲欢离合。如果说是太浅薄，不够深入，那么，浮雕也一样是艺术呀。"如果在通俗小说之后再加上电影，这句话就更完整了。她在艺术创作上的转向、适应，确有无可奈何的一面，但她还是喜滋滋地走上了这条路。她的转向及适应又是成功的，她又重新赢得了观众和读者。

家族的逃避与个人的逃避

新中国成立后的张爱玲在努力适应时代，但她的努力又告诉她，她越来越难适应这个时代。

抗战胜利后，她走向电影，证明她走这一步是对的，但解放战争的炮火使她不得不中断这一步。新中国成立后，她转向通俗小说，开始也颇红火，但"现在什么事情都变得这样快"，她那套老故事加光明尾巴已难与时代要求合拍。

她为适应确已付出许多。她从不主张将人绝对地分为好人与坏人，她的作品从不采取好与坏、善与恶对立如斩钉截铁的冲突式写法，她欣赏的是参差的对照。但时代却要求文艺作品必须反映阶级对立，必须善恶分明。她写了《小艾》，费力地加进了阶级对立、新旧对比之类的内容，但加得相当勉强，还不由自主地在小艾听说五太太死后，说出"总是觉得五太太其实也很可怜"之类的话，这在当时气氛下是有阶级调和之嫌的。要张爱玲真的做到斩钉截铁的冲突式的立场分明，显然是不可能的。

新中国成立后，强调的是文艺必须为工农兵服务，强调写革命，写战争，塑造英雄形象，这与张爱玲的一贯主张又是对立的。她从不主张写革命，写战争，认为战争是被驱使的，而革命则有时候多少有点强迫，只有恋爱比革命和战争更朴素、更放恣，也更值得写。她的《十八春》和《小艾》，时代背景是模糊的，革命和战争只是配合了故事发展。后来张爱玲去美国，将《十八春》改为《半生缘》，将许叔惠去解放区改为去美国，删去了结尾，将故事结束在新中国成立前，并不影响整个小说的完整。《小艾》也删去了外加的政治口号，也结束在新中国成立前，同样不影响阅读。这便证明了张爱玲的《十八春》不过是一个恋爱故事，《小艾》不过是一个败落家庭主（五太太）、仆（小艾）两代人的命运故事。两部小说所有的人物都不是英雄，小艾更不是有觉悟的劳动人民的典型。张爱玲的创作与主流派的要求，相去甚远。

张爱玲那种老故事加光明尾巴的做法，一开始也许新鲜，但此类作品多了的话，不仅读者生厌，领导也未必会赞成，何况张爱玲运用得也不甚高明。《小艾》没有在读者中引起像《十八春》那样的反响，正说明读者口味和要求在变，张爱玲能走的路更窄了。

夏衍曾一度考虑吸收张爱玲到新成立的电影剧本创作所任职，发挥她在编剧上的特长，创作所由夏衍兼任所长，柯灵任夏的助手，如能成功，人地相宜，张爱玲或许能觅到施展才能的地方，但不久夏衍告诉柯灵："眼前有人反对，只好稍待一时。"张爱玲在沦陷时的那段历史，还在发挥奇特的作用。

张爱玲在新中国成立后显然没有得到安排，今日看来算是个文艺个体户。在今天和新中国成立前都是平常事，但在新中国成立后一个很长时期内却是件大事。政府没有安排工作，必然说明存在一些问题，是会被人另眼看待的。没有工作也就没有单位，就等同于里弄居民大嫂，要外出（离开上海市）就必须到派出所开证明（当时无身份证），也就是张爱玲所说的路条，平日也要参加里弄的学习，这对一向自傲敏感的张爱玲来说，更增加了她的疑虑与不安。她那次随旅行团去杭州就产生了被监视的感觉。

政治运动也接连不断，从1949年解放到她离开大陆，土地改革、镇压反革命、抗美援朝都是全国性的大运动，虽没有触及她，但以她的家庭出身、沦陷时的经历，她是会产生危机感的。张爱玲终于考虑要离开这片土地了，她的目的地是十余年前曾去过的香港。

张爱玲曾经说过"苦虽苦一点，我喜欢我的职业。'学成文武艺，卖与帝王家',从前文人是靠统治阶级吃饭的。现在情形略有不同,我很高兴我的衣食父母不是'帝王家'而是买杂志的大众"。(《童言无忌》)由张爱玲的话,我们会联想起她的祖父张佩纶。张佩纶可算是个"学成文武艺,卖与帝正家"的典型的封建知识分子。他以自己的才干"卖与帝王家",做了大官;马江之败,因没有为"帝王家"办好事而丢官、充军。张爱玲庆幸自己的主顾是读者大众,但读者大众是不断变化的,周围环境也是变化的,当变化了的环境已不允许她按原样生活下去,变化了的读者已不欢迎她的作品时,她不仅会丢掉自己最喜欢的职业,而且生存上也会成问题。

有一点张爱玲与张佩纶很相似,他们都懂得如何趋时避祸。

张佩纶被充军察哈尔时,表面上不问时事,埋头读庄子、管子,但内心热得很,他到处打听朝政,广泛与朝中故交、师友写信,沟通消息。遭戍期满,他一头投向北洋衙门,做了相府贵婿,未尝没有东山再起的打算,李鸿章也是如此看待的。

在张佩纶看来,他做李鸿章女婿不过是件小事,但由于目标太大,他本人又是罪臣身份,结果朝野上下闹得沸沸扬扬,他才意识到考虑社会影响,"深维世志,预杜嫌疑"的重要了。

自此后,张佩纶在北洋衙门中长期避嫌,在李鸿章生日、节庆场合,他也避免与众人见面,即使如此,他也没有逃脱甲午战争时被朝廷逐出天津的下场。他去南京定居正是为了远远避开京津,在南京与李菊耦诗酒唱和也有消极避祸的用意。《辛丑条约》签订前,朝廷下旨要他赴京协助李鸿章,他一再推辞,不得已北上后又匆匆请假回南京,朝廷有意要用他参与新政,他知道他的主张不可能在王文韶之流手下实现,干脆以病为由,闭门不出。

张佩纶也曾为自己一味逃避后悔过,那是丧权辱国的《马关条约》签订后,全国上下都在唾骂李鸿章,他曾给好友写了一封信,称如当时不避嫌,参加李鸿章幕府,也许局面不至于如此之糟。他将自己的回避归之于"不够老辣",是"一肚皮线订书为害"的结果。(《涧于集·书牍》六)

"一肚皮线订书为害"颇打中了中国知识分子性格的要害。以张佩纶为例，他自幼熟读诗书，又有经世之才，一度也曾得到重用，红极一时，经挫折后，才能再也没有得到施展的机会。原因是"一肚皮线订书"告诉他，他业已得罪朝廷，是个罪臣，必须安分守己，不得轻举妄动，在许多场合他更主动避嫌，以免遭猜疑，以保身家。逃避的后果自然是一面诗酒风流以示旷达，一面内心极端苦闷，郁郁而终。

张爱玲的时代与她祖父不同了，但祖孙两代的逃避却是相似的。张爱玲自幼深受中国传统文化的熏染，又有家学渊源，历代知识分子的进退必定了然于胸。她深知在一定时候个人必须逃避的道理。尽管对逃避后的将来，她会怎么样，无法考虑，也不想考虑。

她走得很清坚决绝，与姑姑约好互不通信，以至夏衍听说她走，在惋惜之余托人带信给她姑姑，希望张爱玲能为《大公报》《文汇报》写点文章，姑姑的答复是"无从通知"。

后来有人好心地估计，假设新中国成立后，张爱玲能得到安排，她不一定离开大陆。这个假设首先是不可能，连夏衍都无法抗拒左的一套，她能得到妥善安排吗？再则她离开大陆也不仅是个安排问题。张爱玲死后，有记者就此问题采访了柯灵，柯灵黯然地说：

> 以她的出身、所受的教育和她的经历，她离开祖国是必然的，不可勉强的……试想，如果她不离开，在后来的"文化大革命"中，一百个张爱玲也被压碎了。但是，再大的天才离开自己的土地，必然要枯萎。张爱玲的光辉耀眼而短暂。张爱玲的悲剧也可以说是时代的悲剧。（江迅:《柯灵追忆张爱玲》，载 1995 年 10 月香港《明报月刊》）

张爱玲离开大陆是幸事，也是不幸的事。

急管哀弦

反共小说之谜

晚年，张爱玲回顾自己一生，将毕生岁月分为以下几个阶段：

悠长得像永生的童年，相当愉快地度日如年……

然后崎岖的成长期，也漫漫长途，看不见尽头……

然后时间加速，越来越快，越来越快，繁弦急管转入急管哀弦，急景凋年倒已经遥遥在望……（《对照记》）

她重返香港时是1952年，年龄不过三十二岁，但她已感到人生已在由繁管急弦走向急管哀弦了。

她出境是以继续香港大学学业为理由的，到港后确去过香港大学注了册，但迫于生计，经友人介绍寄居于女青年会，在美国新闻处做翻译，美新处驻香港机构负责人就是麦加锡。

在美新处任职期间，她翻译过海明威的《老人与海》、玛乔丽·劳林斯的《小鹿》、马克·范·道伦编辑的《爱默森选集》、华盛顿·欧文的《无头骑士》等。上述作品中，有些是她不愿读的，但她却硬着头皮译下去。她说，即便是关于牙医的书，她也要做。例外的是海明威的《老人与海》和台湾作家陈纪滢的《荻村传》。前者她仿佛是在与老人对话；后者则因其是本资料性质的书，写中国一个典型的北方农村近一个世纪的变迁及农民的命运，她当时正在写有关农村的小说《秧歌》，以是很感兴趣。

在美新处，她认识了也在那里做些翻译工作的邝文美和她的丈夫林以亮（宋淇）。邝、林都是"张迷"，待人诚恳，以是张爱玲与他们结下了深厚情谊。

除从事翻译外，她开始用英文撰写小说《秧歌》。《秧歌》是张爱玲唯一部以农村为题材的小说（少年时写的《牛》只能算习作）。

《秧歌》以一个在城中做女佣的农妇月香为主线。她响应政府号召回乡参加农业生产，她所在村子已经土改，但生活仍很艰难，农民普遍吃不饱。年关将近，村里要求各户拿出年糕、猪肉去慰问军属，没养猪的要交钱。干部王同志动员月香的丈夫金根带头，金根不愿，月香还是悄悄将钱交了，引起夫妻吵架。在交年糕时，王同志又认为金根家交的分量不够，金根不服，争吵起来。周围农民因不满也要向政府借米过年，人群拥向粮库，王同志下令开枪，在一片混乱中，月香女儿阿招被人踏死，金根受了重伤。月香带金根到金根的妹妹金花那里躲避，金花不敢收留；金根怕连累金花、月香，跳水自杀。月香死了孩子和丈夫，便纵火烧了仓库，月香也被烧死。风波过去，村里恢复平静，大伙扭着秧歌给军属拜年去了。《秧歌》除这条主线外，张爱玲还安排了一条副线：作家顾冈下乡体验生活，准备编一个剧本，也经历了这场风波，但他编出来的戏，竟是农村修水坝、地主和间谍搞破坏炸水坝的事，完全与他的体验无关。张爱玲安排这条副线，无非是说明，按照意识形态和主观想象编出来的，都是虚构的神话。

写完《秧歌》之后，她又用英文写了另一部小说《赤地之恋》。

《赤地之恋》通过写一个理想主义的大学生刘荃的经历来展开整个故事。刘荃大学毕业后参加了土改工作队，那里地富凑不够数，工作队便将刘荃的房东——一个老实的中农当作地富枪毙了，刘荃受到了很大震动，更使他内心负疚。刘荃调到上海，参加抗美援朝宣传工作，看到社会上的种种腐败现象，他也一度堕落。"三反"中，他因上级的案子受到牵连而被抓起来，他的女友黄绢以牺牲自己，当了有权势人的情妇，救了他的命。刘荃为麻痹自己，报名参加抗美援朝，他负了伤，被美韩军队俘虏。经过多次人生折磨，他的理想早已破灭，但在遣返战俘时，他突然选择了回大陆而不去台湾，暗示刘荃必然成为暗藏的反共产主义者。

《秧歌》《赤地之恋》的反共立场是很鲜明的。两部小说都先在美新处的《今日世界》上连载,然后出了单行本。《秧歌》还得到美国《纽约时报》《星期六文学评论》《时代》周刊的好评。相对而言,《赤地之恋》就比不上《秧歌》,美国出版商对此没有兴趣,由香港出版商分别印了中文本和英文本,中文本还有些销路,英文本难得有人问津。

张爱玲为什么要写反共小说?

新中国成立后,她曾想适应时代,但适应不了,这是事实。她家虽已败落,父亲和后母早就搬进了仅十四平方米的小屋,已与一般市民没有多大差别(以致熟人还说张志沂败家是"败得早,败得好"),但作为显赫一时的张氏后人,他们的思想意识、生活方式与时代是格格不入的。张爱玲一生都追求安稳的世界。新中国成立前,她已知道时代在破坏中,但那不过是渐进式的、小小的破坏;全国解放是对旧秩序的冲突,就不是小小的破坏了,社会巨大的变革、威胁感对她而言,就来得特别强烈,也特别不能理解。所以她对土改等一系列的历史变动,有着本能的恐惧和反感。

她留在上海期间,也曾从报纸、广播和亲身经历中获取过社会变动的新信息,但她往往是正面文章反面看,社会的变化没有激发她积极地看世界,反而使她产生更加抵触、对立的情绪。

前面我们已做过分析,张爱玲思想深处埋藏着消极的人生观和世界观,家族无望、前途无望,是她的许多小说、散文要告诉读者的。早在40年代她曾与苏青有过一次谈话,讲到未来的问题。苏青认为未来会有一个理想的国家,张爱玲却说:"我想是有的。可是最快也要许多年。即使我们看得见的话,也享受不到了,是下一代的世界了。"(《我看苏青》)看不到国家的前途,看不到自己的前途,未来也不属于自己,决定了她不可能成为"歌德派"。

张爱玲写反共小说也受环境影响,她任职的美新处,是美国驻港新闻机构。50年代，美国对新中国的态度是众所周知的，英国出于策略上的需要虽与新中国建立代办级外交关系，但港英当局一直纵容美国和台湾当局利用香港作为对新中国进行颠覆和破坏的基地，对中国政治态度也不是很友好。因此张爱玲周围存在着浓厚的反共空气。如果说《秧歌》的创作还多少有她在大陆走马观花式的观察做底子，张爱玲在创作上有着主观愿望的话；那么《赤地之恋》的创作就是典型的别人授权式创作了。宋淇在回忆她写《赤地之恋》时便告诉人们：当时张爱玲已搬到一间斗室去住，距他家不远，《赤地之恋》"大纲是别人拟定的，不由她自由发挥，因此写起来不十分顺手"。以是宋淇、邝文美夫妇常去探望，"以解她创作时不如意的寂寞和痛苦"。（林以亮：《在香港》）她写得很痛苦，但也要硬着头皮往下写，这样强迫着自己，在很大程度上为了生活和美新处的职务。

张爱玲并不熟悉农村生活，少年时对农村的了解，只限于仆人的讲解或从书中间接了解。抗战胜利后，为了探望胡兰成，她曾在温州农村小住过，新中国成立后也随上海作家去过市郊，这就是她在农村的全部生活底子。《秧歌》的故事，则来自当时一个杂志刊登的一位作家的检讨，得到某些地方农村闹粮荒的细节。至于土改、"三反五反"、抗美援朝，她在上海时只从报纸上获得有限的信息。《秧歌》《赤地之恋》却以这些大运动为背景，她写起来只能发挥想象和加以虚构了。其中尤以《赤地之恋》的虚假更为明显，作者让主人公一会儿农村，一会儿上海，一会儿又去了朝鲜，一部小说要这样密集地排列这么多背景，让主人公在每次运动中都处于风口浪尖，历经考验，他遇到的共产党干部又都似一个模子倒出来的。不是先有提纲，作者必须按规定往里填材料，绝不会形成这样一部小说。

20世纪70年代，台湾作家水晶夜访张爱玲，张爱玲终于自己出来揭秘了。水晶提到他不满意《秧歌》的结局,因为动作太多,近乎闹剧化（指闹粮仓，月香丈夫女儿一伤一死，后来丈夫投水，月香又烧粮仓），"她听到这里连忙说，这些都应该写下来，写批评如果净说好的，很容易引起别人的反感，结果人家失去对你的信赖"，"接着她又主动告诉我：《赤地之恋》是在'授权'（commissioned）的情形下写成的，所以非常不满意，因为故事大纲固定了，还有什么地方可供作者发挥的呢"。(《蝉——夜访张爱玲》) 与张爱玲有通讯联系、后来专门研究过张爱玲作品的司马新更进一步指出《赤地之恋》出笼的背景："这篇小说是由美国新闻处委托张爱玲作为主要撰写者，还有别人协助共同写成的，可是越帮越忙，使小说中一部分内容几乎下降到宣传品的水准。"(《张爱玲在美国——婚姻与晚年》)

这一时期的奉命作文使张爱玲很苦恼，她曾对宋淇讲过，她以后绝不写她不喜欢、不熟悉的人物和故事。她还说过："写小说非要自己彻底了解全部情况不可（包括人物、背景的一切细节），否则写出来的像人造纤维，不像真的。"(《张爱玲语录》)《秧歌》《赤地之恋》便是"像人造纤维"、"不像真的"作品。

事过境迁，她的老友柯灵提起这两篇小说仍很惋惜。柯灵坦率地说："这是两篇坏作品，我很为张爱玲惋惜。她写了这样两篇虚假的作品，意味着与祖国决裂了。"(《柯灵追忆张爱玲》)

旧瓶新酒

"走得越远越好"，是张爱玲一篇描写流亡者的小说《浮花浪蕊》中主人公洛贞说的话。如果洛贞的身上有张爱玲的影子，那么拿她的话来比拟张爱玲赴美的心情是恰当的。

张爱玲的两部反共小说都没有在港台引起应有的反响。《秧歌》和《赤地之恋》都是先写英文本然后再写中文本的。20世纪50年代的香港，文化远不如今天发达，一本书印不了多少册，读者阅读新式小说远不如读武侠小说和纯言情小说那么有兴趣。台湾方面，则对张爱玲心存疑忌。抗战时她那段说不清的经历,新中国成立后又迟迟逗留上海,都引起当局注意。为考虑台湾方面的销路,《赤地之恋》的第一个中文版,张爱玲还将书中共产党员骂国民党的话删去不少,即使如此,反响也平平,因为国民党当局心目中的反共小说是要从头骂到底,张爱玲的小说还达不到(或者说低不到)那样的水准。这不能不使张爱玲很失望。另外张爱玲为美新处写稿,事事受到掣肘,内心也有不快。50年代初,香港前途也还不明朗。以上种种原因,决定了张爱玲再次走向流亡之路,她心目中的精神家园是美国。

1955年秋天的一个傍晚,张爱玲只带了简单的行李,乘上克利夫兰总统号客轮,经日本去美国,临行时只有宋淇夫妇送行,这一年她三十五岁。

到美国后,她径赴纽约。因为出《秧歌》的查理·司克利卜纳出版公司(Charles Scribner's)就在纽约,她的好友炎樱也在纽约等她。在纽约,她暂住在专为救济穷人的救世军女子宿舍,并拜访了她一向钦佩的胡适。胡适与张氏家族也有点渊源关系,前清时,张佩纶曾帮过胡适的父亲一点小忙;张爱玲的母亲和姑姑早就认识胡适,还一同打过牌;张爱玲的父母都爱读胡适的书,张爱玲小时候读过的《胡适文存》就是从父亲书房里找到的。张爱玲在《秧歌》出书后,曾寄过一本给胡适,得到胡适的嘉许。在两次造访中,她受到启发,决定将清末小说《海上花列传》翻成英文。为了在美国打开局面,她准备再写一部英文小说,她申请前往麦克道威尔文艺营,在营地她结识了赖雅,并结成了百年之好。

1956~1967年的十余年中,她一直陪伴在赖雅身旁,她几乎承担了全部家庭开支和赖雅的医疗费用。除了1961年应宋淇之邀,赴香港电懋公司赶写电影剧本,顺道经台湾,在台、港停留数月之外,她与赖雅从东海岸到西海岸,又从西海岸返回东海岸,为谋求创作之地,到处奔波。在此期间,她的新作甚少,只有《五四遗事》《色·戒》《浪花浮蕊》《相见欢》几部。其中《五四遗事》刊于1957年夏济安主编的《文学杂志》,其他诸篇直到1979年方才问世,但写作时间都在50年代。

张爱玲一心想在英语世界确立自己的地位,但许多计划都因忙于生计或美国出版商对中国小说的隔膜而搁浅,她转向了对自己旧作的整理。60年代,她将《金锁记》改写为英文版的《北地胭脂》,1967年由英国凯塞尔(Cassell)出版社出版,但英国评论界的评价很差,甚至说银娣(即曹七巧)这个人物令人作呕。这一次对张爱玲打击很大,连有定评的旧作改写,在英文世界中都行不通,她再也不作英文写作之想了。

赖雅死后,她将《北地胭脂》翻成中文,改名《怨女》。

《怨女》从主角银娣(即《金锁记》中的曹七巧)在家待嫁时写起,写她被镇中许多青年爱慕。姚家(《金锁记》中为姜家)娶她做二奶奶,在她的坚持下,二爷随她三朝回了门,由于二爷既是骨痨又是瞎子,尽管姚家的排场让她占尽风光,同时也感到委屈。银娣在姚家妯娌间、婆媳间的矛盾一如《金锁记》。不同的是正面写了银娣与三爷之间的调情,让三爷正式登场。《怨女》中浴佛寺一场写得相当精彩,姚府三房奶奶上马车场面,有如《红楼梦》贾母率全家去清虚观打醮一样豪华热闹,佛殿中叔嫂调笑,让人联想到《西厢记》。三奶奶首饰丢失,怀疑银娣,《怨女》增加了"圆光"一幕,三爷用猪血涂脸以避"圆光",增添了作品的趣味。银娣自杀未遂虽没有正面写,但突出了银娣的怨。三爷在分家后来向银娣借钱分作了两次写(《金锁记》只一次)。第一次银娣敷衍他,第二次银娣才打了他,但银娣与三爷都动了情。三爷要图谋嫂子家产一事小说中交代得相当隐讳。银娣对儿子、媳妇的态度大致与《金锁记》相同,不过没有了女儿,银娣母子间没有了彼此仇恨的关系,最后是银娣在寂寞中朦胧听到有人在喊"大姑娘"——与小说开头相呼应,那是她年轻时,镇中青年在招呼她。

《怨女》作为一部家族故事,比《金锁记》更完整,作者是通过银娣来看姚家由盛变衰的。小说前半部她是亲历者;后半部则以她与亲戚太太们(如卜少奶奶)的谈话来揭示姚家顶梁柱大爷的几起几落。前清他凭老太爷的权势和本人能力做过道台；民国后他又出了山继续当官任职，但闹了亏空，被国民政府拘捕，虽保外就医也不得不偿债，大奶奶四处求贷；日本人得势，他又投靠了日本人。所有这些都在太太奶奶们的闲谈中一一道出。姚家大爷的经历与李家大爷李国杰几乎一致，更证实了无论是《金锁记》中的姜家或是《怨女》中的姚家，都是以李鸿章的嫡子李经述一家为创作素材的。《怨女》不像《金锁记》那样将七巧的性格塑造得那么丰满，几乎能称得上被黄金欲塞满了每个毛孔的"英雄"；银娣比较平淡，除两三次与三爷有感情火花流露外，几乎就是一个唠叨、令人生厌的老太婆（特别是后半部）。她怕儿子出去容易学坏，纵容儿子抽鸦片，又担心媳妇夺去儿子对她的感情，都是旧家庭中的常见现象，银娣演得一点儿不过分。

《怨女》中增添了许多细节，如上面提到的姚家全家在浴佛寺为太爷过阴寿、三奶奶"圆光"、公愚老太爷生日做堂会等等都具体入微地反映二三十年代上海旧式世家日常生活的各个方面。张爱玲信手拈来，语言极形象生动，就像一幅幅民俗画卷展现在读者面前。张爱玲就是这样，凡是她熟悉的人和事，一经她写出，就鲜活起来。

除对《金锁记》作了大手术外，张爱玲还对其他旧作作了局部修改，并将其重新与读者见面。

她先对《十八春》进行删改，安排许叔惠去了美国（原先是去解放区），结尾的背景放在了抗战胜利后，只写到沈世钧与顾曼桢历经磨难相聚在一个小饭店里，很自然地那个光明的尾巴被砍去了。删改后的《十八春》，张爱玲先准备叫《浮世绘》，似不切题，《悲欢离合》又太直，《相见欢》又偏重了欢，《急管哀弦》调子又太快，后决定叫《惘然记》；经宋淇劝告，《惘然记》名字太雅，不像小说名，为读者考虑不如叫《半生缘》，后就以《半生缘》为名，收入皇冠出版社出版的《张爱玲全集》。

如果说张爱玲开始改写自己的旧作多少还是自己主动，后来的改写就是被动的了。自60年代中叶起,张爱玲已逐渐在港台走红,皇冠出版社与张爱玲签约,准备出她的全集。一些张爱玲的爱好者从旧杂志中不断发现张的旧作,有的人不经她本人同意便拿出去发表,擅自出书。经友人和皇冠出版社劝说,张爱玲将其被盗印的旧作进行改写,比较重要的有:

一、《多少恨》中"有些对白太软弱,我改写了两段"。另一篇《殷宝滟送花楼会》,张爱玲认为"实在太坏,改都无从改起",想不收入集子,但这篇也被盗印,不收也禁绝不了,"只好添写了个尾声",这些都收在《惘然记》里。(《惘然记·序》)

二、《小艾》是张爱玲为适应新中国成立后形势需要而写的,其中新旧社会的对比走得比《十八春》还远,外加的政治口号也更明显,但也被发掘出来,分别在港台两地刊载,香港还出了单行本,署名不用笔名梁京,径直写上了张爱玲。《小艾》的重新与读者见面,颇使张爱玲为难,台湾读者很不理解写过反共作品的张爱玲怎么会写为共产党评功摆好的书!更有甚者是靠发掘张爱玲的牟利之徒,竟然一边将张氏作品视为公产,随意发表出书,一边还悻悻责备张,不应该发表自己的旧作,反而侵犯了他的权利。(《〈续集〉自序》)所以张爱玲决定改写《小艾》。张爱玲对《小艾》改动不大,只是将故事结尾放在抗战胜利,丢掉了新中国成立后那个光明的尾巴,又删去那些政治术语。《小艾》和《十八春》的改写并没有影响整个故事,也充分说明了原来那些光明尾巴之类的原就是赘笔,是张爱玲硬加上去的。《小艾》后收于《余韵》。

一个时期内,张爱玲一直在留心收集、改写自己的旧作,除为编写自己《全集》的需要,也是她创作上渐趋枯窘的体现。《怨女》是她改写的代表作,《怨女》在某些方面有它的成功之处,但从艺术的整体而论还是赶不上《金锁记》。这种旧瓶装新酒的做法,也很引起一些读者和评论者的非议。

张爱玲的根在中国,她的读者主要也在中国,只有中国人才能理解她、读懂她的作品。但她离开了中国，就离开了她赖以滋生的沃土。她曾有过写外国人生活的打算（据说是以赖雅一家为背景的），但迟迟没有动笔，其原因便在于她对外国人生活的了解，远不如对中国人那么熟悉。

考据与翻译

张爱玲中晚年投入精力最大的还是她对《红楼梦》的考据及吴语小说《海上花列传》（以下简称《海上花》）的翻译。

1967年在张爱玲的一生中是个值得注意的年份，这一年赖雅去世，也是这一年她得到雷得克里夫学院（Radcliffe College）的奖助金，去该校作独立研究，研究的项目是英译《海上花》。以后有一段时间，她一直在大学中工作。1970年她应邀去柏克利加州大学中国研究中心任研究员，专门收集研究大陆政治术语、口号，至1971年研究中心主任陈世骧去世止。在大学任职时，她的身份由作家成为学者，也使她有机会借阅大学图书馆收藏的文献资料，为她研究《红楼梦》和《海上花》提供了条件。她对两书研究时间是交错的，大约《海上花》英译开始得较早，1967~1968年她与夏志清的通信中，就在讨论此事，夏志清估计译稿已大部分完成，但在搬家过程中遗失。与此同时或稍后，张爱玲开始了《红楼梦》研究，在1969年、1974年给庄信正的信中就谈到她在做《红楼梦》考据，至1977年《红楼梦魇》发表。她自称"十年一觉迷考据，赢得红楼梦魇名"，大致可推断，她的《红楼梦》研究始自1967年或1968年。1977年后，她又致力于《海上花》普通话本的翻译和注释，1981年《海上花列传》正式出版。为叙述方便，先介绍她的《红楼梦》考据。

张爱玲从小爱读《红楼梦》。她自己说八岁时第一次读，只会看一点热闹，"以后每隔三四年读一次，逐渐得到人物故事的轮廓，风格，笔触，每次的印象各个不同"。（《论写作》）少年时她便写了《摩登红楼梦》，在人物关系的把握、语言的运用上已酷肖原著。她说《红楼梦》《金瓶梅》"这两部书在我是一切的泉源,尤其是《红楼梦》"。她将《红楼梦》读得烂熟,不同的本子,"不用留神看,稍微眼生点的字自会蹦出来"。当她知道《红楼梦》遗稿有五六稿被借阅者遗失,便"恨不得坐时间机器飞了去,到那家人家去找出来抢回来"。《红楼梦》是她的精神家园,她称遇到不如意的事,只要详一会《红楼梦》就好了,她说她对《红楼梦》确有一种疯狂。(《〈红楼梦魇〉自序》)

张爱玲的《红楼梦》考据,包括了"五详"即五篇考订文章,再加上《红楼梦未完》《红楼梦插曲》(专考订续作家高鹗)共七篇文章组成。"五详"虽各有一个主题,但内容却互相渗透。大致而论,张爱玲对《红楼梦》的考据主要集中在以下几个问题上:《红楼梦》是一部未完成的小说;《红楼梦》几个版本的特点和关系;曹雪芹如何不断修改《红楼梦》以及《红楼梦》真本的结局。张爱玲的考据涉及了《红楼梦》研究的多个主要问题。

张爱玲最关心的是《红楼梦》前八十回与后四十回为何不同。她说少年时读《红楼梦》一看到后四十回,"一个个人物都语言无味,面目可憎起来",显然是另一人手笔。因此她生平有四大恨事:一恨海棠无香,二恨鲥鱼多骨,这都是前人说过的。第三恨便是曹雪芹的《红楼梦》残缺不全。第四恨是高鹗妄改——死有余辜。她不同意后四十回包含了曹雪芹的创作思想,认为续作者编造的情节与曹雪芹的原意相反;她也不认为后四十回为高鹗一人所补,但高鹗补订还是露出了痕迹,高本人原有一个离他而去的妾(畹君),以是在补订中对袭人多有贬词。(《红楼梦魇》之《红楼梦未完》《红楼梦插曲之一》)

《红楼梦》的版本问题本是红学中的顶尖学问。张爱玲校勘了胡适、俞平伯、周汝昌、吴世昌诸大家的成果,提出了自己独特的看法。她同意俞平伯的意见,认为"乾隆抄本百廿红楼梦稿本"(全抄本)的前八十回,除抄配的十五回,大体上是脂本,留下了曹雪芹初创期的痕迹,但并不完全是这样,经过细读,她指出第三十八回庚辰本要比全抄本早。关于甲戌

(1754年)本和庚辰(1760年)本,俞平伯和吴世昌都认为甲戌本是书商们为牟利,增加厚度,故意叫书手们将批语收集起来抄录而成。张爱玲不同意这一说法,提出甲戌本第十三回至第十六回每回都出现"标题诗"而诗全缺,在"诗云"、"诗曰"下留下空白,像残缺稿子,如书商牟利不会这样。张爱玲推论,曹雪芹写作中必有一个早年模仿旧章回小说时期,因此有旧小说套语,后来写作比较成熟,就放弃了套语、诗联,但后来又考虑了读者的习惯,所以又恢复了套语和诗联。她还指出甲戌本和庚辰本有一个最大的不同是甲戌本保留了许多南京话,是属"文言与南京话较多的版本"而"庚(辰)本趋向北方口语化"。在甲戌本和庚辰本之间,张爱玲认为存在一个 X 本,时间为 1755 年至 1756 年间,这个 X 本也即是"废套期"本。(《红楼梦魇》之《初详红楼梦》《二详红楼梦》)

张爱玲本身是作家,更能体会曹雪芹写《红楼梦》的心情与经过,她认为"《红楼梦》一个特点是改写时间之长——何止十年'增删五次'?直到去世为止,大概占作者成年时间的全部"。因此不停地改写,不同时期的早本已传了去,书主跟着改,但也不能每次都重抄一份,所以各本内容新旧不一,这便是《红楼梦》版本众多的由来。张爱玲还说曹雪芹是在前无古人、毫无依傍的情况下,摸索创造一种全新小说,因此一开始便存在许多不成熟的地方,如贾宝玉、林黛玉开始设想年龄较大,后来越改越小。她推论,由于作者有避祸心理,"书中不但避免写抄没,而且把重心移到成长的悲剧上——宝玉大了就要迁出园去,少女都出嫁了,还没出事已经散场。大观园作为一种象征,在败落后又成今昔对照的背景,全书极富统一性"。但后来"为了写实,自 1754 年起添写抄没"。关于《红楼梦》中的主要人物,张爱玲认为"宝玉大致是脂砚的画像,但个性中也有作者成分在内",虽有作者亲身经验,"绝大部分的故事内容都是虚构的";"金钏儿从晴雯脱化出来";"黛玉和个性轮廓根据脂砚早年恋人,较重要的宝黛文字都是虚构的";"麝月实有其人,麝月正传却是虚构的"。正因为如此,

她不同意胡适的看法,而认为"《红楼梦》是创作,不是自传性小说"。(《红楼梦魇》之《三详红楼梦》)

关于《红楼梦》的结局也是红学家们众说纷纭的话题。周汝昌推测贾府抄没后,湘云、宝玉沦为乞丐,经卫若兰撮合,在射圃团聚。张爱玲推测,曹雪芹虽写过此稿,经亲友传阅后,认为不妥而未敢拿出传抄(同时抽出来的还有"抄没"、"狱神庙"诸回)。张爱玲说"作者规避文网不遗余力,起先不但不写抄没,甚至避免写获罪",所以"第一个早本是性格的悲剧,将贾家败落归咎于宝玉自身"。但这样的结局不大使人同情,也讲不通,只有写获罪,但又怕直接写,才添了宁府作"祸首与烟幕,免得太像曹家本身"。(《红楼梦魇》之《四详红楼梦》《五详红楼梦》)

总之,张爱玲的《红楼梦》考据涉及面很广,她对大陆及海外《红楼梦》研究的成果也掌握得较为准确,她的研究很有自己的特色,称得上是位红学家。

张爱玲在完成《红楼梦魇》之后,继续《海上花》译注工作,她的注意中心放在白话翻译上。

《海上花》是晚清作家韩子云以上海妓院风光做素材的吴语小说。当时此类狭邪小说出现了一批,是上海这个通商口岸富商大贾淫逸糜烂生活的反映。《海上花》与同类小说相比是上乘的,鲁迅的《中国小说史略》曾称其他书"大都巧为罗织,故作已甚之辞,冀震耸世间耳目,终未有如《海上花列传》之平淡而近自然者"。胡适对《海上花》评价更高,称其是"吴语文学第一部杰作",还大力推动它的出版。1926年上海亚东书局推出标点本便由胡适、刘半农写序。张爱玲少年时读的《海上花》即是亚东版,在家塾让苏州籍塾师用苏州口白读的也是这个本子。

张爱玲要做的第一个工作就是要将吴语翻译成白话。原作的苏州口白非常生动,是有口皆碑的,胡适、刘半农都称赞过。要译成白话,又要保持说话人的身份、神态、语气,并不是一件容易的工作。张爱玲却具有这种才能，她是熟读了晚清白话小说的，如《红楼梦》《金瓶梅》《儿女英雄传》等等。她将这些古白话烂熟于心，然后再用到《海上花》人物对白中去，于是《海上花》中人所操的不再是苏州话而是晚清官话了，自然她的母语——被北方官话冲淡了的南京话或安徽话也帮了她的大忙。

更值得一提的是她为《海上花》所做的注。她作的注，范围很广，如服饰、地名、妓院行规、习俗等等，足见她社会知识的丰富。如果仅此为止，张爱玲不过是位掌故家，更难得的是她还在注中指导读者如何欣赏这部名著，她的注起了全书的评点作用。如该书第八回罗子富与妓女翠凤定情之夕，小阿宝请翠凤到对过房子里去，罗子富直等到翠凤归房，下面有一条长注：

> 对过房间向作招待同时来的另一嫖客之用。小阿宝来请翠凤过去，显然是请去陪客，而且也是住夜的——当时已经快天亮了……子富与她定情之夕，竟耐心地等她从另一个男子的热被窝里出来，在妓院虽是常事，但是由于长三堂子的家庭气氛，尤其经过她那番装腔作势俨然风尘奇女子的表白，还是使人吃一惊的对照，而轻描淡写，两笔带过，婉而讽。

这条长注对长三堂子的规矩、风习及作者的写作特点都提到了。无怪乎有的读者拿她与金圣叹相比，认为"她的批点自能独具慧眼，深入肌里，金圣叹批《水浒》，张爱玲批《海上花》，不一定能相比，也可说各有千秋"。（钱伯诚：《谈张爱玲注释〈海上花〉》，载1995年9月23日《文汇读书周报》）

张爱玲的《红楼梦》考据和《海上花》的今译今注，都达到了相当高的学术水平。现代作家中，既能写好小说，又能从事古典文学研究并具有学者水准的真是为数寥寥，张爱玲可算成就突出的一个。她能从事这项工作并获得不俗的成绩，固然与她平时的积累与刻苦钻研（达到梦魇的程度）

有关，但也不要忘记她对中国古典文学（主要是旧小说）的爱好是从小养成的，有着家族的烙印。

"我爱他们"——最后的家族情结

张爱玲生前出版的最后一部作品是《对照记》，这是一部从内容到形式都别具一格的作品。《对照记》的副标题是《看老照相簿》，它的确是一本古老发黄的老相册，不同的是还附有文字解说。当翻阅这本老相册时，不由想起1974年庄信正和杨荣华夫妇离开洛杉矶前，向张爱玲道别的那个晚上，张爱玲事先让庄信正夫妇带了相簿来，当他们看完庄信正夫妇的相簿后——

> 她起身去取厚厚的破旧的一大本，居然是她的相簿！随着张爱玲掀动、介绍，我们两人仿佛梦游仙境，不住地"哦！""啊！"。（《我帮张爱玲搬家》）

当我们今天读《对照记》，一面看相片，一面读她为相簿写的说明，也会像庄氏夫妇那样，梦游仙境般地"哦！""啊！"起来。

这本老照相簿不只是张爱玲个人的相册，准确点说是张爱玲及其家族的相册。

《对照记》中共收照片五十四帧，张爱玲个人的相片共二十三帧，还有张爱玲与弟弟、张爱玲与姑姑、张爱玲与炎樱等人的照片十一帧。《对照记》中的主角是张爱玲，这毫无疑问。

《对照记》中，张氏家族的照片占了相当比例。比较珍贵的有张爱玲的祖母李菊耦十八岁时与其母赵太夫人的合影，祖父张佩纶和祖母李菊耦的婚后照片，祖母与父亲张志沂、姑姑张茂渊的合影，二伯父与父亲、姑姑的合影，张爱玲亲外祖母的单人照，母亲缠足时的照片等等。

家族之外的人进入相簿的有炎樱。她的单人照及与张爱玲的合影收入《对照记》，但炎樱是张爱玲唯一的终身好友，张爱玲一直将她当作家族一员，她的羼入可以理解。还有一张是张爱玲与日本歌星李香兰合影，这是因为相簿主人关系——这张照片张爱玲端坐。李香兰侍立在旁，明显的是主从关系。《对照记》中未收张爱玲两位丈夫胡兰成、赖雅的照片，读者略有异议，认为丈夫总要超过朋友，其实胡兰成与张爱玲的关系，人们都清楚。张爱玲早已主动割断，那段乱世情已成过去；至于赖雅。两人之间感情很深．张爱玲婚后还冠赖雅姓氏，为什么不收入《对照记》？大约因赖雅毕竟是外国人，进入她的生活又比较晚，在这本展示她与她的家族的照片中出现并不合适。这反映出张爱玲在选择照片时是认真的。

将自己及家族中人的照片合在一起，便鲜明地传达了这本老照相簿的主题——张爱玲和她的家族，同时这也是本书的主题。

《对照记》还明白无误地传达了她对家族的依恋与热爱。

张爱玲本人与她的母亲、姑姑都承受过家族、家庭给予的沉重负担，她与母亲、姑姑在一段时间内不愿提及家庭与家族。然而张爱玲到了晚年，心情趋于平淡时，一切就改变了。

《对照记》中对祖父母的回顾占了不小比重。她告诉人们，她的祖父母也是有黏土脚的土偶。他们不过是常人，他们的平常心，使人觉得可亲、可悯。接着她又深情地说：

> 我没赶上看见他们，所以跟他们的关系只是属于彼此，一种沉默的无条件的支持，看似无用，无效，却是我最需要的……
> 我爱他们。

对于母亲，《对照记》中收集了母亲单人照八张，有母亲缠小脚待字闺中时的照片，也有她穿纱裙革履在欧洲留学时的照片。张爱玲在说明中再不说"爱被吞噬"之类的话了,而赞美母亲能以放大的三寸金莲去阿尔卑斯山滑雪,在法国进美术学校,在英国进工厂当女工。张爱玲总认为母亲有湖南人的性格,是最勇敢的。

父亲曾是张爱玲憎恨的人,在参差的对照下,她恢复了对父亲的一点情感。《对照记》中,憎恨更为淡薄,她只是平静地回述逃出父亲的家的经过,少了像《私语》那样浓厚的感情色彩。她后悔在搬家中丢失了父亲赠母亲的那张照片,但仍记得照片上父亲写的诗,她引用母亲的话:"她总是叫我不要怪我父亲。"浓浓的亲情冲淡了父亲的种种恶行。

姑姑是张爱玲最爱的人。《对照记》中有她单人照两张,另有与爱玲的合影三张。她特地挑了一张姑姑40年代的照片,认为她离开上海时,姑姑是这样,在"记忆中也永远是这样"。

《对照记》中还收录了弟弟幼年时的照片,这的确是个漂亮的弟弟;另有幼时张爱玲与弟弟的合影三张。弟弟是她小时的玩伴,读者看了照片自然会记起《私语》《童年无忌》中她与弟弟嬉戏时的情景。

因此,"我爱他们",不只是张爱玲对祖父母而言的,也是张爱玲对家族所有成员而言的。

《对照记》的主角自然是张爱玲。她的照片,包括了她童年、少年、青年、中年和晚年的各个时期,但文字说明(张称是附记)却很不平衡,偏重于"悠长得像永生的童年""漫漫长途,看不到尽头"的成长期;到了中、晚年就"时间加速,越来越快,越来越快"了;她离开大陆后的时间占了人生旅途的大半,但文字说明却像一连串快镜头,急速地闪过。她说在"满目荒凉"的成长期中,"只有我祖父母的姻缘色彩鲜明,给我很大满足,所以在这里占掉不合比例的篇幅"。其实不止祖父母,关于她母亲、姑姑、弟弟,还有张人骏一家的回忆都占了不小篇幅,都写得深情、感人。因此《对照记》昭示我们的,就是张爱玲这一份最后的家族情结。

张爱玲在《对照记》的题记中说她搬家次数太多,"越是怕丢的东西越是要丢"。收集"幸存"的"老照片",是"借此保存"。文末她又说:"以上的照片收集在这里唯一的取舍标准就是怕不怕丢失。"她的附记写得"零乱散漫"。但"也许在乱纹中可以依稀看出一个自画像来"。

的确,我们在《对照记》中能看到她的自画像,正如她的照片,多幅都可见她微微抬起头,是高傲、脱俗的;但面带微笑,是亲切的;年轻时她穿着那身张式大镶大滚的衣服又是睥睨一切的;她的眼睛又那么澄澈清朗,似乎能看透人世间的一切。她在《对照记》中不仅为她自己画了自画像,还用动人的文笔向读者介绍了她的家族、亲人,为家族、亲人画了像。

与《小团圆》比起来,《对照记》更加写实,她用影像串起了她愿意去回忆并分享的一生,书中透露出的是一种轻松与淡然,有些犀利的被虚化了,有些遗忘的被记起了,有些遗憾也在回忆中美化了,少了《小团圆》的冷漠,多了一份温情。在《对照记》出版后一年,张爱玲离开了我们,这是她生前出版的最后一部作品,从这个角度讲,这成为她向这个世界、向她的读者别开生面的告别式。在这个告别式上,她用温情引领着她的家族成员再度出场,她缓缓地说着:

他们只静静地躺在我的血液里,等我死时再死一次。我爱她们。

最后岁月

1972年,张爱玲离开柏克利校园前往南加州洛杉矶,主要原因是洛杉矶气候宜人,较少受到干扰,至此她一直住在洛杉矶,直到去世。

搬家是由庄信正帮的忙。庄是留美比较文学博士生,论文就是《红楼梦》,又是"张迷",1966年张爱玲应邀赴印第安纳州立大学开会时两人便相识。庄毕业后又在柏克利加州大学中国研究中心工作,张爱玲从波士顿到柏克利是庄帮助找的房子。庄又比张爱玲早赴洛杉矶,所以张爱玲又托庄给她在洛杉矶找房子。住下后,张爱玲便告诉庄信正夫妇,虽然搬来了洛杉矶,最好还是把她当成住在老鼠洞里,意思是谢绝来访,不久她告诉了庄信正电话号码,声明她是不接电话的。从此她就过着离群索居的生活。庄信正夫妇也只是到了1974年全家要离开洛杉矶前夕,向张爱玲辞行时,才重新拜访了张爱玲,并得到张爱玲热情款待。庄信正临走之前,又为张爱玲物色到一位建筑师林式同照顾张爱玲。

张爱玲晚年经济收入已不成问题。皇冠出版社在陆续出版她的著作;偶尔有作品发表在港台报刊上,都付给她最高稿酬。

70年代末,她姑姑从宋淇处得到张爱玲的地址,从此两人恢复了联系,她弟弟也开始写信给她。张爱玲家族最后的三个亲人终于联系上了。她非常赞同姑姑与李开第的结合,也鼓励弟弟退休后做点事。她与姑姑通信一直到姑姑去世(1991年),与弟弟通信则到她本人临终之前。

80年代起,张爱玲身体健康逐渐恶化。1984年她受公寓中蚤子侵扰,得了皮肤过敏症,不得不离开公寓,住进汽车旅馆,并不停地迁居,至1988年才将病治好。四年的搬迁生活,使她的健康受到很大影响,她一度丢失了所有证件,连身份证都遗失了,还是林式同帮她重新办理了各式证件。此后她的生活简单得不能再简单,她住的公寓越小越好,但房子要新,家具要最简单的,睡行军床,连书桌都没有,只有一台电视机。

到90年代,她的身体更加衰弱,连一封信也要写几天时间。在如此条件下,她还是在1994年发表了她最后一部作品《对照记》。同年,台湾《中国时报》授予她特别成就奖,这是作为对她五十年前《西风》杂志评她为第一名,后无缘无故将她列置最后一名的一种补偿。1994年,张爱玲已到熟人信件都不看的程度,为的是怕复信。1995年9月她知大限已到,但怕麻烦人,也没有通知林式同,只是将证件收拾起来,放在门旁。终于在中秋节前她在西木区公寓中裹着毯子安详地去世,享年七十五岁,她的遗体是数日后才发现的。

一代才女,就此与世永诀。在去世前,张爱玲早就立下遗嘱,将遗体火化，骨灰撒在任何空旷的原野，不开追悼会也不立纪念碑。9月19日林式同遵照张爱玲遗愿将遗体在洛杉矶惠捷尔市的玫瑰岗墓园火化。但按美国法律，骨灰不准撒在陆地，9月30日是张爱玲生日，林式同与数位文友将她的骨灰撒在太平洋上。如大海有情，流水有意，张爱玲的骨灰最终会跨过时空之海，回到故土，回到她的家族和她本人曾经生活过的地方。因为那个家族给了她创作的源泉，那个时空成就了她一世的传奇。

张爱玲虽然走了，但她的传奇并没有就此终结，她的文字是最精美的盛宴，是她留给世人最好的礼物，随着她的遗稿和信件陆续"出土"，她的传奇始终在延续……

八　张爱玲作品的再"出土"

> 对于一个研究现代中国文学的人来说，张爱玲是今日中国最优秀最重要的作家。她认识过去如何影响着现在，将隽永的讽刺和压抑了的悲哀相融合，使得这些小说都有苍凉之感……
>
> ——夏志清

发现了张爱玲

夏氏昆仲的发现

中外历史上常有这种现象：一位著名人物或一部作品曾红极一时，为无数人传颂、倾倒，但随着时光流逝，那晕人的光环、绮丽的色彩便消失得无影无踪；过了一段时间，有人从流逝的时光中重新发现了这个人物、这部作品，以新的眼光发掘出他或她的价值以及作品内藏的意蕴，从而又加以肯定。一代才女张爱玲和她的作品就经历了这个过程。

张爱玲和她众多的小说、散文是在一个特殊的年代为人们接受的。自她第一、第二部小说《沉香屑——第一炉香》《沉香屑——第二炉香》在1943年发表后，便迅速走红已沦陷的上海滩；紧接着《心经》《茉莉香片》《倾城之恋》《琉璃瓦》《封锁》《金锁记》《连环套》（未完）、《花凋》《年轻的时候》等小说联翩与读者见面。1944年上海杂志社出了《传奇》，收录了除《连环套》以外的小说，受到文坛与读者普遍关注。1946年山河图书公司又出了《传奇》增订本，增收她1944年后写的《留情》《鸿鸾禧》《红玫瑰与白玫瑰》《等》《桂花蒸 阿小悲秋》等五篇。张爱玲除写小说外，在短短几年中又挥洒自如地写了大量散文作品，1945年结集成散文集《流言》出版。可以说1943年后的两三年内是张爱玲作品的高峰期，一个原在文坛上默默无闻的新手，能在这么短的时间内打开局面，登上许多作者终身都无法企及的高峰，这不能不引起人们的惊叹，张爱玲创造了中国现代文学史上的奇迹。特别使后来无数"张迷"啧啧称道的是张爱玲一生的代表作，都集中产生于此时。除了钦佩张爱玲的天才之外，也不得不承认张爱玲创作奇迹的出现，与那个特殊年代有着"割不断、理还乱"的关系。

抗战胜利后，张爱玲因与汪伪高官胡兰成的一段乱世情而受到舆论的指摘，她不得不收敛起创作激情，在1945~1949年间只写了两个电影剧本和一个由剧本改写的通俗小说。新中国成立后，为适应形势需要，她在不太引人注目的通俗报刊上发表了两部小说，用的是梁京这个笔名。1952年赴香港，为了生活，她供职美国新闻处，写了《秧歌》，又按照别人的意图和设计的框架写了《赤地之恋》。虽然都出了英文本和中文本，但除了引起海外反共势力叫好外，反响平平，连张爱玲本人后来都感到不满意。1955年她只身赴美，次年与美国作家赖雅成婚，有过一些创作计划，终因生活负担过重，除了为香港电懋影业公司创作、改编多部电影剧本外，几乎没有写过什么有影响的作品。赖雅去世后，她除了改写过去的作品外，创作上已陷于枯竭，转而从事她爱好的古典小说的研究和翻译。她生命最后二十年，孤处海外。1995年中秋节前，逝世于美国洛杉矶罗彻斯特街公寓中，她的尸体是死后几日才被人发现的。

对张爱玲创作生涯的回顾，不难发现，她在文坛的崛起和走红，不过是1943~1945年这短短的二三年，这对于她是幸事也是不幸的事。加以她在新中国成立后悄然离开大陆,在香港发表过反共小说,她的作品又与时代主流不相符合,因此新中国成立后大陆出版的现代文学史上根本没有提到她。在台湾,一个时期内因她在抗战时沦陷区的那段经历,给她蒙上"汉奸文人"的阴影,连她迟迟没有离开故土也成了被嫌疑的原因,世人对她很冷漠,连她的反共小说在文学圈中也知者不多。张爱玲这个人和她的作品,在生她养她的祖国似乎根本没有存在过。

历史的陈垢在张爱玲身上堆积得太重太厚,但是金子就会闪光,拨开笼罩在张爱玲身上的层层迷雾,让人们重新认识她的人。就是以写《中国现代小说史》而名垂海外的旅美学人夏志清。

事情还得从 50 年代初说起。

1951 年,赴美攻读耶鲁大学英文博士学位的夏志清面临毕业后的就业问题,他想留在美国,经朋友介绍,结识了正准备编写一本《中国手册》的政治系教授饶大卫(David N.Rowe)。那时正是朝鲜战争时期,《中国手册》是专供美国军官用的,其内容极其反共而且浅陋不堪,但是对夏志清来说,得以在美国留下,并通过写手册中《文学》一章,既阅读了耶鲁所藏中国现当代文学作品,也为他今后的事业提供了机会。正像他自己说的,这一年内,"把耶鲁图书馆所藏茅盾、老舍、巴金等的作品都略加翻看。此外还有一批尚未编目的中共文艺资料,也放在办公室里翻阅,什么《白毛女》《刘胡兰》《白求恩大夫》等小册子以及赵树理、丁玲的作品,倒真正花时间看了一些"。他读后发现一个事实:"中国现代文学史竟没有一部像样的书,我当时觉得非常诧异。"(《中国现代小说史·原作者序》)夏志清的诧异是完全可以理解的,台湾当局将留在大陆的作家的所有著作统统封禁,即使有人想研究也无可能,而大陆的现代文学史正在编纂之中,所以夏志清说他开始研究 40 年代的文学,"只好自己摸索,一无凭借",道出当时实情。

经过一年的阅读,夏志清对中国现代文学的掌握,无疑在海外同行中属于佼佼者。1952年经他设计的《研究中国现代文学史计划书》去申请洛克菲勒基金时，顺利通过，夏志清又开始了三年研究工作。研究中，他决定专写小说史，资料来源，除耶鲁藏书外，又扩及哥伦比亚大学中日文系图书馆，再有，便是夏氏在香港的朋友宋淇、程靖宇的寄赠。那时香港盗印中国三四十年代小说的风气很盛，张爱玲的代表作《传奇》与《流言》便是宋淇寄赠的，都属盗印版。正是从这两本书开始，夏志清比别人更早注意到张爱玲。

1955年，书稿已完成大半，夏志清忙于应付教学，直至1958年冬才完成全书。美国教授们又提出了意见，夏志清本人作了修订，1961年由耶鲁大学出版所出版。

《中国现代小说史》问世后，好评如云，被公认为是一部拓荒之作。这也难怪，在英文世界中，中国现代小说知者本不多；即使有，也只限于鲁迅、茅盾、巴金等诸大家。《中国现代小说史》展现在读者面前的是一个庞大的作家群体：现代主流派作家，夏志清归之于左翼作家的上述诸人，都用专章评述；就连不为海外注意的作家如张天翼、吴祖缃也都有专章；非主流作家，亦为大陆五六十年代文学史中不被注意的作家，《中国现代小说史》也有专门介绍，如沈从文、钱钟书等；众多的女作家，夏氏极为关注，如丁玲、冰心、庐隐、凌淑华。其中最引人注目的还是《中国现代小说史》对张爱玲及其作品的评价，可谓破天荒地将她首次列入群星璀璨的现代小说家之林，对她推崇之高达到无以复加的程度。

请看夏氏是如何评价张爱玲的：

在该书第十三章《抗战期间及胜利以后的中国文学》中，夏氏认为这时"在上海出现的最有天才的作家是后来写《秧歌》的张爱玲，她可能是五四运动以来最有才华的中国作家"。

在该书第十五章《张爱玲》专章中称："对于一个研究现代中国文学的人来说，张爱玲是今日中国最优秀最重要的作家。"

同章对张爱玲的代表作《金锁记》，夏氏的结论是："这是中国自古以来最伟大的中篇小说。"连张爱玲自己都不满意的《秧歌》，夏氏也认为在"中国小说史上已经是本不朽之作"。

"最有才华""最优秀""最重要""最伟大"，夏志清将所有层次最高的评语统统都加在张爱玲头上，这对连张爱玲名字听都没听过的文学青年们将产生什么样的震撼？何况《中国现代小说史》又是本在海外得到极高评价的权威作品，出自一位对中国现代小说作过潜心研究的教授之手。

值得一提的是《中国现代小说史》在出版之前，夏志清已将部分章节交给了他哥哥夏济安。当时夏济安正在台湾大学任外文系教授，在他周围聚集了一批文学青年。夏济安将其中一些章节翻译成中文，其中就包括了张爱玲专章中的两个部分《张爱玲的短篇小说》《评〈秧歌〉》，刊登于他创办的《文学杂志》1957年第2卷第4、6期上。这两篇文章首次将张爱玲及其作品推到了台湾读者面前，引起了一批台湾文学青年研读张爱玲的兴趣，终于触发了台湾的张爱玲热，进而扩及香港、大陆。

张爱玲终于被重新发现了，这是从新的时代、新的文化视角出发的重新发现，它必将给我们新的启示：究竟是什么样的背景造就了张爱玲？我们今天怎样去理解、接近张爱玲？

对张爱玲的评价超过鲁迅

夏志清赞美张爱玲所用词汇之高级，超过了任何现代小说家；且从分量上论，也最重。

以1979年台湾传记文学社出版的《中国现代小说史》为例，张爱玲一章占四十页（第397~437页，不含注，下同）；超过了另一位夏氏同样钟爱的作家钱钟书，钱钟书一章仅占二十页（第439~459页）；也超过了现代文学巨匠鲁迅，鲁迅一章也只占二十页（第63~83页）。说张爱玲是所有现代小说家中最受夏氏钟爱的，并不过分。

有人认为这是夏志清的偏见。本书中译者刘绍铭在译者序言里为之辩护，认为偏见人人会有，并引用别人的话："一个批评家如果没有偏见，就等于没有文学上的趣味。"夏氏写《中国现代小说史》确是以一位批评家的身份出现的，他的偏见和趣味并未掩盖他的眼光，他没有抹杀左翼作家（夏志清给众多现代主流小说家们的头衔）鲁迅、茅盾、巴金、丁玲、萧军、沙汀、艾芜、赵树理、欧阳山、周立波、杨朔、路翎的成就，并肯定鲁迅在中国现代小说中的经典地位。他的偏见和趣味却使得他发掘出钱钟书、沈从文、张爱玲这批非主流作家的名字和作品。

这样，夏志清的偏见和趣味就很值得一说了。

夏志清是专攻英美文学的，他自己承认："凭我十多年来的兴趣和训练，我只能称是个西洋文学研究者。"他对20世纪西洋小说非常熟悉，读了这些大师们的作品，回过头来读五四以后的中国小说，便感到它们写得太浅薄，不仅技巧幼稚，看人看事也不够深入，他尤其不能容忍的是中国现代小说在描绘一个人间现象时，没有提供比较深刻的、具有道德意味的论述，所以他"直指中国现代小说的缺点即在其受范于当时流行的意识形态，不从事于道德问题的探讨"。因此他在承认中国左翼作家地位的同时（因为抽出左翼作家后，中国的现代小说就不成其史了），往往对其代表作又有贬义。对于鲁迅，他也只承认有数的几篇小说如《祝福》《在酒楼上》《阿Q正传》；而对在新文学史上有重大意义的《狂人日记》，直说是宣传；至于富有战斗性的杂文就更不值得一提了。对于茅盾，也只对其早期作品如《虹》等有较好评价，对《子夜》《腐蚀》则估价过低。这种现象之所以产生，应归于夏志清对流行意识形态的厌恶。唯其如此，他对张爱玲小说不直接反映时代，只限于写她自己周围的人和事的选材深感兴趣。张爱玲自己就说过："我甚至只写些男女间的小事情，我的作品里没有战争，也没有革命。"（《自己的文章》）话虽说得绝对一点，但夏氏看中张爱玲的地方恐怕首先是这一点。这里，我们无意对受制于流行意识形态作过多评论，但须指出一点：以战争、革命为题材的作品，固然有写得公式化、概念化的平庸之作，但未必全都是渺小之作；以家庭男女为主题的作品，虽也不乏写得回肠荡气、令人不能释手的杰作，但也未必都是伟大之作，关键在于作者对人生和世事的体验，并用这一体验去打动读者的心弦。以张爱玲为例，她对周围芸芸众生进行了深入的观察，结合她对人生的透彻思考，用流极而熟的文笔和富有色彩的语言，编织出一个个美丽而凄清的故事，并将之一一呈现在读者面前。她的作品虽不涉及革命、战争，但却如实地反映了一个急剧转换的年代，一批与时代脱了节的人们的心路历程。她兼采中西小说之长，将中国旧小说中家庭伦理、人情世故与西方小说的表现技巧结合得如此完美，将小说的艺术推向了一个新的境界。我们无意要求张爱玲去走鲁迅的创作道路，同样也不一定非要以张爱玲的创作实践为标尺去要求其他小说家。正像鲁迅在中国现代小说史上有他不可动摇的地位一样，张爱玲也自有她应占的地位。

夏志清对张爱玲的发现，重要的不是在于下了几个崇高的断语，而是在于对张爱玲小说艺术成就的开掘上。无论是"张迷"或一般读者，凡接触过张爱玲小说的，都会赞同夏氏的鉴别力和独到眼光。

——张爱玲的小说，意象极为丰富。夏志清认为在中国现代小说家中，当推她独步。夏氏说，钱钟书的巧妙譬喻，沈从文的乡村风景，在描写上可与张爱玲相比，但在意象上只能让张爱玲独领风骚。张爱玲小说中的世界，上起清末，下迄抗日战争，这世界里的房屋、家具、服装……张爱玲都用视觉想象加以描绘，其华丽程度可与济慈媲美；对女性角色衣饰的描绘，直逼《红楼梦》。自然景物的意象：太阳、花草、树木、风、雨在她小说中都不是孤立的存在，强烈的色彩对比和光影变化，随着人物情感的动荡起伏而在幻动着，给人们以深刻的印象。她喜欢写月亮——寒冷的、光明的、朦胧的、同情的、伤感的或者仁慈而带冷笑的，在不同场合的出现，表达着不同的含义。

——张爱玲的小说有强烈的历史意识。夏志清认为,"她认识过去如何影响着现在"。夏氏看出张爱玲作品有"她自己不快乐的童年生活反映并转化"。她的小说多取材于她的家族、亲友中发生的故事,而她的家族、亲友在清末民初有过显赫的过去,在现实中,财产、地位和道德都在沉沦下去,使她感到时代的可爱和可怕,因害怕而惊退,又多少有点留恋,因此她的小说有着苍凉的境界。这种苍凉绝非是一般女性作家那种顾影自怜、神经质的,而是大彻大悟的。为什么会这样?夏氏指出:"这原因是她能享受人生,对于人生小小的乐趣都不肯放过;再则,她对于七情六欲,一开头就有早熟的兴趣,即使在她最痛苦的时候,她都在注意研究它们的动态。"张爱玲并未因留恋、痛苦而放下带刺的笔,所以她才能写出人生荒谬与无聊的一种非个人的深刻悲哀。夏氏指出:"张爱玲一方面有乔叟式享受人生乐趣的襟怀,可是在观察人生处境方面,她的态度又是老练的、带悲剧的——这两种性质的混合,使得这位写《传奇》的年轻作家,成为中国当代文坛上独一无二的人物。""一方面是隽永的讽刺,一方面是压抑了的悲哀。这两种性质巧妙的融合,使得这些小说都有苍凉之感。"这种醇厚的历史苍凉,对生活阅历丰富的老作家来说都极难做到,而张爱玲写这些小说时年仅二十多岁,又是个女子,难怪要让夏志清一唱三叹了。

——张爱玲小说的历史感,还反映在她对背景的准确把握。夏志清说,张爱玲《传奇》里的人物都是地道的中国人,有时候简直地道得可怕,活得也可怕。夏氏没有说错,就连《沉香屑——第二炉香》,明明写的是在香港的英国人,但其为人、行事、心理均是中国式的。张爱玲小说的主人公们大多与张爱玲同代,又大多生活在上海、香港这样洋化的都市里。时代虽已是民国,工业与经济的进步使他们坐汽车、乘电车、吃大菜、住洋房,享受着现代文明,但他们的心灵却是旧式的,旧风俗、旧习惯——这是张爱玲随手拈来的拿手戏——时时在控制着他们,他或她都在苦苦挣扎,这种背景,夏氏说是一种广义的衰颓中的文化。张爱玲无疑是刻画这个大背景的好手,许多人物经背景的衬托而栩栩如生。就这一点来说,张爱玲不愧是位忠实记录近代中国都市生活的历史家。

——张爱玲小说能兼采中国旧小说和西洋小说之长。她的小说吸取了西方社会风俗小说这一流派的长处,取材上更受契诃夫影响,但并不赞同意识流,对弗洛伊德心理分析运用得相当纯熟,她的心理描写之细腻更超人一等;此外她还多方借鉴了西洋绘画、音乐上的功能,电影上的蒙太奇手法。可是张爱玲小说的布局、章法甚至语言又深受中国旧小说影响,连"说"也写成"道"。夏志清最欣赏她"把中文运用得如此圆熟自如,是叫人难信的"。

夏志清对张爱玲小说艺术成就的概括与总结,至今还没有哪位评论家在整体上将它们超越。从60年代开始的重新评价张爱玲及张爱玲热的形成过程中,夏志清无疑扮演了奠基者和举旗人的角色。

话可要说开去,早在40年代。当张爱玲刚走红文坛,就出现过一篇全面评述张爱玲小说的评论,这就是署名迅雨的《论张爱玲的小说》,刊登在《万象》1944年5月出的第3卷第11期上。迅雨即是著名翻译家、艺术评论家傅雷的笔名。傅雷这篇文章以他特有的、对艺术严肃认真的态度,称张爱玲写的《金锁记》是在"一个低气压的时代,水土特别不相宜的地方"开出的奇葩,是"我们文坛最美的收获之一",将之与屠格涅夫的《猎人日记》相比。在剖析《金锁记》时,傅雷对张爱玲人物的塑造、悲剧气氛的营造均给予极高评价;此外对小说结构、节奏、色彩方面的成就也给予充分肯定。他特别强调了张爱玲小说中技巧的运用:

第一,是心理分析。傅雷认为张爱玲利用暗示,将动作、言语、心理打成了一片,如女主角曹七巧的病态心理描写是令人毛骨悚然的;曹七巧的女儿长安与童世舫的定情,用衣裙与移动的脚、女子的粉香、男子的淡巴菰气、寂寞走不完的长廊,虽没有对话,但几笔就将两个不调和男女微妙心理表现得入木三分。

第二，是节略的运用。傅雷特地引用了《金锁记》的一段：

> 风从窗子进来，对面挂着的回文雕漆长镜被吹得摇摇晃晃，磕托磕托敲着墙。七巧双手按住了镜子。镜子里反映着翠竹帘和一幅金绿山水屏条依旧在风中来回荡漾着，望久了，便有一种晕船的感觉。再定眼看时，翠竹帘已经褪色了，金绿山水换了一张丈夫的遗像，镜子里的她也老了十年。

傅雷赞叹道："这是电影的手法：空间与时间，模模糊糊淡了下去，又隐隐约约浮了上来。巧妙的转调技术。"我之所以将傅雷的引文抄引，不仅因为张爱玲的文字技巧实可击节赞叹，也因为在谈张爱玲小说时，太多的后来者都在引用这段话。须指出，第一个形诸评论文字的应是傅雷。

第三，傅雷肯定了作者的风格：新旧文字的糅合，新旧意境的交错，色彩鲜明，既收得进又泼得出，痛快利落，仿佛天造地设的好文章。傅雷特地引用了小说一开头关于月亮的描写，认为不仅新颖，心理观察深入，而且轻描淡写地烘托出一片苍凉气氛，从一开始就罩住了全篇故事和人物，这是风格的综合效果。

事实上傅雷的文章已将张爱玲小说艺术风格的主要方面涉及。傅雷用意很清楚，是在肯定作者的技巧。请看他在文章前言中一段话：

> 我们的作家一向对技巧抱着鄙夷的态度。五四以后，消耗了无数笔墨的是关于主义的论战。仿佛一有准确的意识就能立地成佛似的，区区艺术更是不成问题。其实，几条抽象的原则只能给大中学生应付会考。哪一种主义也好，倘没有深刻的人生观，真实的生活体验，迅

速而犀利的观察，熟练的文字技能，活泼丰富的想象，绝不能产生一件像样的作品。而且这一切都得经过长期艰苦的训练。

无疑，张爱玲并不属于那种只有几条抽象原则，满足、服从于哪个主义，便进行创作的作家之列。

也许张爱玲过于矜持，也许根本不知迅雨即是傅雷[①]，也许将傅雷的话理解偏了，对傅雷的善意批评——特别是她的长篇连载《连环套》的过于搬弄技巧、旧文体大量袭用成了俗套——也就不能接受。她终于写了一篇《自己的文章》将善意的批评顶了回去。

这一段文坛旧事的补述，只是想恢复历史的真实。要说发现张爱玲，那么最早发现张爱玲超人才华并做了恰如其分评价的应是傅雷（同时代胡兰成写的《论张爱玲》因张、胡的特殊关系，虽不乏独到见解，却因一味赞颂，从文艺批评角度论，充其量只能算二流水准）。不过傅雷写的只是一篇文章，随着张爱玲被人遗忘，这篇文章自然也就无人提及，"皮之不存，毛将焉附"？但傅雷的文章还是随着张爱玲热的兴起，从故纸堆里被发掘出来了。

比较起来，夏志清就不同了。夏志清写的是一部小说史，出版时又值张爱玲被人遗忘之时，台湾文学青年们正迷恋着现代主义，苦于在中国小说中找不到现成对应，张爱玲的小说经夏志清一品题，就像茫茫黑夜中出现一颗巨大的星座，眼前不禁为之一亮。张爱玲的小说，题材是传统的，甚至流俗的，但手法却是现代的。正如余光中先生所说：张爱玲虽早有人慧眼识别，但她的经典化历程却是从夏志清开始的。是夏志清，将张爱玲推上了中国现代小说史，将她与鲁迅、茅盾等巨匠等量齐观（事实上超过鲁迅）。（余光中：《何曾千里共婵娟》，载1995年9月15日台北《中央日报》

[①] 估计张爱玲当时不知迅雨即是傅雷。50年代她去香港，她的好友宋淇告诉她，她很惊讶。

副刊）夏志清的发现所掀起的巨澜，至今尚起伏不停。仅从这一点，夏志清称得起是改写了中国新文学史的人。

开启了发掘张爱玲的工作

夏志清《中国现代小说史》问世前，在美国攻读中国现代文学学位的学子或港台文学青年，很少知道张爱玲，即使仅闻其名，也常将她与上海滩言情小说挂上钩。通过夏志清介绍，才使他们眼界大开，但在台湾，张爱玲的著作仍在禁书或半禁书之列，只有她的反共小说《赤地之恋》才能堂而皇之地搬进官方图书馆。

于是，一批台湾文学青年开始触动这个禁区了。一位张爱玲的爱好者这样回忆：

> 初到台湾那两年，张爱玲的作品市面上没有，顶多辗转看到些散篇。她在抗战后期在孤岛上海成名，1949年以后有段时间没有离开大陆，因此不免被人视为"异类"，后来听说她到了香港。
>
> 台北市有一家中兴图书馆，藏书有限，但有些是当年的"禁书"，无意中借到了张爱玲的《流言》，十分欢喜。那年月还没有复印机，我就动手抄写，选了几篇在我主编的《自由谈》月刊上转载了，并没有想到什么智慧财产问题，也没想到请教原作者。年轻时真是鲁莽。（彭歌：《苍凉》，载台北《联合报》副刊）

禁区既已触动，加以张爱玲写反共小说已远近皆知，文网就不能不对她网开一面，《传奇》《流言》的重印本（自然印得很粗糙）在市面上也能买到了，但张爱玲爱好者仍不罢休，加上出现了张爱玲的研究者，像唐文标和水晶，应社会上诸多"张迷"的需要，将张爱玲未收入《传奇》《流言》的陈年宿货都挖掘出来。张爱玲的好友宋淇笑她的旧作被发掘是"古墓被盗",她自嘲为"古物出土"。因为她在上海走红时应别人盛情,硬着头皮在杂志上赶稿,有些作品并非精心构撰之作,以至看到这些旧作不免大叫:"咦,这是我写的吗?"被发掘的"古物"中就有被张爱玲腰斩的《创世纪》和《连环套》,不收入《传奇》,那是因为她当时已不满意。

张爱玲对她的旧作重新刊布总的来说还是高兴的。她说过:"即使是家中珍藏的宝物,每过一阵也得拿出来,让别人赏玩品评,然后自己才会重新发现它的价值。"(宋淇编:《张爱玲语录》,载1976年12月《明报月刊》)只是对某些人未经她同意而径自出版她的作品稍有不满。

1966年,在台湾主持《皇冠》杂志、皇冠出版社的平鑫涛请宋淇推荐一批作家,宋淇推荐者中有张爱玲,这就开始了张爱玲与皇冠出版社长达三十年的合作。从1966年4月《怨女》(即《金锁记》的改写本)在《皇冠》杂志连载,后出单行本以来,经授权,皇冠出版社成了张爱玲著作的唯一授权商。1968年皇冠再版了《张爱玲短篇小说集》(1954年的初版由香港天风出版社出版),直接为张爱玲热的出现加了温。20世纪90年代开始,鉴于张爱玲的"古物"不断"出土",为避免外界以讹传讹,也为了张爱玲版权不致再受侵害,皇冠出版社主动承担了《张爱玲全集》的出版。至1994年,张爱玲生前最后一部作品《对照记》发表,彼时,全集已出版了十六册,这部全集所有稿件都经张爱玲亲手厘定,是公认的最好版本。有趣的是平鑫涛在张爱玲去世前与其从未谋面,所有稿件来往都由宋淇经手,只有《对照记》,因照片太多,才径直寄给平鑫涛。平鑫涛也非等闲人物,他是著名作家琼瑶的丈夫,从家世来讲,他是原上海《万象》杂志发行人平襟亚的堂侄。张爱玲早期作品《心经》就发表在《万象》上。20世纪40年代由平襟亚开办的中央书局就有为张爱玲出书的打算,但未谈成,又为《连环套》连载是否多付一千元稿费产生纠葛,但这都算上一代的事了。张爱玲与平氏家族的渊源,也称得上是一则传奇。

但"张迷"和张爱玲研究者并不以此为满足，他们仍不断在寻觅，寻觅的地点也从港台转向大陆。进入80年代后，中国的改革开放取得成效，环境比较宽松，张爱玲这个名字对文坛已不陌生，于是港台和大陆的研究者可以通力合作，共同开展发掘工作。

大陆对张爱玲作品的发掘工作做得最有成就的当推上海的陈子善。他在1987年便在《亦报》中发现了张爱玲离开大陆前发表的最后一部小说《小艾》，署名梁京。他的考订、研究与小说本文迅速在香港《明报月刊》刊出，引起了一场"张爱玲震撼"（宋淇先生语）。台湾文学界简直不相信写过《秧歌》和《赤地之恋》的张爱玲还写过为共产党说话的旧小说，自然对当时健在的张爱玲也产生了困扰，后经张爱玲同意，《小艾》收入《流韵》一书。

张爱玲的发掘者还注意到张爱玲更早期的作品，如相当一段时间里，海内外张爱玲研究者一直认为1940年发表的散文《天才梦》是张爱玲的处女作，张爱玲本人也曾如是说。后从圣玛利亚女校的校刊《国光》中发现了小说《霸王别姬》《牛》，就将她写小说的时间向前推到了1936年。后来，陈子善教授又从圣玛利亚女校年刊《凤藻》总第12期上发现了署名张爱玲的《不幸的她》，又将张爱玲发表小说的时间向前推到1932年，其时张爱玲才上初中一年级。

总之，张爱玲的被发掘，从小说到散文，从盛年时期的作品到她早年的习作，从篇幅上看，既有被她自己腰斩或不愿提及的中长篇小说，还有零星的短札，内容极为丰富。甚至还有人发愿要收集所有张爱玲的书信，出一本书信集！

人们热衷于发掘张爱玲，正好说明了张爱玲是被人们热爱的，她在文坛上的建树是留在人们心间的。张爱玲虽告别了人世，但只要张爱玲这个名字不再被人遗忘，那么这种发掘工作也就不会有止息的一天。

台湾、香港的张爱玲热

《现代文学》的青年们

台湾、香港的张爱玲热离不开现代主义文学的兴起，也离不开一批文学青年的追随与迷恋。

国民党当局退到台湾后，在文化上一方面割断了五四以来的文学传统，将留在大陆的作家的作品统统封禁，一方面鼓吹文化反共，制造了一批反共八股。台湾批评家不客气地指出这些都是"喊喊口号，喊出来而非写出来的"，名曰"战斗文艺"，实则是"战斗"而非"文艺"。加以官方强行推销，其效果徒增人们反感。(《岁首说真话》，载 1958 年 1 月 5 日《联合报》)现代派的产生，恰是对反共文学的反对。现代主义的流行，还由于台湾 60 年代后经济的发展，产生了一批熟悉西方文艺思潮、流派的青年，他们大量阅读、吸收西方现代主义大师们的理念和创作经验并从事创作，现代主义成为 60 年代台湾文学的主流。

1956 年 9 月，夏济安任主编的《文学杂志》创刊，成为纯粹文学即台湾现代派文学兴起的重要标志。《文学杂志》刊登西方现代派作品，广泛介绍西方现代主义文学理论。前面提及，夏志清《中国现代小说史》有关张爱玲的章节最早由夏济安翻译并在《文学杂志》刊出，正说明张爱玲小说确有很现代的成分。

继《文学杂志》之后，1960 年台湾大学外文系几个青年学生王文兴、戴天、白先勇、欧阳子、陈若曦等创办了《现代文学》，更大规模地介绍弗朗兹·卡夫卡、詹姆斯·乔依斯、戴维·劳伦斯、威廉·福克纳、阿尔贝·卡谬等西方现代派著名作家的作品，也刊登对他们的模仿创作。比起《文学杂志》，《现代文学》更体现了编者和作者对现代主义的向往，受到广大青年读者的欢迎。

台湾现代作家着重刻画工业社会中现代人的种种孤独、失望、迷惘、彷徨。现代人失去了旧时代，又不满意新的工业文明，是明显的失落的一代。为了寻找自我，他们采用存在主义、意识流、弗洛伊德心理分析来描写人的忧郁、苦闷和焦灼。因此台湾现代派小说比较重视对人的内心世界及潜意识的发掘。现代派既以西方现代主义为榜样，又将西方象征主义文学、超现实主义文学、存在主义文学等技巧移入自己的作品。台湾现代派作家们在其作品中往往借用各种象征和隐喻及意识流手法，刻意营造阴森恐怖的死亡气氛，表达他们对现实的绝望与抗议。

当时，在台湾现代派作家中，有一派一直坚持西方现代主义创作道路，他们无视传统，反对纵的继承而提倡横的移植，主要代表人物有王文兴、七等生、欧阳子等；另一派则以余光中、白先勇、聂华苓、於梨华为代表，他们既主张现代主义，又强调应将传统融于现代。余光中早年以"学者诗人"桂冠而登上诗坛，曾以捍卫现代主义而闻名；但当现代主义者鼓吹反传统的虚无主义时，他又起来反对这一主张，他有一个著名口号叫"再见，虚无"。余光中虽不是小说家，但他的主张很能代表这一派人的创作观念。张爱玲的小说既传统又现代，将传统与现代融于一炉，无疑为他们的创作提供了最好的借鉴，因此张爱玲热主要是由这一派人鼓吹而掀起的。

唯一的台湾之行

台湾现代主义文学方兴未艾时，1961年张爱玲有过一次难得的台湾之行。这使得台湾现代派作家有了亲自与张爱玲接触的机会。通过接触，他们更了解了张爱玲，这为70年代后张爱玲热的大规模兴起做了铺垫。

那时张爱玲已在美国生活了六年，做了五年赖雅太太，生活还算平静。不过她的创作生活却面临窘境，离开了故土也就等于割断了创作的根，而一些旧作改写的英文小说销路又不畅。她计划写一部能在美国打开销路的作品，这就是英文小说《少帅》。小说将以著名将领张学良为主角，以震惊世界的西安事变为背景，以少帅和他生活中的两个女人为线索来展开整个故事。张爱玲希望用英文世界熟悉的人和事来引起外国出版商和读者的兴趣。为此，她需要收集有关资料，最好能在台湾一见被软禁的张学良本人。①此外，她在前几年通过宋淇为香港电懋影业公司写过几个电影剧本，拍出后，很受欢迎；这次电懋公司斥巨资准备拍摄古典名著《红楼梦》，宋淇又力荐了她。两件事合起来，她便有了美国——台湾——香港之行。这也是她平生最后一次长途旅行。

旅行的第一站便是台北。接待她的是原在香港美新处任职的美国老朋友麦加锡（M.Mccarthy），此时他已在台北美新处任处长。可能求见张学良的要求不能实现，麦加锡便约台湾《现代文学》青年作家们与张爱玲共同进餐，参加见面的有白先勇、陈若曦、王桢和等人，当时他们都是台大学生。

据王桢和讲，麦加锡爱好文学，《现代文学》创刊时，他就订了七百本，还选了白先勇、王文兴、欧阳子、王桢和小说各一篇译为英文，集成一本书。张爱玲看过，对其中王桢和的小说《鬼·北风·人》里描写的花莲风土很感兴趣，于是便有了这次见面和后来的花莲之行。

见面之前还有个小插曲：这批青年心仪张爱玲已久，就在想象张爱玲长得什么样子。问麦加锡，麦加锡说张爱玲长得很胖、很邋遢。谁知一见面，不仅不胖，而且干干净净，"虽不漂亮，却是'可看性'很高"。（王桢和、丘彦明：《张爱玲在台湾》，载 1987 年台湾《联合文学》）

为了安排张爱玲在花莲参观，陈若曦提前去花莲王桢和家打前站。王桢和亲自陪同张爱玲赴花莲，一路游览了当地名胜，参观了阿美族的山地歌舞。张爱玲兴趣很广泛，观察也很入微，应她要求还去了当地的妓女户，结果是"她看妓女，妓女坐在嫖客腿上看她，互相观察，各有所得，一片喜欢"。因为她衣着简便，在台湾当时算得上时髦，加以又是从美国来的，

---

① 很长时间人们对张爱玲台湾之行的目的不甚清楚，只知道为创作收集素材，究竟创作什么，直至司马新的《张爱玲在美国——婚姻与晚年》一书问世，这个目的才算水落石出。

"妓女对她比对嫖客有兴趣"。她的打扮据陈若曦讲还是很普通的，也很马虎，陈若曦就看到她穿过不一式的袜子。

一路上，张爱玲很少谈自己的作品，听到王桢和的赞美，她却说："不要说。不好，不好。"她对王桢和的小说，善意地提出意见，如山地生活不适用意识流，王以后就改正了；王桢和国语不标准，她进行纠正；上海话"噱头"的正确读音也是她告诉王的；王讲话有文艺腔，经张爱玲点出后，王就留意避免。张爱玲平日待人接物自然亲和，住在王家，极尊重王的母亲、舅舅，还买了礼物，与王桢和及其母合拍了相。在一定场合，她表现又异常冷静。陈若曦说，参加阿美族丰年祭时，表演中途，突然灯光全灭，飞沙走石，鬼影幢幢，众人都面露惊慌之色，张爱玲"恒定如常的容颜"，以及"她的特立独行令我印象深刻"。(陈若曦：《讲究文学马虎自己的张爱玲》，载 1995 年 9 月 10 日台北《中央日报》)

台湾之行因赖雅在美突然中风而告中止。从台东接到美新处转来的电话后，他们一行只得急返台北。在台北打电话时，王桢和还留意到一个细节：张爱玲善意地不急不躁地对排在她身后的两个人说，你们去那边打电话，"一只手提着电话筒，一只手指着另一个电话的方向"。(《张爱玲在台湾》)张爱玲后来得知，赖雅病情并不太严重，来去机票对她来说又是笔庞大开支，而香港方面又急催她去编剧本，她最终还是决定先去香港。

张爱玲台湾之行事先未通知别人，知者不多，直到将离台，一位晚报记者才发现她的行踪，在报上写了一段百字新闻。她得悉后淡淡表示，她来台湾是拜访亲戚。回美国后，张爱玲写了一篇文章记述台湾之行，题目叫《重返边疆》，提到了台湾有臭虫。当时台湾有个别人攻击她，王桢和也认为提到臭虫有失体面，张爱玲的回答极幽默：臭虫可能是从大陆撤退到台湾时带来的。

张爱玲的台湾之行可算是悄悄来悄悄去，对台湾青年作家来说不过是惊鸿一瞥。这短短一瞥，打消了他们对她的种种揣想，缩短了她与台湾这一代作家的距离。以至王桢和二十五年后回忆这段经历时,对张爱玲那时每一件事、每一个动作、说的话都记得清清楚楚,包括她喜欢戴的大耳环。在台湾这一代作家眼中,张爱玲这个名字永远是青春、美丽和温馨的。

"张迷"时代

70年代起,台湾的文艺评论家们曾惊呼:"张迷"时代来临了。

当时在台湾热爱张爱玲的人已达不能自拔的程度:凡张爱玲写的书,每本必看,乃至片言只字也不放过,还要寻觅珍藏;有关张爱玲的事都极关心,大到她的生平、婚姻、交友,小至她的日常起居、爱好,乃至丢弃的垃圾都要翻检一通,报道出来即成热门话题。

"张迷"是一个极广泛的群体。作家和青年学生不用说,王桢和的同学水晶,没能参与接待张爱玲,便老来问王,张爱玲做了什么,知道了便很兴奋。据说水晶读张爱玲小说另有一功,是背诵的。另一位女作家施叔青则公开声称:"《张爱玲短篇小说集》是我的圣经。"对张爱玲尊崇、热爱得拟比偶像。即使一般民众"张迷",也是个庞大的存在。余秋雨说,他曾亲眼看见国际舞蹈大师林怀民先生一到上海,就激动地宣称他是来寻找张爱玲的上海。著名演员林青霞也告诉余,她对上海的了解和喜爱,一大半来自张爱玲。(余秋雨:《张爱玲之死》)乃至台湾《联合文学》曾举办过一个活动——"谁最像张爱玲"。先看长相,参加者须将各自照片寄去;再看文章,看谁的文笔最像张爱玲。这无疑是"张迷"们组织的,参加者则是更大数量的"张迷"。严肃的文学杂志搞这样的活动,足见张爱玲在台湾的号召力。

为什么台湾拥有数量如此庞大的"张迷"?一位评论家认为这个问题的答案可能永远是个谜。不过至少有几点值得人们思索。

一、从小说界、文艺爱好者圈子看,张爱玲小说、散文有一种独特的吸引力和穿透力。以收集张爱玲"破烂"（指张爱玲的各种旧作）闻名的唐文标就说过，张爱玲的小说"不受外界社会影响"，又说她"先天地拒绝了历史时间，逃离了地理环境，限制了人物发展，甚至到了不是一个正常的、中国人的世界"。唐在台湾是维护乡土派的，对张爱玲评价多从负面着手，但他的话还是道出了张爱玲小说的某些特征——揭示人性，专注于生命苍凉境界的探索。（陈芳明：《张爱玲与台湾》，载 1995 年 9 月 10 日台北《中国时报·人间》）她的小说即使从未以台湾为背景，自身也不住在台湾，但仍能得到台湾文艺爱好者的欢迎；而且她的创作，既传统又现代，恰好投合了现代主义在台湾盛行的潮流，为台湾现代派作家提供了现成的创作经验与取法对象。

二、张爱玲的小说非常投合台湾大众的口味。张爱玲的小说中，旧家族的沦落，男女间的情爱、婚变，道德的沦丧是永恒的主题，这是一般读者愿意看的。她的小说有纯文艺的一面，手法的现代让文学青年击节称叹；也有极传统的一面，上可与《红楼梦》《金瓶梅》相接，下又与通俗文学甚至言情小说相通（有的评论家至今仍坚持认为她应属于鸳鸯蝴蝶派）。她还擅长写连续篇，用无数个悬念打动读者（如《十八春》《小艾》），让熟悉传统小说的读者爱不释手。这样的大雅和大俗集于一身，就赢得了不同层次的读者群。一位台湾作家如是说："很少有这样一本书，在我的家，我年近七十的妈妈读、我常年经商的姐姐读、我读，还有我那小学刚毕业的小侄女也读，我们都读，都读张爱玲。"（萧曼：《请你把我包括在内》，载 1995 年 9 月 16 日台北《中国时报·人间》）

三、张爱玲本身就是一个谜，在现代中国小说作家中，很少有像张爱玲一样其创作和生活中充满了巨大反差。

——她出身显赫，是名门之后，对此却从不张扬，甚至刻意回避，她骄傲地宣称自己是一个自食其力的小市民，表明自己对市民世俗生活的热爱，对物质生活的追求，以俗为荣的心态，所有这些很自然地表现在她的生活和创作中。

——她洞察世情，观察入微，诸凡人间的伪善、狡诈、邪恶都能鞭辟入里。有人赞叹张爱玲真懂，不仅小奸小坏难逃她的眼睛，而且在她面前，她能洞察你的五脏六腑，连老于世故如胡兰成，初见她时都感到她房里有兵气。然而她似乎又什么都不懂、什么都不会，削苹果会伤了手，怕去理发店，怕见裁缝，出门不认识归家路……似乎绝顶天才总与生活的笨拙联系在一起。

——她性格冷僻。早年在上海虽已大红，但极少见客。少数熟人看她必先约定时间，提前按门铃必然不理不答，去迟了，又会告诉你张小姐出去了。晚年在美国也极少有人见她，一副拒人千里之外的凛然不可犯姿态。但少数能见她的人，早年她会盛装接待，晚年也会倒咖啡、打罐头、娓娓细谈，有时还能见到她那本厚厚的相册……冷与热，判若天渊。

——她聪明绝顶，但婚姻不幸。读过胡兰成《今生今世》的人，总怀疑像她那样的女子，怎会与这个比她大十多岁又到处拈花惹草的汪伪汉奸结百年之好？去美国，她不过三十多岁，又写过《秧歌》《赤地之恋》这样的反共作品，又怎么会与一个比她大近三十岁、又信奉马克思主义的左倾文人结合，至死还用他的姓氏。

——她早年奇装炫世。去印刷厂看校样，工人都会停下工作；难得去会朋友，会引得满弄堂的小孩跟在她身后。中晚年后却简单得不能再简单，几乎是清汤挂面……

——她有极高的文化修养，会弹钢琴，讲起西洋音乐、油画如数家珍，但她又极喜欢申曲、绍兴戏、蹦蹦戏……土得不能再土。

…………

类似的例子，随手便能举出许多。总之，在她身上，黑与白，冷与热，正与负，都纷繁交错，参差对照得几乎犯冲、犯克。这就增加了她的神秘感。"张爱玲怎么啦"成为人们关心的话题。无怪乎台湾、香港报纸将张爱玲一炒再炒，派记者跟踪、盯梢，无所不为。张爱玲知名度超过了当代红星，"张迷"们的行为也超过了"追星族"。

被拒门外的尴尬

张爱玲有如此大的魅力，从她走红上海之日起就被人们关注，能接近她的人总是少数，大多数都经历了被拒门外的尴尬。连胡兰成第一次去见她都遭拒绝，当时高官如赫赫有名的熊剑东、日本人宇垣，要见她都不可得。

1952年赴香港，熟人也只有宋淇、邝文美夫妇。她先住女青年会，独居一室，不久身份暴露，有人找她，她就托宋淇另找一间斗室，家徒四壁，仍拒绝与人来往。当时香港的天皇巨星李丽华自组丽华影业公司，准备筹资拍片，听说张爱玲在港，不惜屈尊降贵，求宋淇约张见一面。见面时李丽华打扮得特别漂亮，说话也十分斯文，等了许久，张才出场，坐了一会，就托词走了。当然，请写剧本一事也告吹。

赴美后，张爱玲因求职需要，不得不有所活动。但交往仍极少，除结识赖雅外，见过胡适两次。1965年下半年或1966年初，经夏志清介绍，张参加过印第安纳大学中西文学关系研讨会，认识了庄信正。庄后在加州任教，对张爱玲生活多有照拂，是个别能跨进张爱玲寓所的人。其间张与於犁华曾见过四次（都在会议上）。1969年张由夏志清邀请，参加了亚洲学会波士顿年会，会后夏、庄、於与张爱玲一同吃了饭，这给夏、庄、於都留下终生难忘的印象。除有数的几次学术活动外，张爱玲深居简出。1967年赖雅去世后，她孤身一人应陈世骧教授之邀赴加州柏克利大学中国研究所任职，也不按规定时间去办公，"她总在大家都下班以后，才像幽灵一样出现在空无一人的办公室里"，人们不认识她，她更不认识别人。

即使熟人，她也不稍加颜色。王桢和曾陪她在台湾参观，王家还是张爱玲在花莲的居停地，王桢和大学毕业后在航空公司任职，第一次去美便想见她，她答应了，但王因地址不熟，没有找到；后来赴美，又想访她，她就断然拒绝了。

70年代，她已在台湾走红，关切她的人越多，她越发躲进公寓，先住柏克利大学校园，后定居洛杉矶。她的地址、电话只有个别人知道，而且规定不得外传，声明有电话也不接。她究竟拒绝了多少人？也是个谜，但从以下两件事可窥一斑。

第一件：水晶是台湾著名的"张迷"，对张爱玲小说研究得很深，并写过有关著作。一次他赴美，行前给台北《中国时报·人间》副刊负责人桑品载写信，要求副刊给他留较大篇幅，说他将去访张爱玲。不久，文章寄来了，有七八千字，题目叫《访张爱玲不遇》。原来水晶兴冲冲找到柏克利张的寓所，在传声器中听到张的声音是"抱歉"。接着又试打电话，每次都打空，试了一个多礼拜才接通，回答是，她将写张便条来，然后再由水晶用电话联系。水晶又等了一个多月，音讯杳然。这篇文章写的就是上述经过。

不过水晶毕竟是有福气的。过了一段时间，他写了篇《试论张爱玲〈倾城之恋〉中的神话结构》，刊出后，他影印了一份试寄给张爱玲，竟收到她的回信，并被邀请到她的公寓去。他总算见到了张爱玲，并在她雪洞般没有任何家具的房间里作了七个小时长谈，这真是一个异数。水晶将访问经过写在《蝉——夜访张爱玲》《夜访张爱玲补遗》两文中，文中讲述了张爱玲的创作、生活、她小说中人物原型及她对中外小说的看法等等。从水晶的记述中，我们看到水晶是如何的兴奋，张爱玲却似志公说法，口吐莲花，漫天霖雨都化成了五彩灵石。水晶的记述，为我们留下了如何理解张爱玲小说和她本人的第一手资料。

第二件：主角也是《中国时报》中人，是负责《海外专栏》的高信疆。他原也与张爱玲有书信联络，1991年休假赴美，便想去洛杉矶拜访张爱玲。那天由影评人但汉章带路，作家张错开车，三人同往。去之前但汉章就胆怯了，不敢去，高信疆鼓气说试试看。三人到了张爱玲的寓所，写了一张字条，附了一幅画，请管理员转达他们的造访请求，三人就坐在楼下等。没多久，高信疆听见楼上有声音传出，他们非常兴奋，张爱玲肯见客了，没想到，从楼上走下的竟是只黑猫。管理员后来传达张爱玲没有准备、不方便见客的讯息，并说将会给高信疆去信。高回台湾后，果然收到一封张爱玲的致歉信。"访张爱玲不遇，下来一只黑猫"成了台湾文坛趣闻。（于青编：《寻找张爱玲》第39页）

张爱玲不见客的原因是多方面的，她一向不善于在生人面前应付是其一，晚年体弱多病更是重要原因。试想她已到了几个月才开一次信箱，一封信要写几个星期才完成的地步，还经受得起不断的骚扰吗？当然也与她孤高标世的性格，有意识地拉开她与读者的距离的初衷有关，所有这些，必然更增加了她的神秘。

张爱玲的垃圾

张爱玲越是要避开尘世的骚扰，人们对她越是有浓厚的兴趣。有关张爱玲的作品、生活的新闻也越炒越热。桑品载回忆，有位作家告诉他，张正在写一部长篇小说，《中国时报》董事长拍板一定要把这篇小说拿到，并指示先寄五千元美金给张，这实际是定金而非稿费全部，张爱玲名字的含金量之高已可想见。后桑向张爱玲求证，张客气地否认了，预付稿酬当然不愿领受。（桑品载：《与张爱玲周旋——拾掇她与〈人间〉的一段姻缘》，载1995年9月13日台北《中国时报·人间》）就在这一气氛下，台湾出现了某报一位女记者因追踪、采访张爱玲不成，悄悄搬进张爱玲寓所隔壁，窃听张爱玲动静，专捡张爱玲垃圾的怪事。

那是在1987年，台湾某大报主编W先生委派D小姐（文章发表后方知此小姐姓戴名文采）赴美采访张爱玲，因为自1972年水晶访问张爱玲以来，已没有哪家新闻媒体能接近张爱玲了。这位戴小姐到洛杉矶后，打听到张爱玲住址，就写了一封信给张爱玲，自然没有答复。眼看任务完不成,戴小姐决定:正路不通,便另辟邪径。

刚好,张爱玲隔壁的房间空出,戴小姐以昂贵租金租下,搬了进去,每天用耳紧贴墙壁·倾听动静。张爱玲多日不出门,戴小姐听到的只是隔壁传来的电视声(张晚年唯一的消遣便是看电视)。一个月过去了,终于有一天听到张爱玲开门声,戴小姐便跟踪而去,看到张爱玲正在门口整理该扔的纸袋。张察觉外面有人,一直不出去,戴小姐只好回房,但待戴一带上门,便听到张爱玲匆匆开门下锁的声音,戴当下绕过另一条小径,躲在墙后远远看张。因距离远,戴小姐始终没看见张爱玲的眉眼,但对戴小姐来说,已是十分震动了,她后来形容:"如见林黛玉从书里走出来葬花,真实到几乎不真实。岁月攻不进张爱玲自己的氛围,甚至想起绿野仙踪。"戴小姐等张爱玲回房后,才"半个身子吊挂在蓝漆黑盖大垃圾桶上,用一长枝菩提枝子把张爱玲的全部纸袋子勾出来,坐在垃圾桶边忘我地读着、翻找着"。她翻出了一大堆沾着血丝的棉花球和擦手纸,证明张爱玲牙齿坏了;翻出了一大批食品包袋盒,推定张现在都吃现成食品,有"派"、苏格兰松饼、无味蔬菜,已很少吃中国食物,营养主要靠喝牛奶和煎鸡蛋;只用电炉把食物烘热便吃,因为垃圾里有一只废弃电炉和无数捏碎的蛋壳;她又拾得纯白色拖鞋、紫灰色丝袜;拾得张爱玲的购物单,写了又划掉,证明张的体力不支,每次出门只能买最必要的物品;拾到许多废纸,她知道张爱玲喜欢用废旧信封皮子打草稿……她将上述细节稍加上她自己的推测,写了一篇《我的邻居张爱玲》。

戴小姐苦心孤诣的工作,提供了张爱玲晚年生活的细节,这自然是人们所关心的;但一日二十四小时窃听及偷别人垃圾的行为,在道德上和法律上都是不允许的。戴小姐明知不可为而为之,目的不为别的,正像她自己说的:"只有张爱玲,才值得我这样做。"

后来事情的发展出乎戴小姐所料。因获得张爱玲的垃圾而产生的兴奋,使她按捺不下,急急告诉她的好友,旧金山的T女士,让她分享成就,最后还免不了叮嘱一句:"我跟你说的这件事,你可千万不可以对别人说呀!"T女士是爱护张爱玲的,也不以戴小姐的行为为然,立即通知了夏志清。夏便告诉能与张爱玲通电话的庄信正,庄一面告诉张本人,一面通知就近照顾张生活的建筑师林式同,只消一天,张爱玲就搬走了。戴小姐懵然不觉,仍天天隔墙听声,一丝儿动静没有,几天后才知她的"猎物"已消失。

张爱玲热发展到这个地步,称得上登峰造极了。

大陆的张爱玲热

一块空白与被冷落的原因

比起台湾、香港,大陆的张爱玲热来得晚得多。

80年代前,你如果去问大学专攻中国文学的学生:张爱玲是谁?得到的回答必然是:不知道。

空白,一大块空白。其实不只是张爱玲,周作人、钱钟书、沈从文在中国现代文学史上也是空白。

空白等于没有或不存在。张爱玲、钱钟书、沈从文、周作人又是中国现代文学史上真实的存在,不仅有作品,还曾拥有广大的读者。这个空白就难堪了。

是什么原因造成了令人难堪的空白呢?

1984年,在改革开放以后,上海的《收获》杂志重新发表了张爱玲的《金锁记》,张爱玲这个名字重新在大陆被人提起。1985年,张爱玲的老友、著名作家柯灵写了一篇《遥寄张爱玲》,刊登于《读书》杂志4月号。他在文章中讲了一段很有概括力的话:

> 中国新文学运动从来就和政治浪潮配合在一起,因果难分。五四

时代的文学革命——反帝反封建，30年代的革命文学——阶级斗争，抗战时期——同仇敌忾，抗日救亡，理所当然是主流。除此以外，就都被看作是离谱，旁门左道，既为正统所不容，也引不起读者的注意。这是一种不无缺陷的好传统，好处是与国家命运息息相关，随着时代亦步亦趋，如影随形；短处是无形中大大减削了文学领地……我扳着指头算来算去，偌大文坛，哪个阶段都安不下一个张爱玲，上海沦陷，才给了她机会。日本侵略者和汪精卫政权把新文学传统一刀切断了……天高皇帝远，这就给张爱玲提供了大显身手的舞台。

柯老在这里谈到了张爱玲小说与中国现代文学主流的关系，抓住了问题的要害。

其实，创作主流，也是通常说的传统。很长时期以来，中国文学就形成了独特的人文传统，它强调入世，关注人生现实，具有博大情怀和仁爱精神；反对暴政，揭露黑暗，赞颂光明和进步；在处理人与自然的关系上又主张和谐发展，天人合一与物心两用。中国文学的人文传统不只现代文学如此，正如夏志清先生所说："时到今天，我们最珍惜的那份文学遗产——《诗经》、古乐府以及杜甫、关汉卿等肯为老百姓说话的那些文人所留给我们的作品——也可属于'新文学'同一传统。"他还说，他越读五四以来中国现代文学作品，就越向这一传统认同。（《中国现代小说史·原作者序》）因此中国文学的人文传统是源远流长的，时代虽有变化，传统却没有变。

这个传统告诉我们：中国文学的主流始终是有倾向性的，又是积极参与的。不管古代哲人讲的"文以载道"，或是白居易说的"文章合为时而著，诗歌合为事而作"，也不论作者是直抒胸臆地正面出击，或是感时伤世式的委婉讥讽，都明确不二地表达了文学与时代、文学与时代主体思想的关系是密不可分的。

中国自鸦片战争以来近一个世纪,始终处在外国列强的虎视鹰瞵之下。割地、赔款、将中国人如奴隶般贩去当劳工……无尽的屈辱和痛苦都强加在中国百姓身上。理解这一时代特征,就会理解孙中山先生百年前提出的"振兴中华"口号包含了多么深刻的含义,他临终前的谆谆嘱托——"必须唤起民众及世界上一切平等待我之民族,共同奋斗",又是多么语重心长。"唤起民众"自然不能只凭空洞口号,文学必然成为武器。中国现代文学的传统就与中华民族命运紧紧结合在一起。主流文学在长达百年的中国近现代史中,具体阶段内容虽不尽一致,但主题始终如一。中国现代文学的传统、主流不是谁强加的,而是历史形成的,谁也无法回避、否认。

张爱玲认识到这个时代"旧的东西在崩坏,新的在滋长中",但却不赞成写人生的飞扬。她说,在"时代高潮到来之前,斩钉截铁的事物不过是例外"。她作品中的人物都是在旧时代沉下去时拼命在抓一点真实存在的小人物。她的故事充满了回忆与现实间的尴尬、郑重而轻微的骚动、认真而没有名目的斗争。远离革命,当然也远离战争。她最喜欢的不是大起大落英雄们的悲壮,而是一些不彻底人物的凄凉。(《自己的文章》)

她有意识地远避当时流行的意识形态。她认为,"清坚决绝的宇宙观,不论是政治上的还是哲学上的,总未免使人嫌烦。人生的所谓生趣全在那些不相干的事"。对这些凡人小事中不合理的存在,她有时也嘲讽,但更多的是同情。在她的作品中很少出现如主流派作家写的那种对立(如阶级对立、善恶对立、美丑对立等),而只有参差的对照,她认为这样才体现时代的总量。(《自己的文章》)

在现代小说家中,张爱玲显得比钱钟书、沈从文更远离时代主流。因为钱与沈的作品虽不正面写革命与战争,但讥讽和同情给予的往往不是同一对象,人们尚能清晰辨明作者的价值取向,而在张爱玲那里,就相当困难。钱钟书、沈从文尚不能进入某些文学评论家、文学史家们的法眼,何况张爱玲!

在评论作家优劣时，过去还有一个不成文的标准，即按作家的政治态度进行取舍。张爱玲一向表示对政治不感兴趣，这还情有可宥；说不清的是在上海沦陷时与胡兰成的那段恋情。不只大陆，20世纪五六十年代的台湾，也让她背上"汉奸文人"的黑锅。50年代后，她去了香港，又写了反共作品，大陆评论家们更不会假以辞色了。台湾有一时期将她归入反共作家之列，这虽是历史的误会，但足以说明仅用政治取向来衡量作家，是如何颠顸可笑。

问题显然不在于承认中国现代文学的传统、主流存在的正当与否，而在于人们对这个传统、主流是如何理解的。

一个时期内，作家、评论家对主流的理解是偏狭的，偏狭到只承认主流而排斥一切不符合这个主流的创作和作品的程度，甚至形成了门户和宗派，这就不是正常的了。我们承认主流的存在，并不否认文学中还有支流在活泼泼地流淌。正如黄河、长江纳百川而汇大海一样，没有了支流，何以能形成广袤千里的流域？文学弄得只要主流、主干而芟除枝叶，那么一个伟大国家中的文学岂不只剩下干巴巴的枯木，岂能蔚然成林？柯灵在上述引文中以建筑做譬喻，"只有堂皇的厅堂楼阁，没有回廊别院、池台竞胜，曲径通幽"，说的也是这个道理。

张爱玲在大陆现代文学史上留下的空白，值得我们回味。

如前所述，对现代文学主流的偏颇之见，将一切非主流作家与作品排斥在外，文学领地只会狭窄。更严重的是造成了一种评价标准，凡写主流的便是好的，作者们如是遵循，读者们也如是认为。结果就出现傅雷所指摘的：某些作家，只掌握了几条抽象意识原则，不要生活体验，不要认真观察，更不需要文字技巧，就可创作主流作品了，最终败坏的自是读者的口味。

这个评价还对非主流作家造成了压力。不能写是一种压力，写出来不被承认也是一种压力。张爱玲的辉煌为什么偏偏在主流、传统都统统中断的抗战时期，在汪伪统治的中心上海？正说明了这个问题。柯灵说得好，张爱玲20世纪40年代的走红，"是命中注定，千载一时，'走了这村，没了那店'"。这个压力一直到20世纪70年代张爱玲还在感受。台湾作家水晶在那次难得的夜访中，曾向张爱玲提出过她的作品流传问题。那时夏志清的《中国现代小说史》已出版多年，张爱玲又在台港走红，"张迷"们对她已有偶像式的崇拜，对她作品的评价也与日俱增，她的名气可说如日中天。然而她的回答却是："非常的 uncertain（不确定）。""因为似乎从五四一开始，就让几个作家决定了一切，后来的人根本就不被重视。"她"开始写作的时候，便感到这层困扰，现在困扰是越来越深了"。（水晶：《蝉——夜访张爱玲》）她所指过去的困扰，我们完全理解；现在越来越深的困扰，虽还不明究底，但至少说明主流或传统的偏颇，是如此根深蒂固。张爱玲期待的不只是社会上的几股热潮，她走红过，深知这种热会转瞬即逝；她期待的是对她更客观、更富有理性的评价。不只是一本《中国现代文学史》，而是更多的现代文学研究者们（包括大陆研究者——恐怕她更期待的是这个）对她的公正评判。

重新评价

"文革"噩梦结束，70年代末，大陆的思想解放潮流同样在文学界激起反响。首先感受这股春风的是恢复研究生制度后入学、专攻中国现代文学的研究生们。

一位研究现代文学的学者，当时的研究生，在回忆20世纪80年代初他与同届学友到北京、上海、广州访学经过时，便提及他当时遇到不少研究生们为研究张爱玲到处寻找有关资料。他的感觉是"在我念研究生的那一届学友中，注意张爱玲的则不乏其人"。（艾晓明：《"生命自顾自走过去"——漫说张爱玲》）还有一位，谈及十多年前他在大学攻读现代文学研究生时，为写学位论文，常与一位老同学为钱钟书与张爱玲的小说谁更

好些而争论不休。(叶兆言:《她的人生就是一部大作品》)

在寻觅的过程和争论声中,早期评论张爱玲的文字产生了。很显然,80年代初评论张爱玲的文章,就像当时流行的"翻案"文章一样,很讲究分寸,但这毕竟是一个信号,标示遗忘张爱玲的时代终已过去了。

有"最早重新评价张爱玲的青年学者"之称的赵园就是这批研究生中的一个。她写的《开向沪港"洋场社会"的窗口——读张爱玲小说集〈传奇〉》是这样写的:"《传奇》十篇……毕竟是一扇窗子。希望一窥现代文学全貌的研究者,固然不应废弃这窗子,而欲认识历史、认识生活的读者,也不会拒绝利用这个窗子。"(赵文见《中国现代文学研究丛刊》1983年第3期)她提出了从认识沪港"洋场社会"的角度,不应拒绝张爱玲小说的问题,迈开了肯定张爱玲的第一步。她的文章写得比柯灵的《遥寄张爱玲》还早,做到这一步,是很不容易的。类似观点的文章还有丁尔纲的《"龙"的生活与"龙"的艺术——读张爱玲的〈桂花蒸 阿小悲秋〉》。文章说:"她的作品对沪港畸形社会及其历史渊源的探索,很能体现半封建半殖民地中国社会独特的一角,一定程度地把封建文化与资本主义文化在这块土地上的媾合所缔造的文化畸形儿的特点作了传神的勾勒。这一幅幅旧中国的社会风情画及其道德性很强的主题,在中国现代文学史上还较少为人涉及,因而有其不容忽视的价值。"(丁文见《中国现代文学研究丛刊》1985年第4期)这也只是从张爱玲小说的主题填补了中国现代文学空白的角度加以肯定。

20世纪80年代中叶,老作家柯灵先生《遥寄张爱玲》的发表,开启了大陆重新评论张爱玲的新阶段。柯灵先生是40年代张爱玲进入上海文坛的引荐人之一,又是张爱玲留在大陆为数不多的老友之一,以这样的身份评价张爱玲当然是有权威性的。前面引述过的他关于张爱玲之所以在1943~1945年走红原因的分析真是一字千钧,关于文学主流和旁支别流的论述尤为精到。但这之后还有一段话,常为人们忽视:

张爱玲不见于目前的中国现代文学史，毫不足怪，国内卓有成就的作家，文学史家视而不见的，比比皆是。这绝不等于"不能为同时代的中国人所认识"，已经有足够的事实说明，往深处看、远处看，历史是公平的。张爱玲在文学史上的功过得失，是客观存在的，认识不认识，承认不承认，是时间问题。等待不是现代人的性格，但如果我们有信心，就应该有耐性。

这是一位历经沧桑的老人的话，虽平淡，却极深沉。但柯灵先生可欣慰的是，自《遥寄张爱玲》发表后，大陆张爱玲的研究无论在广度和深度上都大大前进了。

九十年代：定位与反思

进入20世纪90年代后的十多年间，不仅研究论文数量日丰，而且也有一些研究专著问世，另外在小说史、文学史、专题史中也有了关于张爱玲的论述。研究方向主要体现在以下两个方面。

第一方面，对张爱玲小说的社会意义、艺术特点进行了多角度、多层次的研究，并给予张爱玲极高的评价。

陈思和在《张爱玲现象与现代都市文学》一文中，从现代都市文学的范畴，对张爱玲的创作充分加以肯定，认为张爱玲的小说将衰败的旧家族、没落的贵族女人、小奸小坏的小市民的日常生活与新文学传统中作家对人性的深刻关注和对时代变动中道德精神的准确把握成功地结合起来，"再现都市民间文化精神"。她的小说既磅礴大气，又有历史的深沉，拥有强烈的时代气息和现代都市特征。无论是20世纪60年代的港台还是80年代的大陆。都市文学的创作"始终被笼罩在张爱玲淡淡阴影之下"。张爱玲树起的都市文学的"几杆旗帜"，是"现代都市文学不可绕过的坐标"。

陈子善《作别张爱玲·编后记》,从海派文学的角度,认为张爱玲将"海派小说推到了全新境界",是"中国海派文学的高峰","人们提到大都会的海派文学时,就不能不提及张爱玲"。

于青的《张爱玲传奇》则从女性文学的角度,认为张爱玲"对女性黑幕世界的披露和揭示,与鲁迅对国民性的鞭挞,具有同等重要的意义。她是第一个对女性的女奴意识做出系列展示的作家,也是唯一揭示了女性自身是阻碍自己发展的主要因素的现代女作家","尽管她写《传奇》时并不是自觉地担当了这一历史重任,但作品的历史意义却标志了她在现代文学史上,尤其是现代女性文学史上有着不可替代的历史位置"。

至于张爱玲小说的艺术成就,持肯定评价的则更多。

金宏达在《张爱玲短篇小说选·前言》中说"张爱玲……将现实主义和现代主义的某些表现手法和特点熔于一炉,把小说写得华美而悲哀。富丽而又苍凉;充满缤纷的意象和朦胧的暗示,而又力求作真实、精细的刻绘;强调启示和联想,而又不摒弃传统小说的路数",走的是一条中西合璧的道路,对小说艺术形式的创新和小说现代化、民族化有重要的启发。

余斌在《现代文学史上的张爱玲》中这样认为:"她(指张爱玲)在白话小说的传统叙述模式与西洋现代小说的一般技巧之间取得了巧妙的平衡。从而使她初登文坛便显示出相当稳定、成熟的个人风格。在现代文学史上,主要通过古典文学的滋养来建立自己风格的新文学作家,张爱玲如果不是唯一的一个,也是这方面最自觉最成功的一个。"张爱玲的小说"新旧文字的杂糅,新旧意境的交错,结合中外,融化古今,锻造出一种新颖的小说形式,这正是张爱玲对中国现代小说艺术的独特贡献"。张爱玲不仅为现代小说园地提供了一批精品,"而且以自己的艺术实践,拓宽了中国现代小说的表现领域,提高、丰富、强化了小说的表现力。就此而论,张爱玲在中国现代文学史上已经确立了自己尊贵的地位"。

第二方面，对张爱玲在中国现代文学史上不公正地位的历史原因作了进一步分析。

许多评论家在柯灵提及的主流文学之外的文学作品如何评价、文学与政治关系等问题的基础上，作了更深层次的探讨，进一步扫清了重新评价张爱玲的障碍。

王盛明在《张爱玲文学模式的意义及影响》一文中就"张爱玲为什么会在今日大陆有这样大的影响"作了这样的回答："是近代以来中国文学走过的那条弯弯曲曲的历史道路"造成的。这条道路形成于清末民初，认为文学应以救世为宗旨，密切反映社会和历史，担负起思想启蒙、社会批判乃至政治革命的责任。于是在一般文学家和批评家那里变成了一种"不断排斥和压抑异己，将越来越多的作家牵引入同一条窄道"的想象。一直到"文化大革命"，这一想象恶性膨胀，将文学创造力窒息得奄奄一息，所以当沈从文的《边城》、张爱玲的《传奇》被发掘出来后，人们当然会兴奋了。王盛明对主流及支流关系以及文学与政治关系的历史评述，不仅回答了张爱玲作品今日受到人们欢迎的历史原因，也批评了过去文学评论家以主流、政治标准作为唯一价值取向的偏颇。

倪文尖在《不能失去张爱玲》中不无感慨地说，"我们有过在现代文学经典化过程中，误读鲁迅、肢解茅盾、简化沈从文之类的教训，也体会过恍然大悟、追悔莫及的痛楚"，提出不能将张爱玲简单化、片面化的问题。他的本意是在纠正社会上张爱玲热存在的不正确倾向，但也批评了过去文学评论中的偏执和错误。

总之，20世纪90年代之后，对张爱玲的评价已有水涨船高之势。对张爱玲重新评价不是孤立的现象，被重新发现或重新评价的还有沈从文、钱钟书、周作人、梁实秋、林语堂……一个被遗忘的空白，正在这时被填补。

新世纪，多元与开拓

新世纪以来，对张爱玲的研究呈现多元化趋势。小说依旧是研究重镇，在小说研究中，大多仍围绕着以前研究中的重点论题进行更为细致深入的阐释。如从爱情婚姻角度对单篇作品进行细读，运用精神分析学知识，挖掘张爱玲创伤经验与作品之关系，探讨作家与作品间的互生关系，在时代历史背景的维度下，结合作家的人生经历，分析张氏作品的种种。当然，新世纪的小说研究也有一些颇具新意的研究成果。以下仅举几例：

意象与服饰意蕴研究方面，林莺在《张爱玲"太阳"意象的陌生化建构》一文中对张爱玲笔下的"太阳"进行了全方位的探析，认为张爱玲将一般象征温暖和光明的太阳做了"陌生化"处理，"太阳"在张爱玲笔下演绎出隔世、陌生和凄凉，幻化为吞噬生命的预兆，"是张爱玲进行文学建构的基本方式，它不但渗入作品的艺术构思当中，并且延伸到作者的思想背景当中，构成张氏小说的文学反思，也是张氏人生观和爱情观的再现工具"。

在"现代性"主题的开掘方面，刘志荣、马强在《张爱玲与现代末日意识》一文中，以文本细读的方式，将张爱玲置于中西比较的视野之下，考察其小说中的现代末日意识。所谓"末日意识"指的是一种无法消解的对世界与人生深重的虚无和绝望的文化体验。刘志荣等认为这一体验是西方现代文学影响的结果，是一种不同于中国传统文化血脉的新质，却又受到中国文化中"现世"意识的规约。因此，张爱玲的小说注重末日威胁下现实社会中人的心理反应与行为的分析，缺乏西方现代末日意识中的宗教感和哲学沉思；齐钢的《论张爱玲的存在意识》考察了张爱玲小说中的存在意识，分析了这种意识产生的因缘，指出对在生存困境中个体人的焦虑、畏惧、异化以及用自欺来逃避荒诞世界中的生存焦虑的现象的描绘以及文明的批判是张爱玲存在意识的体现，认为存在意识使张爱玲的作品提升到了哲学的高度。

对于"晚期风格"的研究，各人褒贬不一，有的认为张爱玲的后期创作是写作生涯中的突破和精进，对张爱玲的"晚期风格"持褒奖、认可的立场。比如刘涵华的《张爱玲后期散文创作的美学风格》以张爱玲前期的散文创作为参照点，指出张爱玲的后期散文具有创作主体淡化、理性精神增长、语言风格质朴隽永的特点，并认为这是作家旺盛的创作生命力和历久不衰的创作热情的体现。马琼更是在《绚烂之极归于平淡——论张爱玲后期创作风格的转变》中认为后期的张爱玲注重在小说中表现"细密真切的生活质地"、白描手法运用完美、叙事结构呈现出松散的特质，创作已深得"平淡而近自然"的精髓，创作美学由绚烂归于平淡。也有学者持相反的看法，认为张爱玲后期创作力衰退，出现了枯竭期。胡晓丽的《张爱玲的文学创作"枯竭期"出现原因的探析》将张爱玲的文学创作"枯竭期"置作前景，重点探讨枯竭的原因。认为创作题材的狭窄、"上海的描绘者"以及狼狈的婚姻联手谋杀了张爱玲的创作才华，使其后期的创作处于枯竭的状态。

这里要特别提一下香港学者陈建华，他的研究方式与以上诸篇着力于创作文本进行的研究不同。他的《张爱玲"晚期风格"初探》一文，把张爱玲移居洛杉矶之后二十余年里的文学作品、行事方式、甚至她的沉默都列入了考察的范围，这种多视角的研究方式开启了张爱玲"晚期风格"研究的新向度，不但丰富了目前的研究成果，而且为以后的研究提供了方法论上的启示，昭示着"晚期风格"研究路径的繁复。陈建华认为"身体文本"是构成张爱玲晚期风格的重要部分，并对此作了详细勾画。一方面，张爱玲借着写给几个至交好友的书信、出版的书籍和序言等,现身说"法"，彰显自己作为写作者的存在与自主,再次重申她的文学艺术观。另一方面，张爱玲又声明自己不喜欢在作品中暴露隐私，不主张读者从"窥视"的角度"看张"，宣称"作者已死"，这种对隐私权的重视与主动的现身形成明显的悖论。事实上，作者不可能死亡，张爱玲的存在本身是张爱玲传奇不可缺少的构成要素,张爱玲有意地声称"作者已死"是一个真正的艺术家对自己文学创作的信任,期待读者把作品看作一个自足的艺术世界进行接纳。总之,陈认为张爱玲晚年"极其复杂而又困难的书写"背后隐藏的仍是"苍凉的手势",她的"晚期风格"是前期"苍凉美学"的延续,她对艺术的真诚一以贯之。

近十多年来,除了对小说研究的深入开拓外,对其剧作及改编作品的研究,以及翻译作品的研究也出现了新的成果,在此不一一赘述。

张爱玲作品的"再出土"工作,还在不断地深入着,张爱玲留给读者和研究者的迷正在被逐一破解,全方位地理解张爱玲不再是一件困难的事。但无论怎样,对她作品的研究都离不开她那个时代和她的家族。她的为人、行事及思想发展都能从她的家庭、生活经历中找到对应。因此要走近张爱玲、读懂张爱玲,她的家世及经历无疑是一把钥匙,希望本书能为大家了解张爱玲提供一个历史的轮廓。

附录一　张爱玲家族世系简表

（一）丰润张氏世系简表[①]

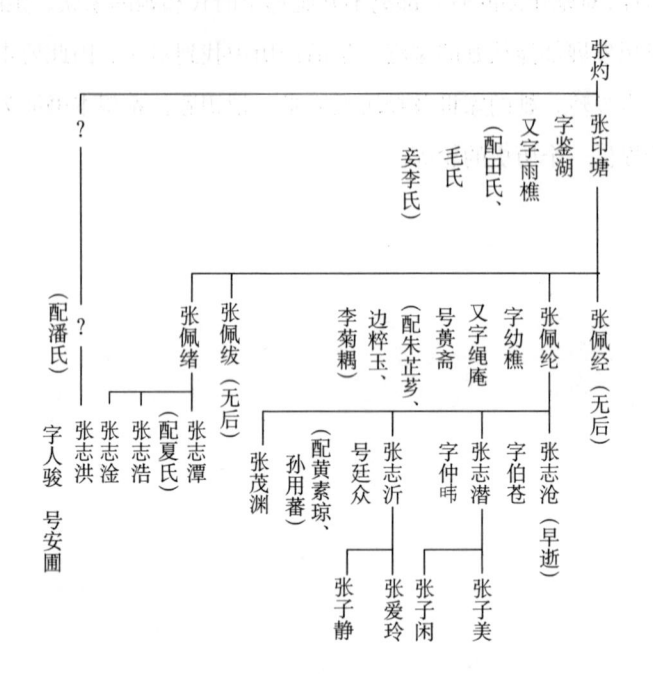

```
张灼
├─ 张印塘（字鉴湖，又字雨樵）（配田氏、毛氏、妾李氏）
│   ├─ 张佩经（无后）
│   ├─ 张佩纶（字幼樵，又字绳庵，号篑斋）（配朱芷芗、边粹玉、李菊耦）
│   │   ├─ 张志沧（早逝）
│   │   ├─ 张志潜（字伯苍，字仲昞）——张子美
│   │   ├─ 张志沂（号廷众）（配黄素琼、孙用蕃）
│   │   │   ├─ 张爱玲
│   │   │   └─ 张子静
│   │   └─ 张茂渊
│   ├─ 张佩绂（无后）
│   └─ 张佩绪
│       ├─ 张志潭
│       ├─ 张志浩（配夏氏）
│       └─ 张志淦
└─ ？（配潘氏）
    └─ ？
        └─ 张志洪（字人骏　号安圃）
```

[①] 本表系根据吴汝纶《安徽按察使丰润张君墓表》、陈宝琛《清故通议大夫四五品京堂张君墓志铭》、劳乃宣《有清通议大夫四五品京堂前翰林院侍讲学士张君墓表》《涧于集》《涧于日记》及张子静回忆整理而成。不系女性，但张爱玲、张茂渊除外。

（二）合肥李氏世系简表[①]

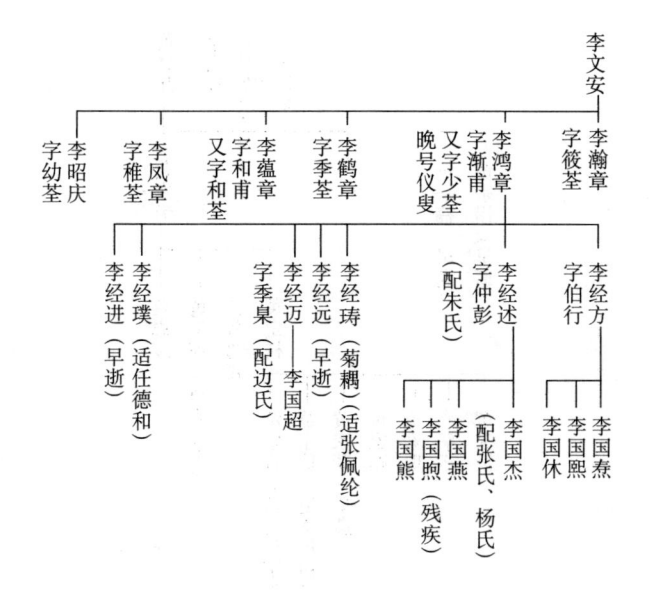

```
李文安
├─ 李瀚章  字筱荃
│   └─ 李经方  字伯行
│       ├─ 李国泰
│       ├─ 李国熙
│       └─ 李国休
├─ 李鸿章  字渐甫  又字少荃  晚号仪叟
│   ├─ 李经述  字仲彭（配朱氏）
│   │   ├─ 李国杰（配张氏、杨氏）
│   │   ├─ 李国燕
│   │   └─ 李国煦（残疾）
│   └─ 李经迈（菊耦）（适张佩纶）
│       └─ 李国熊
├─ 李鹤章  字季荃
│   ├─ 李经琦
│   ├─ 李经远（早逝）
│   └─ 李经迈
│       └─ 李国超
├─ 李蕴章  字和甫  又字和荃
│   └─ 李经泉  字季枭（配边氏）
├─ 李凤章  字稚荃
│   ├─ 李经璞（适任德和）
│   └─ 李经进（早逝）
└─ 李昭庆  字幼荃
```

[①] 本表以李鸿章一系为主，其他从略。不系女性，但李鸿章两女菊耦与经溥例外。李经方为李昭庆之子，过继给李鸿章。资料来源为吴汝纶《太子太傅肃毅伯文华殿大学士直隶总督赠一等侯李文忠公神道碑》及有关李鸿章年谱、传记。

（三）长沙黄氏世系简表[1]

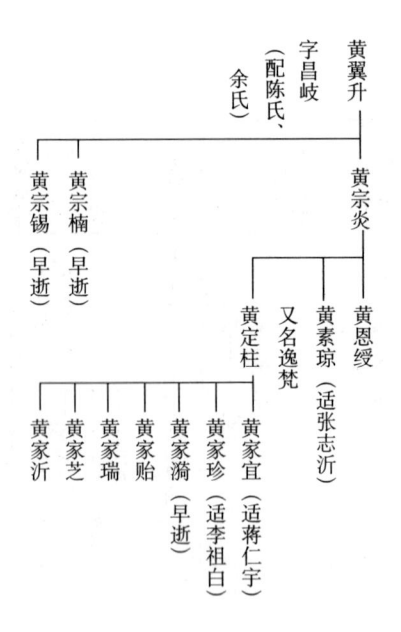

```
黄翼升
├─ 字昌岐（配陈氏、余氏）
│   ├─ 黄宗锡（早逝）
│   └─ 黄宗楠（早逝）
└─ 黄宗炎
    ├─ 黄定柱（又名逸梵）
    │   ├─ 黄家宜（适蒋仁宇）
    │   ├─ 黄家珍（适李祖白）
    │   ├─ 黄家漪（早逝）
    │   ├─ 黄家贻
    │   ├─ 黄家瑞
    │   ├─ 黄家芝
    │   └─ 黄家沂
    ├─ 黄素琼（适张志沂）
    └─ 黄恩绶
```

---

[1] 本表根据俞樾《三等男爵长江水师提督黄武靖公神道碑》及张子静回忆整理。女系在黄宗炎以下才列。

附录二 张爱玲生平及著述年表

1920年 9月30日生于上海公共租界西区的麦根路313号（今静安区康定东路87弄），本名张　。

1921年 12月31日，张子静出生。

1924年 母亲与姑姑出国，留学欧洲。

1932年 于圣玛利亚女中校刊《凤藻》发表《不幸的她》。

1934年 父亲再婚。

1936年 母亲二度回国，安排张爱玲留学事宜。

1939年 赴港就读香港大学。以《天才梦》参加《西风》杂志悬赏征文。

1942年 香港沦陷，返回上海，为上海英文版《泰晤士报》写剧评、影评，同时为英文杂志《二十世纪》写文章，有《中国人的生活和时装》《中国人的宗教》《依然活着》（回译成中文更名为《洋人看京戏及其他》）等。

1944年 与胡兰成结婚。

1945年 出版散文集《流言》。

1946年 山河图书公司出版《传奇》增订本，增收1944年后写的《留情》《红鸾禧》《红玫瑰与白玫瑰》《等》《桂花蒸　阿小悲秋》等五篇。编写剧本《不了情》《太太万岁》。母亲第三度回国。

1947年 《多少恨》刊于《大家》月刊。与胡兰成离婚。

1950年 3月，《亦报》开始连载《十八春》，至次年2月。

1952 年　离开上海，重返香港，任职于美国新闻处，写了《秧歌》《赤地之恋》。

1953 年　香港天风出版社出版《张爱玲短篇小说集》。

1956 年　3 月，在麦克道威尔文艺营中初识赖雅。8 月 14 日在纽约与赖雅举行婚礼。

1957 年　8 月，母亲在英国去世，留给张爱玲一个古董箱子，张爱玲视其为宝藏。

1960 年　正式成为美国公民。

1966 年　4 月开始，《怨女》在台湾《皇冠》杂志连载。

1967 年　赖雅去世。获得赖德克里福学院奖助金，英译《海上花列传》。英文版《北地胭脂》由英国凯塞尔出版社出版（翻成中文后，改名《怨女》）。

1968 年　台湾皇冠出版社与张爱玲签约，出版她的全部著作。第一本为《张爱玲短篇小说集》，接着出版《秧歌》《流言》《半生缘》。

1970 年　应邀至柏克利加州大学中国研究中心任研究员。

1976 年　将 60 年代写的《忆胡适之》、70 年代两篇读书笔记、未收入《流言》的早期散文、小说《连环套》（未完成）、《创世纪》收入《张看》，交由皇冠出版社出版。

1977 年　古典文学考据《红楼梦魇》由皇冠出版社出版。

1981 年　《海上花列传》由皇冠出版社出版。

1983 年　将 50 年代写的三篇小说《色·戒》《浮花浪蕊》《相见欢》及 40 年代旧作《殷宝滟送花楼会》《多少恨》、剧本《情场如战场》收入《惘然记》，由皇冠出版社出版。

1987 年　将未收入《流言》之散文、小说《华丽缘》《小艾》（修改版）集成《余韵》，由皇冠出版社出版。

1988 年　将 80 年代散文、60 年代剧本《小儿女》《魂归离恨天》及 50 年代小说《五四遗事》，结集为《续集》，由皇冠出版社出版。

1991 年　皇冠出版社将《赤地之恋》版权收回，重新出版，归入《张爱玲全集》。姑姑张茂渊去世。

1994 年　张爱玲生前的最后一部作品《对照记》出版。

1995 年　9 月 8 日被发现在寓所中裹着毯子安详地去世。

9 月 19 日林式同遵照张爱玲遗愿，将遗体在洛杉矶惠捷尔市玫瑰岗墓园火化。9 月 30 日张爱玲的生日，林式同与数位文友将她的骨灰撒在太平洋。

2004 年　2 月，台湾皇冠文化集团在其 50 周年社庆之际，推出张爱玲的遗作《同学少年都不贱》，这是一部仅有 2 万字的未完成的小说。

2005 年　学者李楠意外发现上海《小日报》于 1947 年 5 月 16 日至 31 日连载了署名张爱玲的小说《郁金香》，后由十月文艺出版社出版。

2008 年　4 月号《皇冠杂志》发表了张爱玲遗稿《重访边城》，这是张爱玲生前唯一写台湾的文章。

2009 年　张爱玲遗作，具有自传性质的小说《小团圆》出版。

2010 年　《张爱玲私语录》，以及英文自传体小说《雷峰塔》和《易经》出版。

2011 年　游记体散文《异乡记》出版。

2014 年　以张学良为原型的小说《少帅》出版。

注：1943 年至 1945 年作品发表情形在文中有详细列表，在年表中一概省略。

附录三　主要参考书目

1. 赵尔巽等：《清史稿》，中华书局1977年标点本。
2. 张佩纶：《涧于集》，涧于草堂刻本。
3. 张佩纶：《涧于日记》，涧于草堂影印本。
4. 李鸿章：《李文忠公全集》，光绪三十四年金陵书局刻本。
5. 李鸿章：《李文忠公朋僚函稿》，光绪二十八年排印本。
6. 李文安：《李光禄公遗集》，为《合肥李氏三世遗集》之一，台湾文海出版社近代史料丛刊本。
7. 陈夔龙：《梦蕉亭杂记》，上海书店影印本。
8. 李慈铭：《越缦堂日记》，商务印书馆1920年影印本。
9. 缪荃孙：《续碑传集》，江楚编译局宣统二年刊本。
10. 闵尔昌：《碑传集补》，燕京大学国学研究所影印本。
11. 金梁辑：《近世人物志》，台湾文海出版社近代史料丛刊本。
12. 费行简：《近代名人小传》，台湾文海出版社近代史料丛刊本。
13. 中国史学会编：《中法战争》《中日战争》《义和团》，中国近代史料丛刊。
14. 李文治编：《中国近代农业史资料》，三联书店1957年版。
15. 雷禄庆：《李鸿章新传》，台湾文海出版社近代史料丛刊。

16. 水晶：《张爱玲的小说艺术》，台湾大地出版社 1973 年版。

17. 曾朴：《孽海花》，花山文艺出版社 1994 年。

18. 张爱玲：《张爱玲全集》1~16，香港皇冠出版社 1995 年版。

19. 于青：《奇才逸女张爱玲》，山东画报出版社 1995 年版。

20. 余斌：《张爱玲传》，海南出版社 1995 年版。

21. 司马新：《张爱玲在美国——婚姻与晚年》，上海文艺出版社 1996 年版。

22. 季季、关鸿编：《永远的张爱玲》，学林出版社 1996 年版。

23. 陈子善编《私语张爱玲》，浙江文艺出版社 1995 年版。

24. 陈子善编《作别张爱玲》，文汇出版社 1996 年版。

25. 于青编《寻找张爱玲》，中国友谊出版公司 1995 年版。

26. 夏志清：《中国现代小说史》，台北传记文学出版社译本 1995 年版。

27. 张子静：《我的姐姐张爱玲》，学林出版社，1997 年。

28. 刘绍铭：《张爱玲的文字世界》，台北九歌出版社 2007 年版。

29. 张爱玲：《小团圆》，北京十月文艺出版社 2009 年。

30. 张爱玲：《烬余录》，《张爱玲集·流言》，北京十月文艺出版社，2006 年。